献给苏珊

新·全球文明史译丛

主编 王献华

道德经济学家

R.H.托尼、卡尔·波兰尼与E.P.汤普森对资本主义的批判

[英]蒂姆·罗根 著　　成广元 译

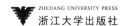

ZHEJIANG UNIVERSITY PRESS

浙江大学出版社

图书在版编目（CIP）数据

道德经济学家：R. H. 托尼、卡尔·波兰尼与E. P. 汤普森对资本主义的批判 / （英）蒂姆·罗根著；成广元译. -- 杭州：浙江大学出版社，2020.3
书名原文：The Moral Economists: R. H. Tawney, Karl Polanyi, E. P. Thompson, and the Critique of Capitalism
ISBN 978-7-308-19858-5

Ⅰ. ①道… Ⅱ. ①蒂… ②成… Ⅲ. ①资本主义制度－研究 Ⅳ. ①D033.3

中国版本图书馆CIP数据核字（2019）第290693号

THE MORAL ECONOMISTS by Tim Rogan
Copyright © 2017 by Princeton University Press
Simplified Chinese translation copyright © 2020 by Zhejiang University Press Co., Ltd.
This edition published by arrangement Princeton University Press
through Bardon–Chinese Media Agency
All rights reserved
浙江省版权局著作权合同登记图字：11-2019-234 号

道德经济学家：R. H. 托尼、卡尔·波兰尼与E. P. 汤普森对资本主义的批判

（英）蒂姆·罗根著　成广元译

责任编辑　谢　焕
责任校对　宁　檬　杨利军
封面设计　云水文化
出版发行　浙江大学出版社
　　　　　（杭州天目山路148号　邮政编码：310007）
　　　　　（网址：http://www.zjupress.com）
排　　版　浙江时代出版服务有限公司
印　　刷　杭州钱江彩色印务有限公司
开　　本　880mm×1230mm　1/32
印　　张　11.25
字　　数　288千
版 印 次　2020年3月第1版　2020年3月第1次印刷
书　　号　ISBN 978-7-308-19858-5
定　　价　68.00元

目录

导 言

资本主义出了什么毛病？在我们21世纪的人看来，答案非常简单——不平等。贫富之间的物质差距正日益悬殊。[1]财富成为少数人的专有物。而对物质不平等的强调似乎是我们当下寻常可见的一种论调。但是从历史的视角来看，这种物质不平等的论调却是不同寻常的。它不过是代表了资本主义批判的某个激进的截面。另一种更强调道德或精神上的恶果而不仅仅是物质产出的另类的批判传统，却早已陷入了误用。本书将阐述这是如何发生的，这为何很重要，以及我们需要为这件事做些什么。

19世纪正是法国革命和工业革命蓬勃之际，英国和德国的社会批判家们为当时正在发生的社会变迁的特性和速度感到焦虑，于是创造了"资本主义"这一术语。[2]这一术语描绘了一种新的社会形式，长期以来，对金钱贪得无厌的本性被认为是邪恶的，并屡遭律法和文化的指责和驳斥，但是在这种新的社会形式下，这种本性反而被视为有德性的和有效益的。对不平等的关切始终是反对资本主义的声音里的一部分。但是直到最近，这种关切都未曾成为反对声音的全部乃至是主要部分。在19至20世纪的大部分时间里，资本主义的批评家关注道德或精神滑坡问题普遍重于贫困问题。但在21世纪，经济学家的论点取得了主导地位。鲜活的道德呼吁让位于为怒火和气愤所鼓励的对有利点和不利点的数学计算。

从某些角度来看，用对物质后果的强调来代替道德呼吁也算是一种进步。这使得对问题进行合理的、经验性的讨论成为可能，从而反过来也就允诺了理性的、切实可行的改良的施行。不清不楚、神秘莫测的争论让位于准确的实证分析。从这个角度出发，对技术官僚进步论者来说，关于财富的这种论述，使得道德呼吁让位于对物质不平等的关切，这将会呈现一个乐观的故事、一种进步史观。

但从另一个角度来看，我们要讲述的应该是一个更为持重，而且更令人警醒的故事。在当代对资本主义进行批判的话语中，物质思考相对道德呼吁更占有优势，而如果这种优势地位宣告了理性的某种形式的胜利的话，它同样也显示出一种另类的批判方法的沉沦、另一种介入社会问题的途径的废弃、一种开启了关于自由和团结的深层议题的尝试的失败——而这些深层议题正是当下流行的狭隘经济主义所系统性排斥的。

本书的目的就是重构这种产生于20世纪英国对资本主义的另类道德批判的发展和沉沦。这种批判模式在失败以前也曾大获成功。在20世纪资本主义的两次大危机之间，我们将要回溯的这些思想激励并且影响了改革的持续推力的产生。人们对这种批判模式有着通俗的理解，也曾购买过相关作品，但本书并不包含对这些行为的精确量化：它并不是一部接受史作品。对在这一时期的学术言谈是如何流传进入寻常百姓家感兴趣的读者，个人建议去参看其他作品。本书也不详谈该道德批判与社会改革事业和英国福利国家的建成之间的因果联系。本书的某几页讨论了一下政党政治，但更可能令读者觉得印象深刻的是，主要政党对道德批判思想及其拥护者的冷漠态度远胜对其的兴趣与关心。但我希望读者对本书感到满意，并且在基于我于此陈列的证据的基础上，同意那些思想家的书以及书的中心思想对他们的时代关于资本主义的争论有着非凡的影响，就如托马斯·皮凯蒂的《二十一世纪资本论》，还有安东尼·阿特金森的《不平等，我们能做什么》对我们当代的影响一样。[3]

我的观点并不是说在较早的年代就没有与皮凯蒂的《二十一世纪资本论》类似的书。[4]我的意思是，在那较早的年代，另一套书发展成一条质疑资本主义的不同的序列，因而使批判性经济学家的作品显得更完满。相比他们的时代，我们实在是可怜人，因为这种另类的批判方法已经消失了，而我们必然在知识上、文化上甚至在政治上都陷入困乏。这也不是说不平等是非物质的，或者说我们应该独自关注自己的道德或精神问题。这只是旨在说明一种关于物质不平等的偏见使得我们当代的讨论消失了，因为它没有为道德批判引起的讨论所带来的思考留下空间。

那么构成了这曾一度成熟，如今却因对物质不平等的偏爱而被废弃的对资本主义的道德批判的书和思想究竟是哪一些？《道德经济学家》首先聚焦在三本书上，这三本书自20世纪20年代到60年代，每隔20年左右出版一部。它们分别是：R. H. 托尼的《宗教与资本主义的兴起》（1926），卡尔·波兰尼的《大转型》（1944）以及E. P. 汤普森的《英国工人阶级的形成》（1963）。[5]这些作品是现代知识分子历史的地标，也是当代左翼作家反复提及、不能绕过的参照点。他们的三部作品现在都有内容广泛的编史评注为其做补充。但是关于他们内部互动的紧密性和深入程度，却还没有人完整地论及。在本书中，汤普森是在托尼开拓的批判传统之内，作为一个成功的创新和改革者的形象出现的。而更令人惊讶的是，卡尔·波兰尼在托尼和汤普森之间发挥的媒介作用也将被本书揭示出来。

对那些熟悉他们论点的读者来说，这三本书之间存在的某种协同关系是显而易见的。这三本书都试图理解某种产生于中世纪末期欧洲特定社会形式下伦理和经济之间的关系——这种社会形式有时候被称作"商业社会"，有时候被称为"市场社会"，但在大多数情况下被称为"资本主义"。这三本书都聚焦于该种社会形式出现的关键时刻，而正是在这一时刻，旧的伦理禁令与新的经济强制之间的张力变得十分尖锐。这三本书都以历史书写的形式，强调了新的社会形式的全新性和活力，并提醒读者，某些同时代的作者认为看似自然而然、不可改变的安排，实际上是易变的，是依情况而更替的，进而使社会形式和经济规范显得可以被锻造，从而促进了关于改革的各种争论。托尼、波兰尼和汤普森，他们每一个人，都把"资本主义"当作学术分析的合理对象而试图接近它（早先，它在社会主义争论中被当作一件副产品而为人所忽视；后来，它被许多历史学家放在了一边，因为它背负了太多的论争意义，而难以成为一件分析工具）。[6]这几本书都不同程度地成功地在专家和大众读者面前发出自己的声音。

而另一些存在于这三本书之间的协同就看起来不那么明显了。他们都从属于同一种社会批判的传统，而这种社会批判的传统的根源来自维多利亚时代的道德主义，来自托马斯·卡莱尔，尤其是来自约翰·拉斯金和威廉·莫里斯的作品。这个旧传统之所以具有连贯性，是因为它对功利主义保持着反感——在卡莱尔那令人难忘的斥责中，自由放任主义被称为"猪的哲学"。在他们眼中，功利主义不过是维多利亚时代政治经济学的怪癖；功利主义者在大脑中设想社会秩序的时候，赋予了追求获得金钱的行为以特权，以使其压倒一切其他人类活动的动机，把社会贬低为经济交换发生于其中的纯粹的背景。毫无疑问，道德经济学家们也继承并坚持了这一对功利主义的反感。这有助于我们将这一20世纪中期的资本主义批判与我们21世纪对不平等的强调区分开来——甚至是对21世纪资本主义的最坚定的批判家都需要回退到功利主义论据上，来为其对不平等的关注构筑合法性。[7]功利主义对托尼、波兰尼和汤普森来说，就如它对他们维多利亚时代的先辈们来说一样，是一个可憎之物。道德经济学家们对功利主义的理解，是不加区别、一视同仁的，是对爱德华时代由A. V. 戴雪开始，由具有影响力的学者埃利·哈勒维做了补充的那个争论的延续。[8]但他们过于迟钝，并且被包围在那些继承前代政治经济学的构想之中，以至于不能准确辨别那些前代人物之间的真实差别，而这会妨碍道德经济学家们批判的发展。但是，道德经济学家们相信政治经济学通过某种特定的重述，已经将人类重塑为"仅仅渴望占有财富的存在"，而（用约翰·斯图尔特·密尔的话来说）这是"对每个人的激情或动机做的总体抽象"[9]所得到的结果，他们的这一信条并不能说是错误的。如果道德经济学家们相信1825到1870年间的每一个自由主义者都一以贯之地遵循着政治经济学的分析实践，那他们在这一点上是错误的。但在另一点上，他们并没有错，他们相信这种分析实践变成了老生常谈，并且延续到了20世纪，甚至成了某种启发人们如何去思考社会问题的常识。

如果说莫里斯、拉斯金的作品与道德经济学家们对资本主义的批判之间存在着某种程度的延续性的话，那么，对更早时期的卡莱尔来说，他对更早期的反功利主义者的言论既有背离，也有所提炼。由托尼构想的，并被波兰尼所重申的对资本主义的批判与汤普森的批判之间的区别，是将这些道德经济学家与维多利亚的先辈们相区分的特质。托尼对17世纪流传下来的道德规范和情操的描写，让人回想起了伊丽莎白时代英格兰的柔美韵律，他谈及其"传统""习惯"和"传说"；但可惜这一度影响和限制着经济生活展开的规范和情操，早已陷入了误用。波兰尼沿用了托尼的语词，但同时也试图将这些相同的道德规范和情操完好无缺地投射到科技革命的年代——将古代与现代混合的做法使得他的论据更有可信性。在他们的著作中，都有一种对遥远过去的崇敬感，然而这种崇敬感却很有误导性。他们试图描绘的并不是可复原的过去，而是正在发生的现在——托尼觉得，中世纪时英格兰的传统与习惯作为稳定社会生活的力量，是他在现代西北英格兰发现的团结形式最好的类比，而这种团结生活的形式比个人主义所要求的更紧密，也比集体主义所允许的更自由。波兰尼追随着托尼的脚步，甚至在试图在遥远的过去与活跃的现在之间构建起桥梁的时候，他仍然沿用了托尼的语词，并通过让解体和再生变成社会的自发运动，来构成这座桥梁——即"双向运动"的猜想。

最能凸显托尼、波兰尼及汤普森区别于维多利亚先辈们的特质的地方，存在于他们对待"社会问题"的方式与维多利亚先辈们对"社会问题"所做的概念化之间。维多利亚先辈们主要在贫困和伦理沦丧的层面上理解社会问题。但对托尼、波兰尼和汤普森来说，贫困和道德败坏却是社会协调深度失败的征兆。维多利亚先辈们抱怨资本主义的胜利以及看淡社会情感的功利主义的传播，他们认为这样会使社会生活的美好特质丧失殆尽。但是，包括了经济萧条、宪法危机和世界大战的20世纪资本主义的第一场大危机使原有的这种忧虑逐级加重：对托尼及其后辈而言，道德沦亡的场面已经被对社会崩溃的恐惧所代替。在爱尔兰问题、工业关系以及妇女投票权上萌发的激进冲突，几乎将爱德华七世晚期的不列颠卷入内战。功利主义思维助长了这种内部不稳定性，因为它使人们认为，没有什么比契约自由更能维持社会秩序的了。而人们对某种更具持久力的社会凝聚原则所能产生的想象，也因它而被遏阻，而这又恶化了社会问题。贫困和道德败坏是某些更深层问题的表征。仅仅掌控物质上或审美上的结果，却不探讨有关自由、团结和构成了"真正的社会问题"的秩序的议题，是毫无道理的。

托尼及其后继者并非最早，也非唯一认识到这些引起人们关切的社会问题的根本原因的人。爱德华七世晚期的普遍论调从以"个人主义"为中心转变为以"集体主义"为中心，而这是人们关于深层社会问题的意识不断觉醒的标志。[10]这种论调也能传达出他们对这些深层问题的某种感知，而这些问题又是以某种吸引人的方式而被理解的。道德哲学中的唯心主义运动是道德经济学家对资本主义的批判得以塑形的重要背景——这是T. H.

格林和伯纳德·鲍桑葵主导的运动。同样具有法理学和政治理论方面的作用，且为我们后人熟知的就是多元主义，其中的关键人物是F. W. 梅特兰和厄奈斯特·巴克。但这两场运动之所以重要，主要是因为它们失败了，而正是它们的失败，宣告了其解决社会问题的方式的无效，从而鼓励后人提出创见。唯心主义和多元主义解决方式的破产，加快了道德经济学家对资本主义进行批判的步伐。唯心主义有一种幻想，他们过分地把国家视为构建社会和谐的工具：一战中与德国"上帝－国家"的对抗带来的对威权主义的恐惧使得这种唯心主义幻想更难站住脚。多元主义者则诉诸寻找某种关于集体生活的、与霍布斯法权不同的概念，但这种概念在20世纪欧洲相互敌对的政治气候下显得过于脆弱，而不能完全地施展：很难找到培养规训性社团的正式规范，又不因此而鼓励极端主义。个人主义的问题则是，它使社会凝聚力受损，又先发制人地阻止了对越来越复杂化的社会和经济生活来说必不可少的社会协作的产生。但集体主义有向威权主义蜕变的倾向，而不列颠对威权主义有着广泛又深切的敌意。唯心主义和多元主义的失败，使得在现有的社会政治思想范畴中谋求正式变革的做法不再行得通。市场和国家对于稳定的社会秩序来说曾是必要的成分。但这两者怎样结合才能既保障自由，又催生团结——即一个比个人主义允诺的社会团结更加紧密，也比集体主义形成的社会团结更加自由的社会？

　　道德经济学家对资本主义的批判正是产生自走出这个僵局的努力。托尼、波兰尼和汤普森，他们每个人都从人们的日常互动中找到其灵感，比如在教师之间、邻居之间。以"自由英格兰之死"为标题的活剧，深深地将对社会解体的恐惧埋在了托尼的心里。社会崩溃的景象与他在东伦敦的移民棚屋间的所见所闻，可以说是完全一致的，而那时候，他还是个大学刚毕业，前往该地区工作的年轻人。在那里，他看到人们道德败坏，以致不能得到救赎。但之后，托尼就移居到北方，给兰开夏和斯塔福德郡北部的陶艺工人教授历史。在那里，他发现了不同的东西。如果说怀特查佩尔区的社会生活是从礼俗社会（Gemeinschaft）向市民社会（Gesellschaft）衰败的最真实的写照，那么托尼在英格兰北方、在其学生所在的居民区所看见的却是别样的可能性。横贯英格兰全境，国家控制着秩序，市场创造了财富，但也有另类的东西在活跃着，而它是一种我们难以用文字来形容的社会动力。托尼在其邻居和学生中间找到了某些社会团结的形式，它们可以与个人主义相对抗，却又不会招来集体主义的风险。

卡尔·波兰尼与之有着相似的经历。他生于维也纳，而成长在布达佩斯，是铁路大亨的长子，目睹了家道从豪奢到赤贫的败落，并见证了哈布斯堡帝国的灭亡。之后，他又发现威尔逊和平的理想（一种通过民族自决原则，在帝国的废墟之上兑现的自由主义）发展成了反动民族主义的刺耳噪声。同时，他也看到很多他的朋友和同龄人，被他的对手列宁那富有鼓动力的集体主义呼吁所征服。根据他在一战末期从布达佩斯逃到维也纳时的所见所闻，自由主义与集体主义的矛盾对波兰尼来说，与对英格兰的托尼来说几乎一样难以解决。但战后的维也纳向波兰尼展示了新的可能性。一项自治社会主义的激进实验引出了某些不同的社会团结的形式。与此同时，托尼的《宗教与资本主义的兴起》于1926年出版，两次世界大战间的救济工作者带来了英国社会主义思想的洪水，而托尼的书正是乘着这洪水的浪头，被冲到了波兰尼的手中。波兰尼逐渐理解了他所见到的"红色维也纳"的历史重要性，而这部分得益于阅读托尼对其在西北英格兰见闻与顿悟的思考。

E. P. 汤普森属于更年轻的世代。与法西斯主义的战斗让他变得更加激进，而苏联的反法西斯战争更激励了他。汤普森甚至比托尼还要确定地认为，个人主义已经终结了，但他在认识集体主义的陷阱上却慢了一拍。集体主义与其说是希特勒德国的特有物，倒不如说是时代的普遍物。他对斯大林苏联崇拜的最终幻灭是在1956年，而他其后所处的情况与托尼和波兰尼曾经面对过的极为相似，也就是说，既有的、可以援用的教条已不再站得住脚。但他与在他之前的托尼和波兰尼一样，同时也受益于他们二人的著作，汤普森在日常环境中发现了出乎意料的应许之物。1948年，他和自己刚组建不久的家庭搬到了西约克郡，在成人教育行业以教授文学和历史为生。他在其邻居和学生身上遇见的社会团结形式深深地影响了他本人——而托尼在陶器区、波兰尼在红色维也纳，也是以同样的途径接受了他们的影响。新的可能性随即具象化。我们随即能认清那些超越无用的、自相矛盾的当代社会思潮的方法。

道德经济学家辩称道，他们在兰开夏、红色维也纳和约克郡发现的团结形式，给我们做了独一无二的应许：在这种条件下，社会互动比功利主义分析更有意义，也不会像当代如此多的那些社会实验那样遭到严格管制。是什么使得这些地方如此不同？为了找出答案，托尼、波兰尼和汤普森聚焦在影响商业互动的非经济准则上。他们并不是经济学家。他们是研究经济学所抛开的一切事物的理论家。而且，在汤普森的文章里，他们的大胆冒险最终获得了一个闪亮但却不完满的术语名称——"道德经济"。托尼和波兰尼一直以来试图勾画的中间领域，在汤普森的手里获得了名字。

对这一社会问题（社会和谐的失败）的本质更为精确的把握将道德经济学家与其维多利亚时代的先辈们区别开来，他们将贫困和审美的沦丧归结为社会问题的症候。但他们作品的另一重特点也许反而更加明显，并且在我们试图重构他们的言论时有着同样的重要性。托尼、波兰尼和汤普森对资本主义的批判的中心要点，是关于人类品格的概念。对功利主义关于人性的概念，即其经济人思想的贬低，充斥维多利亚时代的文学。但托尼、波兰尼和汤普森迈出了更远的一步，使得对功利主义关于人的概念的批判更具建设性。通过暗示人们可以以别样的目光来看待如何做一个恰得其所的人的问题，他们巧妙地动摇了功利主义正统的权威。

托尼早期的立场与费边社的建立者悉尼·韦伯和比阿特丽斯·韦伯在血汗劳工的议题上，有着关键性的联系，而正是在这个议题上，托尼明确了他的立场：正是因为功利主义围绕着经济利己思维的轴心打转（而托尼认为费边主义者仍然受经济利己思维的奴役），所以它才无力谴责对劳工的剥削；而功利主义者认为，如果少数人的苦难能让多数人富裕起来，那它就是合情合理的。托尼坚持认为，每一份"人类品格"，都是无价的，不能够被还原为功利主义计算的范畴。"有一条高于最大多数人效用最大化的法则"，即"每一份人类品格其本身有着至高价值"。[11]

对托尼而言，试图定义人类，并以这样的方式来详述对功利主义的攻击的动力，来自于其基督教信仰，而且与一个特别的神学时期相关——19世纪晚期开始，英国国教高派教会运动对于道成肉身教义的强调在不列颠颇有影响力。托尼以一种神学论据来为其"更高法则"做基础，这首先可以从他与查尔斯·高瑞牧师的文本之间的联系中看出来。为什么"每一份人类品格其本身有着至高价值"是"更高法则"：因为上帝化成了耶稣基督的人身，故"人的品性是我们所知最神圣的东西"。功利主义者认为人类是自利的、追求效用最大化的行动者，故而他们的需要和欲望是无差异的、可以互相替换的，如此，只有促成大多数人的幸福才能到达最善的世界线。托尼觉得，既然人类在某种意义上表现出神圣性，他们的欲求就是全然"不能相互比较的"，所以，对大多数提供"再多便利"，都无法证明对少数也提供了"任何便利"。[12]

对波兰尼和汤普森来说，他们先后都把人类品格的概念作为其问题的轴心。他们无一不受到托尼反功利主义的箴言所含的神学意义的影响——"人类品格"有着"无限价值"。波兰尼从犹太教皈依基督教，而汤普森是第二代卫斯理宗传教士的儿子。但他们都不愿继续把基督教神学作为学说的基础。这部分是个人信念的事情，但也是与时代相关联的问题：在战后不列颠加快世俗化的时期，托尼曾经致力于的那种"基督教社会伦理的再申明"的言说，也就越来越缺乏可行性了。[13]起初是波兰尼，随后是汤普森，他们对"人类品格"具有无比价值的命题——挫败功利主义计算的命题——进行了重新改订，以世俗观点取代基督教神学。两个人首先都转向了卡尔·马克思的著作，并在其中发现了足以替代托尼曾经依赖的基督教教义的自然神论。但最终，他们也都指责马克思主义的路径。他们分别继续了自己的研究，以寻找对托尼式基督教道德教导的世俗替代物，并在不同程度上取得了成功。

世俗化迫使对资本主义的道德批判的要素向同一方向转变，而这一转变的发展贯穿了波兰尼和汤普森的著作，使得对人类重要性的另类世俗演绎在其著作中处于了显著地位。但对托尼的思想继承者来说，维持这份对资本主义的道德批判所遇到的困难，要比摆脱新教狂热多得多。人类品格带有无限价值的箴言和训诫，如果要以基督教教义为其基础，则将难以维持，这是因为基督教教义在公众话语上逐渐失去了卖点，尤其在1950年后，这种衰落开始加速。而且没过多久，曾经被波兰尼和汤普森视为另一种尘世选项的，以马克思早期文本作为人类品格无限价值的基础的做法也失败了。但20世纪的航程并非仅仅侵蚀了关于人类品格的基督教基础与马克思主义基础。一个更为意义深远的问题已经迫在眉睫。20世纪下半叶，欧美的政治和社会思想开始系统性地敌视对人的本质的伸张，而道德经济学家对资本主义的批判正是围绕这一伸张而进行的。发源自法国的一种新的反人道主义哲学引起了对中心主体的思想的怀疑论。[14]后殖民主义作家哂笑欧洲人关于"大写的人"的言说，并认为它们天真而且伪善。[15]战后的自由主义者建议道，在极权主义的时代来临后，要在那些先前对人类品格有着坚实信念的地区，留下一种"非结构性空位"、一种"非体系"，这些地方先前还能动员起支持改革的选民，可现在对其进行"非体系"和"空位"化却更为安全。[16]波兰尼和汤普森的创新证明了托尼建立的批判传统足以经历世俗化的洗礼。但战后世界社会和政治思潮的反人道主义转向，却又带来了另一个问题。这使得道德批判最根本的反功利主义命题——人类品格有着无限价值，并且不能被还原至功利主义计算下的范畴——越来越难以站住脚。

挑战在于，如何将当代社会理论未曾言说的社会团结的形式描述出来，并明确表达出来。道德经济的思想完成了这一挑战。但这一思想的"道德"核心是某种关于人类品格的本质主义概念，而本质主义正是被20世纪末的知识界深深敌视的。托尼、波兰尼和汤普森的努力之所以获得成功，与他们坚持认为人类品格有无限价值的聪明才智紧密相关，而正是这一点，让他们超越了功利主义思考。因此，他们才能让一个受非经济思维驱动的人物潜伏进"经济人"的领域。但这一才智的效力也取决于其思想基础的声誉，正是这种思想基础孕育了对人的无限价值的伸张。而时至20世纪晚期，基督宗教神学既已过时，其他一些社会学也已身败名裂，而对这些思想基础的任何可想象的另类选择似乎都已被反人道主义怀疑论所推翻，道德经济学家们的思想信誉，也变得岌岌可危。

因此，在这些作品中重构出来的对资本主义的道德批判很快丧失了其凝聚力，并倒退回缄默无闻的状态。我们把重心放在物质不平等上，因为开启关于自由和团结的深层问题会冒犯我们对什么才是人的争论的新约束。对资本主义的旧的道德批判的余绪仍然在流传。[17]道德经济概念的未来已是漂浮不定。[18]如果在理解什么才是人的问题上没有一点思想基础（这是道德构建的必要基石），那么对道德经济学的运用将有无限种可能。有些人苍白地诉诸原著中的批判力量，以激励某种慕古之风。但是伴随着这批判而问世的那些书，仍然尘封于书柜，无人阅读；而这一传统的继任者，即重写和重建道德批判的人们还需沿着波兰尼和汤普森发展托尼思想的脚步将之付诸实现。[19]

我们已经花了如此多篇幅来述说对资本主义的道德批判的遭遇，以及这些遭遇为何很重要。那么，我们能为此做些什么？

我写本书的意图当然不是说我们要将道德经济学家们的批判原封不动地复活。近期有些人做此努力，但结果不尽如人意。[20]在道德经济学家对资本主义批判发展过程中的某一阶段上，在道德经济学在20世纪末可能陷入的困境周围，有一条道路看起来是清晰可见的。出于各种各样的原因，这条路径还留待探索，有的原因与此处涉及的三位人物特别相关，有的原因则隐含在事件和争论里。而我们现在或许应该重新注意起这条路径。

卡尔·波兰尼尝试将托尼的人类品格本身带有无限价值的命题转译为世俗的范畴，即其最初聚焦的马克思的早期文本。基督教教义需要以现代性的方式做"进一步的阐释"，因为劳动分工和商业社会的勃兴（对波兰尼来说，这是同早先人类历史的循环韵律的根本性断裂）打败了"爱你的邻居"的诫命：商业社会的规模和复杂性使得匿名交易代替了面对面沟通，使得"邻居"法则不再切合实际，也就催生了崭新的社会和政治动态。波兰尼以此为基础，证明了他对托尼的背离的合理性。在20世纪30年代中期，波兰尼在很大程度上正是通过阅读刚刚出版的马克思的早期作品而找到了灵感。而到了20世纪40年代早期，波兰尼变得对马克思更具批判性，这部分是出于他对新近揭露出来的斯大林所作所为的回应。在批判马克思的过程中，波兰尼同马克思在其早期尝试中经常援引的一位权威走得越来越近，而他这样做，是为了搞清楚废弃了宗教的商业社会是如何出现的。而这位权威，就是亚当·斯密。

初看起来，许多读者或许会觉得奇怪，对自由主义政治经济学的道德批判何以会因引用亚当·斯密的文本而得到灵感，而亚当·斯密恰恰被公认为是这一"沉闷科学"的创始人。然而，艾玛·罗斯柴尔德指出，斯密在计量的经济学上的声誉应更多地归功于他在不列颠针对法国革命发出的警告，归功于后来人对这些警告的"馈赠"的重构，而同他的作品则关系较小：他在对英国人做反雅各宾派的呼吁时，更像是一个关心效率而非公平，在乎商业自由而不在乎政治解放的人。[21]从19世纪晚期到20世纪初期，不列颠的进步主义作家拿斯密作消遣，"不公"地将他评论为一个热衷于自由市场、满脑子只有金钱的人，但这并未起到什么匡正时弊的作用。[22]在《大转型》中，波兰尼对政治经济学的知识史做了重构，目的在于把斯密同其继任者之间的背离和断裂表现得更尖锐。波兰尼坚持认为，在斯密的作品里，政治经济学是有着"人文基础"的——其根基类似于波兰尼此前试图从早期马克思的作品中找出的人的本质的概念，并可以同托尼从基督教神学中提取出的人类品格的理念相比较。但是，斯密的继承者——马尔萨斯、大卫·李嘉图、詹姆斯·密尔——却在他们的作品里舍弃了这种"人文基础"。经济学完全无视人类的本质；它提倡将人当作"仅对占有财产充满欲求的存在"。这些后继的倡导者如此来理解政治经济学，并坚持让斯密来做他们的智识先辈。波兰尼如今则挑战这一说法。他暗示道，面对被作如上理解的政治经济学，斯密更乐意同道德批判家站在一起，而不是同那些政治经济学的捍卫者站在一起。

罗斯柴尔德以最翔实的细节对斯密迈向狭隘的经济学主义的各个阶段做了重构，她强调英国反雅各宾运动对其带来的转变性影响。在政治压力之下，斯密的作品被重新解读为一种把商业自由视为实现物质财富的手段的论点，斯密的人文关怀被筛除了，斯密作品的原本意义被大胆地篡改了。波兰尼为恢复大洪水*之前斯密的形象所采用的方法，是截然不同

---

* 指法国大革命期间英国的反雅各宾运动。——译者注

的。他并不把研究重心放在法国革命所引起的不安和忧虑上，而是着重关注在斯密的同代人中兴起的新的自然主义。波兰尼断言道，在斯密的《国富论》出版之后的那些年里，关注食物、人口和贫困的作家们开始用一种可与对自然的剖析相替换的术语来展开他们对人类社会的想象。

波兰尼提到了一个具有启发性的小细节。在斯密的时代，一个人为杜撰的关于南方海岛及它的羊、狗数量的故事得到广泛传播。西班牙当局出于对海事交通的关切，将一对牝牡山羊送上了胡安·费尔南德斯岛。山羊很快繁殖开来，但当西班牙当局发现山羊成为私掠者维持生计的食物来源时，他们便着手消灭山羊这一供给物。为此，他们将一对灰狗送上了岛屿。之后，灰狗以山羊为美餐，其本身的数量因此而变得过剩了。但最后，某件诡谲的事情发生了。较强壮的山羊逃到了遍地岩石的岩层，而灰狗们也就捕捉不到它们了。较为瘦弱的狗也就不得不挨饿。一种平衡就这么自己产生了，狗和山羊各自维持着可代际持续的数目。汤森讲这个故事，是为了将其支持改革伊丽莎白济贫法的论据加以夸张化，而在18世纪晚期，济贫法的出台越来越被视为贫困得以被消除的一个原因。汤森的故事的寓意在于，饥饿能够对人口的增长起到良好的抑制作用。但波兰尼更感兴趣的是，这个杜撰的故事获得成功，以及不久后它被T. R. 马尔萨斯和查尔斯·达尔文所重述而带来的广泛传播所蕴含的意义。这个故事证明了一种新的意愿，它将人类社会思考为自然系统，与动物世界一样有规则，并能自我规范。人们经常在人与动物之间做类比。不过，将人类与动物等同起来的做法，倒是极为新颖的。[23]

要一眼就看出关于政治经济学的知识史材料的重要性并不那么容易。但考虑到它对20世纪关于"人类品格"的话语的意义（对资本主义的道德批判的基石正是在这种话语里成型的），我们便能看到它的重要性。如果波兰尼是对的话——如果当代经济学及经济学所倚靠的功利主义确实是在

18世纪晚期才得以创立的话——我们可以毫无争议地认为，政治经济学直到晚近时期一直遵循着对道德经济学家及其资本主义批判来说极为重要的那个命题，即人类品格在严格意义上不能被还原为适用于功利主义计算的话语。把一种无限价值赋予人类品格并不是社会批判永恒的需要。这一需要的历史仅同以汤森寓言的出现为标记的政治经济学新范式的历史一样长。并且只有在其范式还有效力的情况下，这种赋予人类品格无限价值的需要才是不可避免的。如果前述正确，那么以下命题不过就是功利主义自身的产物了——为人类品格赋予无限价值是唯一切实可行的反功利主义批判。托尼和汤普森相信，他们只有在关于什么才是人的问题上提出强烈的却又符合规范和约定俗成的主张，才能推进他们的批判，于是他们极有默契地一致认可以他们对手的话语来组织他们的论据。而波兰尼写的政治经济学史，则向我们展示了一条不用对什么才是人的问题提出主张，却能推翻功利主义话语的道路。仅仅坚持不论男男女女的行为有多么"像野兽"，其相似性也不过是肤浅的，便足以推翻它。仅仅坚持在人类生活与自然世界之间存在着鲜明的不连续性，便可排除这种从一者的规律性推断出另一者的规范的合理性。

阿尔伯特·奥托·赫希曼注意到一种很奇怪的现象，20世纪的社会批判家抱怨资本主义抑制了"'完整的人类品性'的发展"，从他们的论点来看，他们在一开始就超越了资本主义的发展阶段。所以赫希曼预见了道德经济学论辩的出现。[24]在某种程度上，他们认为，资本主义正是在履行抑制"人类品性的完善发展"的职责：它是将罪恶转移到无害的、生产性的追求之上，而使政治权力脱离贪婪与野心的手段。许多觉得没有必要坚守人类道德的作家建构了这类论点，而关于以自然世界事物的动力学作为人类生活的模型的说法，他们还未曾听说。波兰尼书写的政治经济学的知识史开启了一扇大门，而通过这扇大门，20世纪的反资本主义得以回到更早的范式上，从源头上否定功利主义的合法性，并使得有关社会联系的动力学的旧思想（他们正是为了改进当代的社会理论，而在研究这些思想上付出了努力）得以焕然一新。

我们不再像道德经济学家那样对资本主义进行批判了，因为我们已经怀揣着新的疑问，我们会怀疑对什么才是人这个问题做出有力的主张是否明智。波兰尼针对斯密思想做的一番举措，提出了另一种可能性，这种版本的道德批判不需要"人类品格"或"完全人性"的概念形式就可以自我展开，而相比之下，托尼和汤普森的作品却是围绕着这些概念而展开的。波兰尼对汤普森来说是重要的思想来源（不管怎样，我的观点就是如此）。但汤普森在对18、19世纪政治经济学的解读中展现出来的敏锐性和精妙性，与波兰尼的作品相较则逊色很多。我并不是在称赞那些反驳汤普森的评论家，从汤普森对政治经济学进行解读所做出的表现看，他们把汤普森视为不知深浅的天真孩童。我们将看到，为何对汤普森来说，要像波兰尼那样对相关的权威进行排列更为困难，这是有着具体原因的。[25] 只能说，出于一些与其处境相关的特殊原因，汤普森或许并未注意到波兰尼的作品中提出的那种前景。不过，这对我们来说也有好处，因为我们能够克服汤普森的缺点，而得以返回到与波兰尼做出发现的同一关节点，以此来探寻这一相关的前景能给我们带来的启发。

本书的结构相对简单，而且也不需要过多的介绍，但有一方面的问题仍需强调。有关托尼、波兰尼和汤普森的内容各占了一章节。但此外还有一个篇章，我把它安排在有关波兰尼和汤普森的内容之间，也就是插在道德经济学观点发展历程的中间。而如果我在全书的开篇就解释其用意，也许还能帮助读者理解这段插叙的含义。道德经济学家们对资本主义的批判所产生的影响的一个表征就是，在一定程度上，看似在思想上同道德批判的劝导不相兼容的社会批判家试图向托尼所开创的这一批判传统看齐。

这些作家和批评家自诩为功利主义者，如埃文·杜宾；或者有的在人文科学研究中受到了相关的启发，如卡尔·曼海姆。杜宾和曼海姆都把自己标榜为这一传统的创新者。他们通过援引当时的公认观念——我们正在经历一些"超越资本主义"的过程——以似乎不太一致的理念为自己的思想来源正名，这使得他们能对道德批判以及适应新时代的人类品性的概念做一个重构。杜宾和曼海姆所做的创新引起了社会思想史学家和政治思想史学家们的极大兴趣。对于构建现代进步主义的起始点，从而书写出进步主义的历史，他们的创见起着中心作用，而关于现代进步主义的思想，我已经在前文中探讨过了。我书写该章节旨在证明我自己的观点：杜宾、曼海姆及其同一谱系的思想家们做出的创新并不在本书重构的批判传统的主流之中。把焦点放在我认为这一批判传统中最有前途的创新（紧跟着波兰尼）所能带来的前景上，是我的意旨所在。我将道德经济学家同我们当代的相关思想和运动联系起来，旨在为具有怀疑精神的读者们创造出更多检验我的主张的机会。除了埃文·杜宾和卡尔·曼海姆，这第四个章节还包括安东尼·克罗斯兰以及工党内部的"修正主义"、T. S. 艾略特、"集会"，以及保守党内部的重建计划。我将在这一章节描述20世纪三四十年代不列颠的计划时期。我还会描绘道德经济学家对资本主义的批判与当代人文科学的发展，尤其是心理学、社会学和经济学之间的关系——对于澄清对资本主义的道德批判的兴起同福利经济学的诞生之间的关系，我有一种特殊关切。

最终，我需要下更多的笔墨，来关注道德经济学家对资本主义的批判同经济学教义的发展之间的关系——比起草草结束这篇导言，我更愿意提示本书所包含的章节内容。如果说道德经济学家们是关于所有被经济学抛开的因素的理论家，那么阐释他们事业的一条途径就是从外部对经济学教义进行改造。在20世纪，尤其是在二战结束之后，经济学变得越来越技术化。我们可以推测，将经济学原理翻译成数学公式的做法再加上计量经济学知识技术的强化，会使经济学教义同人文关怀和道德经济学家们提出的问题离得更远。但实际上，在20世纪下半叶，经济学内部出现了一场极具影响力的运动，他们在反思社会协作的失败上与道德经济学家们有着同样的关切，而这驱使道德经济学家的学说走向经济学教义的中心。

这一主动精神的关键人物，是肯尼斯·阿罗和阿马蒂亚·森。[26]森在思考阿罗1951年写就的《社会选择与个人价值》时所深刻理解的社会问题，同那个托尼为波兰尼和汤普森搭建的"社会问题"框架有着一样的意涵。[27]以深奥的数学范畴表达的"阿罗不可能定理"实际上再次申明的，与托尼在爱德华七世晚期的宪法危机期间表述出的，是同一个根本的社会问题：个人主义看起来站不住脚，可每一个可能的选择似乎都趋向于甚至更加令人讨厌的集体主义形式。社会秩序并不能够通过单纯个人偏好的聚集而实现。既然社会秩序确实在某些地方以商业社会的流动形态存在着，而并未招致独裁，那么就一定有某些功利主义准则所看不到的"社会伦理规范体系"在发挥着作用，而当代的经济学理论却套用功利主义原则来简化对其的分析。[28]但是，我们要如何表述这些规范？森之所以获得诺贝尔奖，就是因为他在其创见中试图将这些规范表述出来。当然，作为阿罗的后继者，森也为此使用了繁难的数学语言。但这并不能掩藏森继阿罗完成的事业同托尼及其后继者的成就之间的相似性。确实，阿罗在其论述的开篇就引用了《宗教与资本主义的兴起》。[29]而森上溯至社会选择理论的起源，他将"阿罗不可能定理"同亚当·斯密的对话者、18世纪的作家马奎斯·德·孔多塞联系了起来。[30]探究个人主义与集体主义之间的不确定领域所采用的并行线路，将我们带回了与波兰尼所关注的相同的那一时刻——18世纪政治经济学发展的时刻。二战后，道德经济学家对资本主义的批判同现代经济科学的发展历程的交汇并合，将当代反资本主义强调物质不平等的特性同以道德戒律为基础的补充性批判方法结合起来，使一种新的批判手段渐渐浮出水面。再说明一次，我的论点并不是我们应该只关注道德或精神观念，而排除物质考量。我们并不应该自满于前者，而无视后者。本书的结论部分将准确地点明历史学同经济学之间的并合，以此来表明这套新的批判手段在补完之后将发挥多大的作用，这需要我们的批判既强调物质不平等，又带有某种对资本主义进行道德批判的特性。我们需要的并不是仅仅掌握一者或另一者。我们能够并且也应该同时掌握它们。

注释

1. Thomas Piketty, *Capital in the Twenty-first Century* (Cambridge and London: Harvard University Press, 2014); Anthony Atkinson, *Inequality: What Is to Be Done?* (Cambridge and London: Harvard University Press, 2015)。

2. 关于资本主义的德文用法"Kapitalismus",可参阅Ingomar Bog,收于Willi Albers及其他人编辑的*Handwörterbuch der Wirtschaftswissenschaft* (Stuttgart: Gustav Fischer, 1988),第418-432页。而英文用法"Capitalism",参阅R. H. Hartwell和Stanley L. Engerman,见于Joel Mokyr编辑的*The Oxford Encyclopedia of Economic History*, Vol 1 (New York: Oxford University Press, 2003),第319-325页。

3. 想要关注那些仍坚持使用"道德"或"精神"批判的微小声音的读者,参见Rowan Williams和Larry Elliort编辑的*Crisis and Recovery: Ethics, Economic and Justice* (Basingstoke: Palgrave Macmillan, 2010),这里面的内容上至"蓝色劳工"人物,下至*Red Tory*的作者Philip Blond。我的观点换一个说法就是,这三本书应该放到Susan Pedersen"为能真切地引领读者以新的眼光看待根本的社会和经济结构的著作而特意设置的书架上":Susan Pedersen, *Eleanor Rathbone and the Politics of Conscience* (New Haven and London: Yale University Press, 2004),第202页。

4. J.A.霍布森(J.A.Hobson)指出了消费不足,之后J.M.凯恩斯(J.M.Keynes)提出了总需求和失业理论,他们都是皮凯蒂的先辈和先驱:J.A. Hobson, *The Evolution of Modern Capitalism* (London: Walter Scott, 1894); J.A. Hobson, *Imperialism: A Study* (London: George Allen & Unwin Ltd, 1902); J.M.Keynes, *A General Theory of Employment, Interest and Money*

(London: Macmillan, 1936）。

5. R.H.Tawney, *Religion and the Rise of Capitalism* (London: John Murray, 1926); Karl Polanyi, *The Great Transformation* (New York: Farrar & Rinehart, 1944); E.P.Thompson, *The Making of the English Working Class* (London: Victor Gollancz, 1963)。本书各处都要引用这几本书，故而我们给出的是晚些时候更被广泛接受的版本：R.H.Tawney, *Religion and the Rise of Capitalism* (Harmondsworth: Penguin, 1938); Karl Polanyi, *The Great Transformation* (Boston: Beacon Press, 2002); E.P.Thompson, *The Making of the English Working Class* (Harmondsworth: Penguin, 1980)。对《宗教与资本主义的兴起》与《大转型》来说，前后版本之间并没有什么文本上的具体差别。而汤普森确实在《英国工人阶级的形成》的1968年再版里，对他的某些论点进行了详细论述，1980年再版后，该书又有了新的前言。因此，当我引用汤普森时，会在括号内先给出1980年版本的引用页，再给出相关文段在Gollancz版本中的页码。而当1963年版与1980年版的相关文段有出入时，我会在该处做简要的注释。

6. 托尼之前人们对待"资本主义"概念的不严肃态度，可参考1937年版《宗教与资本主义的兴起》的前言，次年，《宗教与资本主义的兴起》就重印为平装本：托尼，《宗教与资本主义的兴起》，vii-xiii。而现在某些地区对此概念存在着厌恶情绪；对比的解释和意义，参见Istvan Hont, *Politics in Commercial Society* (Cambridge: Harvard University Press, 2015), 6。

7. 例如，可参考Kate Pickett and Richard Wilkinson, *The Spirit Level: Why More Equal Societies Almost Always Do Better* (London: Bloomsbury, 2009); Anthony Atkinson, *Inequality: What Is to Be Done?* 4-5。

8. Donald Winch, "Mr. Gradgrind and Jerusalem," in Stefan Collini, Rich-

ard Whatmore and Brian Young ,eds., *Economy, Polity and Society: British Intellectual History*, 1750-1950 (Cambridge: Cambridge University Press, 2000), 243-266, 258-259. Elie Halévy: *The Growth of Philosophic Radicalism*, trans. Marry Morris (London: Faber & Gwyer, 1928). 有关戴雪的文论，可见Stefan Collini, *Liberalism and Sociology: L.T. Hobhouse and Political Argument in England*, 1880-1914 (Cambridge: Cambridge University Press, 1979)。关于哈勒维在使20世纪中期的人改变对维多利亚时代中期的功利主义者的观念这一方面的重要性，更深入的文本可参考Julia Stapleton, *Englishness and the Study of Politics: The Social and Political Thought of Ernest Barker* (Cambridge: Cambridge University Press, 1994), 126-127; Eric Rosen, "Eric Stokes, British Utilitarianism and India," in Martin Moir, Douglas Peers and Lynn Zastoupil, eds., *J.S. Mill's Encounter with India* (Toronto: University of Toronto Press, 1999), 18-33。

9. J.S. Mill, "On the Definition of Political Economy; and on the Method of Investigation Proper to It" (1836), in *Collected Works* (Toronto: University of Toronto Press, 1967), 4: 321-323, cited in Emma Rothschild, *Economic Sentiments: Smith, Condorcet and the Enlightenment* (Cambridge and London: Harvard University Press, 2001), 50.

10. 关于这些术语在当代的流传和意义，可参考Collini, *Liberalism and Sociology*, 13-50。有关历史学家笔下再现的这一术语所既有的限制，见 John Burrow, *Whigs and Liberals: Continuity and Change in English Political Thought* (Oxford: Clarendon Press, 1988), 153。

11. J.M Winter, ed., *R. H. Tawney's Commonplace Book* (Cambridge: Cambridge University Press, 1972), 153.

12. 同上。

13. 有一种以略微差别的视角看待20世纪不列颠世俗化的过程的观点，见S.J.D. Green, *The Passing of Protestant England* (Cambridge: Cambridge University Press, 2011)。而针对现代不列颠世俗化的历史写作所提出来的批判，见Jeremy Morris, "The Strange Death of Christian Britain: Another Look at the Secularisation Debate," *Historical Journal* 46 (2003), 963-976。

14. 这一反人道主义怀疑论复原了亚历山大·科耶夫的新黑格尔主义观念，并以之为中心思想。关于它为什么会发动袭击，最近有了振奋人心的新解释。参见Stefanos Geroulanos, *An Atheism That Is Not Humanist Emerges in French Thought* (Stanford: Stanford University Press, 2010)。

15. Franz Fanon, *The Wretched of the Earth* (New York: Grover Press, 1965), 252.

16. E.P.Thompson, "An Open Letter to Leszek Kolakowski," in Thompson, *The Poverty of Theory and Other Essays* (London: Merlin, 1978), 93-192, 141; Judith Shklar, "What Is the Use of Utopia? " in Stanley Hoffman, ed., *Political Thought and Political Thinkers* (Chicago: University of Chicago Press, 1998), 175-190.

17. 例如，可参看David Marquand, *Mammon's Kingdom: An Essay on Britain Now* (London: Penguin, 2015)。

18. 关于对这个范畴在历史学、经济学和人类学方面运用的多样性，其中期评价可见于E.P.Thompson, "The Moral Economy Reviewed," in E.P.Thompson, *Customs in Common* (London: Penguin, 1991), 259-351。而关于这个概念在20世纪英国历史上的应用，可见Jim Tomlinson, "Re-inventing the 'moral economy' in postwar Britain," *Historical Research* 84 (2011): 356-373。至于这个概念所含的更广泛的价值所带来的意义，见Lorraine Daston, "The Moral Economy of Science," *Osiris* 10 (1995): 2-24。而关于这个概念是

如何与其原始背景相脱节的，见Norbert Görz, " 'Moral Economy': Conceptual History and Analytical Prospects," *Journal of Global Ethics* 11 (2005): 147-162。

19. 莫里斯·格拉斯曼（Maurice Glasman）的作品（他首先倚仗的思想巨人是波兰尼）是当代作品中与道德经济学家们的批判最为接近的。要参见格拉斯曼的早期探索，见Maurice Glasman, *Unnecessary Suffering: Managing Market Utopia* (London and New York: Verso Book, 1996)。而关于他的近期转变，见Maurice Glasman, "Labour as a Radical Tradition," in Maurice Glasman et al., eds., *The Labour Tradition and the Politics of Paradox* (London: Lawrence & Wishart, 2011), 14-34。而至于对其的评价，参看David Runciman, "Socialism in One County," *London Review of Books* 33 (15) (2011): 11-13。

20. Marquand, *Mammon's Kingdom*; Williams and Elliot, *Crisis and Recovery*; Glasman, *Unnecessary Suffering*.

21. Rothschild, *Economic Sentiments*, ch.2。同样可参考Donald Winch, *Adam Smith's Politics: An Essay in Historiographical Revision* (Cambridge: Cambridge University Press, 1978)。

22. 同上，第65-66页，引用了Beatrice Webb, "Diary," July 30, 1886, Passfield Manuscripts, *London School of Economics*，还有James Bonar, "The Revolutionary Element in Adam Smith," *National Liberal Club Transactions* 99 (1924): 6-7。

23. Polanyi, *Great Transformation*, 119.

24. Albert O. Hirschman, *The Passions and the Interets: Political Arguments for Capitalism Before Its Triumph* (Princeton: Princeton University Press, 1973), 132.

25. 针对汤普森对政治经济学的批判而提出来的负面评论，见Istvan Hont and Michael Ignatieff, "Needs and Justice in *The Wealth of Nations*," in Istvan Hont, *Jealousy of Trade* (Cambridge: Harvard University Press, 2005), 389-446, 405-406; Donald Winch, *Riches and Poverty: An Intellectual History of Political Economy in Britain*, 1750-1834 (Cambridge: Cambridge University Press, 1996), 5-6; Winch, "Mr. Gradgrind and Jerusalem," 262, 266; Gareth Stedman Jones, *An End to Poverty? A Historical Debate* (London: Profile Books, 2004), 229-230。

26. Amartya Sen, *On Economic Inequality* (Oxford: Clarendon Press, 1973).

27. Kenneth Arrow, *Individual Values and Social Choice*, 2nd ,ed. (New Haven: Yale University Press, 1963).

28. Kenneth Arrow, "A Difficulty in the Concept of Social Welfare," *Journal of Political Economy* 58 (1949): 328-346, 343-344.

29. Kenneth Arrow, *Social Choice*, 1 n.1.

30. Amartya Sen, "The Possibility of Social Choice," *American Economic Review* 89 (1999): 349-378, 350-351.

R.H.托尼

R. H. 托尼在英国左派中享有崇高的美誉。[1]那些可能成为"英国社会主义优良传统"的继承者们，毫无例外地"试图将其思想谱系上溯至托尼"。[2]而人们曾一度激烈地争夺、索取托尼在其身后留下的遗产。[3]如今，他们的争夺有所平息。确实，现在就算提及托尼的名字，读者们也往往趋于倦怠。[4]许多人质疑，这份遗产事实上是否值得各方争夺、索求。[5]但关于他的思想，仍延绵不绝有传记和论文问世，这足以证明他的作品对人们仍有持续不断的吸引力。[6]但是没有人充分确定应该将他的作品理解为何物——托尼代表了什么？为何其作品曾经重要？其作品现在是否仍旧重要？正如斯蒂芬·柯林尼所观察到的，这一与托尼相关的忐忑不定的心情，以实例证明了人们在对待经济与伦理的关系问题时所表现出来的普遍的不安。[7]当我们阅读托尼时，我们会因其"在公共讨论中对人类的非经济价值大胆呼吁的思想"而感到有些"忧虑"。[8]但我们也会认为，这份忧虑是不合适的——我们本不该有这种感觉，我们也最好克服这一模棱两可的犹豫情绪。

这一尴尬而又矛盾的情感已经在三个方面影响到有关托尼生活和工作的传记作品。首先，人们通常假定，托尼对道德的呼吁无非是空洞的姿态——矫揉造作的修辞性立场，而没有什么明晰的基础，也没有成熟的信念。[9]在这一视角下，就算人们在经济争论时曾直接援引道德或伦理呼吁，但这一现象也不过是昙花一现的，它仅是夹在进步主义的社会和政治思想发展的两个长期阶段之间的过渡——一方是早先失去效力的"个人自由主义"，另一方是方兴未艾的"福利主义"。换句话说，托尼就是这样一个过渡性的人物，并早已被后起的思想发展所取代了。[10]关于托尼的第二种观念是，他是个怀旧者，而这是对先前结论（托尼称赞一种空洞的道德主义）的一种补充。这一观点认为，托尼对16到17世纪的社会思想衰败的重构，表达了对先代纯朴的怀念。[11]第三种观念，是作为前两种观念的推论：托尼能够被人们所铭记，主要得益于他那两部更具实用性和纲领性的作品，1921年的《贪得无厌的社会》（*The Acquisitive Society*）和1932年的《平等》（*Equality*）。[12]1926年的这本《宗教与资本主义的兴起》使他的名字和思想在两次世界大战之间成为当时社会和政治思想的中心，但现在却已经被相对忽视了。[13]对这些次要作品的过分重视反而掩盖了托尼思想的独异性，而这些作品却更能为当下进步主义社会和政治思想中风行的工具理性潮流所吸纳。

在本章，我将逐一革斥这些概念。我将把《宗教与资本主义的兴起》作为托尼的关键贡献，因为它证明了后来众多后继的社会主义者都受到关于人类天性的启发，他们试着将其谱系上溯到托尼，并澄清道：托尼确实为社会批判的一种独特模式做出了首创性贡献，该模式就是直到20世纪中叶一直在不列颠占据主导地位的对资本主义的道德批判。托尼对社会问题的勾画直白地表现出了他与"个人自由主义"的分歧，是的，他敌视集体主义，但他眼中的未来并不是个人主义的再生，而是一种在性质上既非个人主义也非集体主义的新的社会团结形式的出现。[14]关于"人类品格"的具体概念内在于托尼所开创的对资本主义的批判中：他对"道德的"的建构无不指向对人类本身的定义。对托尼而言，这一定义衍生自一个特别的神学时期。托尼既不是个人主义者，也不是毫无根据的道德家，那么，只要我们关注他的有关人类品格的概念，就足以同时推翻这两个假设。

在我看来，更为无稽的是把托尼的形象描绘成一个怀旧者。托尼对16、17世纪社会思想衰败的解释，并未呈现出对先代纯朴的回归，而是对他在西北英格兰的现实生活中所遇到的学生和邻居之间新兴的团结形式的一种反思和回应。托尼在1933年于伦敦经济学院的就职演说上解释道："我在研究中，不是把历史看作一系列过去的事件，而是看作社会的生命，而且历史以其对过去的记录为我提供了达到此目的的某种手段。"[15]他在其思想来源中寻找描绘和表述这些团结形式的各种手段，这些手段并不适用于解释当代社会和政治思想术语。重构这种社会凝聚更早期的形式的崩坏过程，给我们提供了一条路径，让我们得以想象建构在这些新兴的团结形式之上的社会秩序。托尼并非希望资本主义即日消失的人，他很确信，虽然资本主义消灭了旧的习惯和规范，但它同时也会创造出新的社会凝聚。我在此纠正关于托尼的偏见，并非只是处理学术上的异常现象。我是在为一种广泛存在的冲动做辩护，这一冲动想要把托尼恢复为与当代政治有着深厚关联的具有创造性和建设性的人物，并认为托尼所开创的批判传统应得到人们持续的关注。但这也使人们的关注有了更尖锐的焦点。这一崭新的观点，一定程度上揭露了那些争夺托尼遗产的虚假主张：既然我们已经发掘出了托尼对道德问题所建立的基础，那么其知识谱系中某些主张所采用的花言巧语也就不再那么有效了。这同样帮助我们（对关注点的再聚焦，将重心放在了托尼曾研究过的人类这一特殊概念上）弄明白针对托尼的"厌倦感"是为何以及如何开始的，而这一"厌倦感"影响到了许多当代的读者（尽管最近的一些观点指向其反面）：托尼曾被宗教所激励，而世俗化话语的强化使得他的论据不再激动人心了。[16]最后，这一新的焦点帮助我们辨识出托尼的继任者，并能通过其继任者对其论据的重述而回溯托尼所开创的对资本主义的道德批判发展的踪迹。这是我在后续章节要完成的工作。

说得清楚些，我在此的目的并不是原封不动地维护托尼反对资本主义的主张。我的目的更在于澄清他所开创的这一批判传统的本质和姿态，并说明它在其时代的成功值得我们迄今为止更密切和更持续的关注，我还会挑拣出其最具区分性的特征，以使读者能更好地通过其后继的创新来追随其发展的踪迹。这并不是说，拾起这些线索以及追随这些创新能够使我们最终获得一套足以供我们调度所需的现成论据，从而能在当代获得与其同时代一样的效果。我们会为"在公共讨论中大胆呼吁人类非经济价值的思想"而感到坐立不安，这合情合理。但我们也不情愿——就我看来，无疑很不情愿——摒弃任何以这种方式来追求善的呼吁。许多人仍会回到托尼身上以探寻一种批判性立场。本章将为这一冲动正名，但我也将在本章澄清：托尼并非是这一探寻的终点，而是这场探寻的起点。

北方

R. H. 托尼于1899年进入牛津大学的贝利奥尔学院学习古典学——既摩登又显赫，人们就是用这样通俗的语言来称呼这些课程。四年之后，他毕业了，只获得了二级学位。其父是一位在剑桥的改革倡导者，是道德哲学家亨利·西奇威克的同伴。他认为这种成绩败坏了家风。[17]他的朋友威廉·贝弗里奇和威廉·坦普尔（他们后来分别成为"福利国家"的设计师和坎特伯雷大主教）都获得了一级学位而且有丰厚的学院助学金。托尼不得不忍受在汤因比馆的抛头露面，并住在那里。汤因比馆是19世纪80年代东伦敦地区建立的第一流的定居点住宅，中等阶级们做此慈善，是为了使穷人也可以在人道主义的救济之下生活和工作。在汤因比馆，托尼很快就认识到，"他没有分配汤和毯子的天分与资质"。[18]

托尼决定，他要"在工业城镇教授经济学"。贝弗里奇告诉他，他在怀特查佩尔区的工作并不能"顺理成章地"使托尼走上这种岗位。[19]托尼加入了新生的工人教育协会（创立于1903年），并立刻被任命为执行委员。从1905年起，托尼花了两年的时间在格拉斯哥大学讲授经济学——顶替威廉·斯马特，一位研究亚当·斯密的政治经济学教授，当时他正为皇家委员会撰写有关济贫法的重要报告。托尼支持向牛津大学施压以谋求其向劳动阶级和低层中等阶级的子女开放的改革。托尼并不是牛津大学的资深成员，故而他的演说和作品较其他鼓动者要来得更加无拘无束。自由主义编辑J. A. 斯彭德在《西敏寺公报》（*Westminster Gazette*）上就此问题好好声张了一番。施压使得牛津大学和工人教育协会有了合作的征兆，并将开设一个相应的教学岗位，托尼也就荣获此职。[20]他搬到了曼彻斯特，在罗奇代尔、切斯特菲尔德、雷克瑟姆和朗顿等城镇开展教学。

在兰开夏和斯塔福德郡北部的生活使托尼有了意外发现。[21]在此处，到处都有"非国教教堂和浓厚的工会主义"，托尼也就遇到了"他在伦敦从未遇见的正常的劳动阶级生活"。[22]托尼在怀特查佩尔区碰见的人要么鼠目寸光，要么就毫无道德感。而在北方，有着更为浓郁的社会精神，使人们就算在工作稀缺和生活潦倒的情况下，也能够团结成一个共同体。两幅截然不同的景象改变了托尼对社会改良的看法。"消弭痛苦""弥补失败""感化堕落者"，这些行为都是"善且必要的"。[23]但这些举措也只能治疗症候，却不能釜底抽薪，指出其肇因。"社会问题"需要一个系统性的回答。"一整派社会改革者"已经"误入歧途"，他们甚至设想，像汤因比馆这样的设施就能够切实地影响社会。[24]"为一个共同体设计一套救济体系并没有什么用处，因为在那里，连正常的人际关系都已经被视为是不公正的。"[25]

悉尼·韦伯和比阿特丽斯·韦伯领导下的费边社的成功为这一问题带

来了更为系统性的解决方法。托尼比他们年轻点，对他们的思想也持有好感。在牛津的时候，托尼抱着一种过度重视细节的经验主义态度来谈论社会问题。同威廉·贝弗里奇一道，他在"写关于社会问题的论文时，从实事求是的角度乃至可能的实践性视角出发"，"试图为社会上不可胜数的群氓构建起"某种社会联系。[26]在同这一流产了的社会实践做第一次也是唯一一次接触时，托尼读了一篇有关"对地价征税"的论文。贝弗里奇通往权力的道路主要就是这一脉络的延续。他成为失业保险方面的专家，然后进入贸易部在温斯顿·丘吉尔手下任职，在大战期间担任粮食部的常务书记，之后又成为伦敦经济学院的主任。[27]在1906年，还在格拉斯哥受委托教学的时候，托尼就与住在伦敦的韦伯夫妇相识了。他们成为好友。

但托尼自己日益成熟的观点同韦伯夫妇的费边主义之间的分歧很快就显露了出来。[28]托尼活跃于国民反血汗联盟，并为如缝纫、制箱等血汗行业提高工资和改善工作条件而发起运动（运动总部在梅克伦堡广场，托尼一家一回伦敦就会住在这里）。韦伯夫妇则为针对最低工资的国家立法而奋战。托尼拒绝这一条款严格的特定提案。"这意味着，人们获得的工资并不符合其价值，而只够保证他们的基本生存所需，以使其能继续被驱使着工作。这不过是把他们看作收工资的马牛和奴隶罢了。"[29]托尼对他自己的见解与韦伯夫妇的观点之间的分歧进行了反思，结果是他把韦伯夫妇看成了功利主义者，是杰里米·边沁、J. S. 密尔和维多利亚时代的自由主义者的直系继承人；他也认识到，在功利主义视角下，就算要反对血汗劳动，也没有什么话可说。[30]对托尼而言，为争取最低工资而表现出来的殷勤仍然是昧良心的。

1905年，托尼还想要教授经济学。可很快他就不这么想了。"不存在什么作为科学的经济学，"1913年，他在备忘录里这么写道，"永远也不会有。"

这只是空话，马歇尔说的我们需要用"与能在恶劣天气下检测战舰稳定性相同的心智秩序"来研究社会问题，纯粹是无稽之谈。[31]

"忙于堆积数据和事例的作家们在外围工作上花费了太多时间，以致他们从未企及问题的核心"，同一时期，托尼如此写道。为了寻求更加广阔的方向，托尼转向了历史。直到1908年，托尼一直想要"精通""经济学和历史学的某一部"。[32]但仅有学术意义上的精通是不够的。他想要把"科学研究"与"实践事业"结合在一起，"互相弥补"："书本离开实践，只能培养出牛津教授，而没有书本的实践只能训练出市镇议员。无论世界在哪一方手中，都会完蛋。"[33]政治对托尼有一定的吸引力。在1918至1922年间，托尼参与了三次议会竞选，但都没有成功。但政治是喧闹、枯燥、遥远的，也没有"对高贵的、重要的情感与信念的呼唤"。[34]改革家脑子里只有权宜的救济方法，政治家则"精于对权力和利益的操纵"，经济学家则只会在"外围工作"。什么才是"问题的核心"？核心并不是"经济"，托尼写道，而是"道德关系的问题"。[35]"现代社会"患上了"因道德的缺席而带来的绝症"。[36]

时至1910年5月6日，爱德华七世猝然去世，整个国家马上处在了宪法危机的边缘。[37]西尔维亚和埃米琳·潘克赫斯特领导的争取女性普选权的运动进入了激进化阶段，它有着杰出的拥护者，但很快就诉诸砸毁窗户和纵火。[38]爱尔兰地方自治运动的前景和保守党国会议员的鼓舞促使阿尔斯特的爱尔兰联合主义者成立了一个准军事组织，誓要反抗主流的天主教规范。[39]工厂罢工越来越频繁，关系越来越紧张，这证明了通过扩展政府的调节作用以及扩大议会中工人的代表权以预先阻止工人斗争这一长期努力的失败。[40]议会的权威性本身，以及人们因其权威性而对自由主义宪政能够容纳社会变迁的压力并且在不列颠维持社会秩序的信任，也就在这一戏剧般的时代潮流中岌岌可危、饱受质疑。

爱德华七世晚期的危机深化了人们对不列颠当时"社会问题"的本质的理解。[41]一开始，这体现在查尔斯·布斯和西伯姆·朗特里的研究中，社会问题被理解为主要是人道主义问题，它使许多城市中等阶级产生了一种关切，想要减轻数十年的经济繁荣也未曾改变的城市贫困。二十岁出头的托尼在汤因比馆度过的时光，正是对如此被理解的社会问题的一个回应。在世纪之交，原有的人道主义关怀却被对国家荣誉和帝国力量的关切所覆盖。布尔战争时期，征集一支军队以保卫帝国财产的窘迫难题使部分城市劳动阶级身体上的衰弱成为一个政治问题。缓解贫困和增加福利成了"国家效率"的要紧事项——这是一个青睐费边社功利主义的范式。爱德华七世晚期的危机使得社会问题呈现出新的局面。托尼于1913年观察到，长期以来"大量的关切都集中在救济上"，但现在却"转移到了关于社会组织的问题上"。[42]部分无产者的赤贫化现在被认为是社会团结更普遍的崩坏造成的事变。格拉斯顿时代似乎还足以维系社会的极少量黏合剂，已经无法再支持新世纪激起的政治活力。

正是在危机期间，托尼的使命感受到了鼓舞。英国社会正在因不同团体和不同利益而解体。维多利亚政治经济学所鼓励的把人际关系还原为经济交换范畴的做法（提升到社会哲学的层面，也就是我们今天所说的"方法论个人主义"）开始被视作危险的谬论。这使得互相对立的观点变成了不可比较的、恼人的歧见。人们需要具有"统一性"的新的概念。"统一性，"托尼于1913年写道，"在所有的物事包括人类的日常生活中都需要统一性，但统一性的意思不是所有人都必须相信同样的事情或做同样的事，而是说，一个人不能够假设，其他人是因为仅仅受自私利益的支配而持有其信念的。"

在他不赞成别人的行为时，他可能会发现，这行为有着道德上的正当性。今天的经济生活中，我们所缺失的正是这一道德正当性。正是道德正当性的缺失使得歧见变成了纷争和激恨。[43]

道德关系的问题提供了一条重新揭开和重塑人类关系中的道德或非经济维度的路径，而这一维度先前在经济学还原中一直被削弱、被掩盖。

唯心主义

托尼并不是第一个以这种方式来重构社会问题的人。唯心主义道德哲学的倡导者早先就在一定程度上完成了这一工作，而发轫于19世纪后半叶的唯心主义道德哲学本身是对更早的信仰危机的回答。维多利亚时代中期，福音派对圣典真实性的关注引发了一场对《圣经》进行批判的骚动。《圣经》记录的故事的字面真实性成了一个历史问题，而《圣经》铺排的年代表越来越难同当代科学的发现相协调。在牛津，旨在维系基督教教义中权威性教条的高派教会运动同下决心要更换信念以与时代精神更加融合的广派教会产生了分离。而于1899年录取托尼的贝利奥尔学院就是广教会派运动的中心。这场运动的核心推力在于将基督教的信念用形而上学范畴表达出来——既不用既有权威，也无须历史事实，而只靠理性本身就可以支撑起所有为基督教带来永恒价值的东西。[44]这场运动的关键人物是本杰明·乔伊特和T. H. 格林。乔伊特始终是一个热忱的基督徒，格林却将基督教的道德戒律同信仰本身分离开来。唯心主义形而上学的中心假设就是个人所拥有的"真实意志"将要同更高的统一性相合为一体，自我实现也就关系到个人独异性需附属于伟大的社会意志。在对阶级和利益的忠诚问题上，向心力胜过了离心力。

这一阶段，贝利奥尔唯心主义形而上学所做的卓越改变是，他们离开了"实在"（区别于真实）"意志"的混乱游戏，而把国家视为人为的凝聚力。伯纳德·鲍桑葵离开了贝利奥尔，自己去亲眼见证城市的贫困。与后来的托尼一样，鲍桑葵也去了汤因比馆。在完成各种差遣的同时，他写就了《关于国家的哲学理论》（1899）。[45]鲍桑葵承认（步格林后尘），自我是复杂的。超越性的真实意志或者说真理客体是被变动无常的个人实在意志所掩盖的。我们的真实需要在转瞬即逝的冲动和情绪之下迷失了。但既然（回到唯心主义的关键规诫上来）我们的真实意志具有一种统一性，其对团结形式的具象化或者说人格化就能赋予个人一种引导，在易逝的情绪同永恒的利益之间、实在和真实之间的内部矛盾上做选择。这一具象化也就是国家。只有臣服于国家权威，个人才能够确保其真实意志的普遍存在。

国家能够在个人生活中起到相当积极的改善作用，这一想法在当时还是极为新颖的；维多利亚时代的自由主义把国家仅仅视为一个守夜人。[46]但是到了19、20世纪之交，这些话越来越显得不过是花言巧语。在西敏寺的国家政府积累着权力，也开始承担更广泛的责任。[47]贫穷、公共健康还有物质福利的问题主要是在市镇的层面上出于慈善的关切而得以处理的。对一败涂地的布尔战争丑闻的揭发，使社会问题成为国家的问题，并让国家的回应变得合法。广为人知的德国向英国"一流国家"地位的挑战激发了自卫呼声的兴起——而只有西敏寺才有权实施自保性政策。福利国家的初期要素在1906年后通过法令得以颁行。对苏格兰独立教会的支配权所属问题的争论，被移交到上议院处理——这宣告了国家对社团生活的干预。[48]日益敌对化的产业关系将法院牵涉了进来——这使得人们开始恐惧：国家正在破坏工会的自主性，损毁自由的集体议价原则。[49]

在20世纪早期，格林唯心主义维持其对统一性运动的信念的质朴理性似乎已经不再盛行。堕落的费边主义者格雷厄姆·沃拉斯称作"内在张力"的东西（后来乔治·丹吉菲尔德将其描述为隐隐约约、出现在即的"非理性风暴"）对这一时期"试图解释具有一定教养的男男女女内心的晦涩感受"的所有人来说，都是再明显不过的。[50]充满"谨慎措辞""恭敬举止"和"合理情感发之中节"的"安乐之所"已经对人们"不再有吸引力"，或者说——"甚者已经丧失了和睦"。

> 其水，不再能为风所荡漾微波，不再能以合意之行动、达理之信念，俾波止以自得之安逸，映照沉着之天穹、四散之星尘；而人，铺以一层轻蔑，已不再企望理解此中真意，始欣然为深邃、黑暗、逐波之海洋而启程。[51]

"在英格兰，"沃拉斯在其《伟大社会》（1914）中如此写道，"行当和职业的'排他主义'，反而正在使威尔士或阿尔斯特、苏格兰或天主教爱尔兰的种族隔阂氛围变得越来越浓烈。"此书也给托尼留下了很深的印象。[52]

> 在任何地方，都有着工团主义和"直接行动"的布道者，教权主义报纸的编辑人员，"掠夺性财富"占有者，宣称自己相比笔杆子与书呆子、非宗派人士，还有无情地背叛代表人类共同体的阶级和教会的人而言，对日渐壮大的真实社会力量更有代表权。[53]

鲍桑葵的书的第二版于1910年出版。战前的危机使它反而更有影响力。[54]鲍桑葵把国家视作实在意志同真实意志之间内在争斗的仲裁者，为人们提供了逃避丹吉菲尔德和沃拉斯所预言的"内在张力"和"非理性风暴"的一种可能。其作品使得维多利亚时代的法理学家A. V. 戴雪声称（1906年首次宣称，并于1914年再度重申）不列颠正在经历从"个人主义"向"集体主义"过渡的说法在表面上看更为可信。[55]1914年的大战动员让鲍桑葵的理论更加有市场。战争带来的爱国主义迷幻使先前困扰人的政治喧嚣恢复了平静。妇女选举权运动者放弃纵火而开始为上战场的士兵配发羽毛。奥兰治党丢下了笨重的来复枪应征入伍。大量的工人上前线当志愿兵，国家与工会开展了积极的协作，扩招工会会员以简化战时生产组织。宪法危机解除了，至少是暂时解除了。

格林的唯心主义宣称，理性维持着社会统一性。基督教的道德戒律无视对《圣经》的批判，不顾逐渐消弭的教会权威，仅仅通过理性而得到支撑。丹吉菲尔德经历的"自由英格兰的奇异死亡"挑战了格林的设想，即理性是普遍的，其力量足以发挥对社会的凝聚作用。鲍桑葵的国家理论（长期由地方担负的特权和责任集中到了西敏寺的国家政府，其权责因大战而戏剧性地得到了强化，这一真实世界的事实为其理论进行了背书）为唯心主义再度提供了保证，使格林一开始说的社会统一性更加切合实际。但随着矛盾慢慢过去，起初勃兴的爱国热情开始消散，国家引入了强制服兵役制度（以及对有良知的异见者的拘捕），其对国家权力增长的殷勤态度此时也转变得更加强硬了。[56]

在1918年，社会学家L. T. 霍布豪斯写了一篇有着广泛影响力的论文来反对鲍桑葵。在其驳论中，有一段文字颇为有力。霍布豪斯回想起了1914年夏天的一个下午，他同儿子在海格特花园里一起阅读康德，在同一段里，他又回忆了三年后，哥达轰炸机突袭伦敦时他在花园内所见的光景，他的儿子现在已是皇家空军的飞行员。[57]霍布豪斯控诉道，哥达突袭，是"上帝—国家"理论（例如，把国家视为"真实"意志与"表面"意志之间的仲裁者的那种理论）同其要称赞的自由概念（"同存在者的真理法则相和谐"）造成的"显而易见的、确实无误的后果"。[58]霍布豪斯固执己见地认为，鲍桑葵的《关于国家的哲学理论》推进了一种"错误、邪恶的学说", 促成了国家间的侵犯。鲍桑葵的《哲学理论》于1920年出第三版, 于1923年又出了第四版。可其作品却已因霍布豪斯的攻评而大大掉价了。

发轫于维多利亚后期和爱德华七世时代的社会问题, 在"自由英格兰之死"发生前后, 达到了最尖锐的阶段, 揭示出人们彼此的效用——在守夜人的监视下, 仅且相逢于市场上的理性的、自利的行动者——并不足以成为构建社会秩序的基础。人们在理解这一点之后, 最初的反应是从"个人主义"转移到"集体主义", 将自由放任的社会哲学改替为强大、统一的国家概念。但在第一次世界大战中及战后, 人们发现国家权力是不利于自由的。此时, 人们开始追寻新的想法——是什么使社会生活有条理地结合在一起? 许多法学家和政治理论家自20世纪肇始就对此孜孜以求。可他们的动力最后消散了; 到了1918年, 其动力就已不多了。但正是他们的努力在此触动了我们。这些后来被称为"多元主义者"的法学家和政治理论家, 是第一批致力于追寻一种超越个人主义与集体主义二元对立选项的社会原则的人。多元主义是失败了, 但其失败为后来道德经济学家们以不同的手段来追求同一种结果的努力扫清了道路。

多元主义

在世纪之交, 剑桥的法律史学家F. W. 梅特兰就英格兰法学的独异性问题写下了一系列文章。[59]他因国家机体的成长而倍感忧虑。梅特兰相信, 大陆的绝对主义, 是社会原子化的产物, 一种"破坏性的、碎石化的倾向, 一个世纪又一个世纪地运作着, 把一切介于个人与国家之间的东西贬低到无足轻重的程度……"[60]这一倾向在不列颠越来越明显。在梅特兰的分析看来, 当代国家机体的成长是专制暴政出现的征兆。

当时的不列颠自身在证实这一"碎石化的倾向"的同时，其法学同英国社会和政治实践之间的隔阂也在逐渐消去。托马斯·霍布斯的政治哲学提出，主权是绝对的，群体生活因此也就变得不安全了。英国法律所认可的各种各样的协会和团体只有在国家的命令之下才能得以建立。只有通过主权者的特许，它们才能获得区别于身为"自然人"的成员们的独立身份。如此，这些协会和团体（包括教会和工会）也就没有法律上实在的独立身份。国家可以不受阻碍地干涉其内部事务，这些组织在被解散的威胁下却别无选择，只能服从。但在实践中，团体和协会往往具有比法律规定的地位要来得高的自由度。然而在19世纪晚期，随着国家机体的成长，团体和协会实质上的独立性也就成了问题。苏格兰教会和塔夫谷的案例突出了梅特兰的忧虑的重要性。

梅特兰最在意的法律的异常之处就是，在英国，人为人格同天然人格之间的区分是被模糊化的。当一个乡村牧师死了，他的住宅（在法理上，这是一个单独法人，其存在的效力应该伴随其唯一的成员的死亡而一同正式消失）却并没有被关闭。[61]它继续持存，直到下一任牧师被指派过来。乡村牧师住宅的奇异长寿同联合王国本身有着共通之处。君主死后，其领土并不会失效；相反，直到新王加冕，它都保持无人过问的状态。尽管如此，在正式的法理命题上，一个法人只有在有成员参与的时候，才可能拥有生命，这一生命是其成员带给它的。然而单独法人的制度（使乡村牧师身份和英格兰的王位得以代代继承的方法）却与之完全相反。梅特兰利用这些异常的例证来构成其论据，即英国法学为认清被"真实人格"所占据的团体和协会提供了所需的眼界。[62]它们远非是仅仅由自然人成员构成的无实体的人为人格。它们有着自己的生命，那有别于其成员的独立身份。它们远非简单的人为人格，也不能被国家如此草率地对待。梅特兰试图把实践生活中久已为人所知的现象设为法学原则上的要件。

为什么团体和协会的本质（它们是否由某种超于人为人格的东西所占据，以至于国家能够使其轻而易举地灭生？或者说掌控它们的是真实人格，这一霍布斯也不知道的范畴？）如此重要？这个问题对梅特兰来说极为重要，这是因为把团体生活视为实存才能在不扩大国家权力的情况下对社会原子化施加反向作用。在19世纪晚期，认为市场足以维持社会秩序的想法已经开始失去信用。而国家的作用已经在相当程度上开始为人所吹捧。维多利亚中期，商品交换秩序的原则再一次诉诸主权权力的概念，而人们很容易把这种概念同17世纪的社会和政治思想联系起来。除此之外，人们越来越清楚地认识到，社会力量以远远超乎维多利亚时代人们所想象的精妙方式来塑造人的个性与自我。正如我们所见，在唯心主义的分析里，社会生活的作用是在现实的意志与真实的意志间的内在斗争中做选择。如果国家把社会生活的一切都包含在内，就此而论，它就能积累起巨大的劝导能力。梅特兰对这种景象十分憎恶。如果人是社会动物的话，让国家来主宰社会生活就会是十分危险的。基于组织团体是被真实人格所占据的假设，梅特兰通过在法律中为团体和协会长期以来在英国政治中实际享有的独立性创造空间，以巩固其独立性，来预防国家在社会生活中的过分膨胀。

梅特兰在政治哲学的某些问题上表现得貌似缺乏自信，好像他仅仅是对英国法律中不被承认的原则进行了解释，可他的观点却极具革新性。霍布斯在罗马法的基础上转而将其发展得更深远，而自霍布斯以来的现代法理学和政治哲学则把群体生活完全视为前社会中的个人的政治需要的附属物。人类一开始只是"初民"。在霍布斯的《利维坦》里，唯一真实的人类就是初民。国家是由一些初民创立的，初民以共同体的形式一致行动，并认为自己需要获得拥有一个稳定的政府所能带来的好处。共同体由其成员的人格组成，没有实在的本质。而共同体创造了国家。国家是一个虚构的人格。只有通过其代表，国家才能得以活动——初民以主权者的身份行动。主权者权威包括了施展诡计的权力，主权者借此而创造出法律人格的某些特定形式——协会以及其他类型的团体。但这些形式都并非真实的人格，它们是人为造成的。用霍布斯的话来说就是，"部分先于整体"。[63]

但梅特兰把群体生活视为不一样的存在。他设想了"一种先于团体成员的个体性而存在的统一性，在某种程度上，统一性限定了个体性"。[64]以这一论点为依据来限制国家权力，乍一看非常奇怪，因为他把统一性放在了个体性之前。但是梅特兰眼中的团体可并不是国家。事实上，它根本就不是一个单一的团队，而是复数的群体。尚存的"多元统一性"组织原则（统一性总是"团体的个体成员间的安排的结果"，部分先于整体）使个体在进入社会和政治生活之前，就已被充分塑形，不是社会的附属，不受社会的影响，而能自给自足。梅特兰为社会制度建立起了一个原则，个体性是统一性的产物，自我经群体而得以塑形。一旦我们假定人是社会动物，那么群体的多元性也就变得至关重要。没有了多元性，自由就会被损害。如果只剩下一个团体——国家——能够塑造自我，那个体性也就会堕入危险。

梅特兰的论据建立在英国法律史的基础上，但他的灵感和部分权威性却来自海外。德国的霍布斯研究者早在梅特兰及其同代人之前，就已经着手寻找超越个人主义与集体主义二元选择的途径。[65]在普鲁士戒律之下完成的德国统一激起了关于国家权力的类似焦虑。法律史学家奥托·冯·基尔克发现，合作社（*Genossenschaft*）或者说会社的概念，有着同罗马的"多元统一性"之模范相异的原则。[66]基尔克的概念为梅特兰提出的英国法律界（除了霍布斯）都认可团体中存在着真实人格的设想的观点提供了基础。在基尔克的解释下，会社不仅仅是为由主权者特许创建的人为人格所掌控的。一个会社就是一个真人——既不是自然人（比如人类），也不是虚构人格（比如国家），更不是人为人格（比如霍布斯认为的那样的、在英国法律之下的团体），它既独立于其个人成员，又独立于国家。会社大于部分个人的总和，这不仅仅是在法律上或在策略意义上是真实的，在其实际存在的意义上也是真实的。会社并不仅仅是一些自然人为了某些工具性的目标而聚集在一起以自我完成、自我满足为目的的组织。在基尔克的概念里，会社既是因为包含了个人成员而得以构成的，也是借个人成员的力量才得以组成的。

梅特兰的论点并非是国家应该被当作会社来解释。（这是鲍桑葵的论点，尽管鲍桑葵——他对法学并不怎么感兴趣——的话并不是这样说的。）[67]倒不如说，自然人（被认为是社会的动物）正是通过会社才认识到自己是独立的相互区分的个体。基尔克所说的会社正是梅特兰的群体生活的榜样。但霍布斯的主权者概念仍然站得住脚：在群体生活中无时无刻不受群体影响的个人，还是会聚集为共同体以创建国家。梅特兰并不是一个工团主义者。但是霍布斯的主权者权力概念需要被修订，需要承认团体有着不依赖于主权者的特许而独立存在的真实人格。社会生活并非通过国家影响个体，而是通过群体。整体先于部分，但整体本身也是复数的存在。

对多元主义者来说，真正为难的问题是，这些复数整体之间的统一性是如何实现的，以及更宽泛的政体的完整性又是因何而维持的。对基尔克来说（他是梅特兰的灵感来源）这个问题并不太大。《法治国》（*Rechtstaat*，无法被译成英语）提供了一个框架，在此政体内的多元会社可以和谐共存。在英国的法理学中，并不存在可与之相比拟的框架。对一些接受了梅特兰的论点的古怪的继承者来说，这也不是什么问题。J. N. 菲吉斯是英国国教牧师和政治思想史学家，他还乐意把自己描述成一个工团主义者。[68]但当爱德华七世晚期的宪法危机到来的时候，大多数人都不乐意见到不列颠成为一堆团体的杂乱组合，而没有包罗万象的国家在这些群体之间维持秩序。算上教会和温和工会，20世纪早期不列颠的社团生活还包括了公然不尊重宪法限制的斗争和运动，其中包括了工团主义工人、妇女投票权运动者还有奥兰治党人。欧洲大陆可与之相比较的团体活动甚至要做得更过火、更有破坏力。在早期的极端主义开始出现的时候，将特许权理论改替为真实团体人格的概念无疑存在着风险。有些人——主要是菲吉斯——愿意承担这个风险。但大多数人并不想这么做。

梅特兰去世于1906年。将基尔克作品翻译成英文的工作，也就由其门徒厄奈斯特·巴克来主持。在1934年，当他为基尔克的译作《自然法和社会理论1500—1800》写导言的时候，巴克对与基尔克早期的作品一同舶来的团体的真实人格理论进行了强烈谴责。[69]尽管这种理论反抗了原子化，它也催生了危险的新病态：通过将个体召回社会生活，真实人格理论趋于"吞没他的人生，吸收他的个体性"，这一过程正生动地在当时的德国上演。[70]多元的会社让位于"单一运动或政党"的主宰，梅特兰试图避免的恶果——人的社会自我受制于一个一元的权力中心——却在此更为确切地出现了。[71]巴克并不希望保留原来的社会制度，他认为在这种社会制度中的男男女女早在踏进社会、接触政治之前，就已经是塑形完全、自给自足的个体了。但他也拒绝支持他的良师梅特兰所设想的获得真实人格的团体成为个体自我的熔炉的情景，因为他认识到，如此修订之后的英国法律就难以排除"单一的运动或政党"用以垄断群体生活的手段。因为多元主义者一开始就孜孜以求的路途却招致了他们所竭力避免的惨景——一种朴素的个人主义被危险的集体主义所取代，那么必须有其他阻止社会原子化的手段。

行会社会主义

另一位梅特兰的古怪继承者叫作G. D. H. 科尔。科尔因成为"行会社会主义"的领导人而崭露头角。在新世纪的第一个十年间，行会思想成为英国社会和政治思想中突出的一点。[72]它同人们在20世纪早期不断加剧的对中世纪的兴趣的广泛发酵紧密相关。[73]行会思想牵涉到其倡导者称作"工业中的自我治理"的确立，在此之下，工会也就能从"工薪所得者的自保性组织"转变为"管理性和控制性的组织，管辖包括工业领域所有必要的人事部门"，并还能与"民主的国家机关一同协力"以组织经济生产。[74]国家行会联盟于1908年成立。《新时代》（ *The New Age* ），一部文学杂志，成了行会思想的讨论中心。[75]该思想最鲜明的特征之一是，它在关心劳动者的物质福利的同时，也关注他们的精神幸福。劳动并不是可以交易的某项物品，可以像玉米或牛犊一样在市场上被出售。该想法既能激起社会主义者的赞同，也能引起保守主义者的赞成。《新时代》和国家行会联盟都包容了极富多样性的政治观点，"从期望在某些更进步的雇主恩准之下，行会能得到逐渐发展的极右分子，到在方法和观点上同马克思主义工业联盟紧密一致的极左分子"。[76]国家行会联盟是20世纪上半叶不列颠涌现的各色社团主义倡议中的一个，联盟需要团体与利益者之间的协作，但实际在历史上，一旦到了政治争论的标准途径之外，其互动往往是相互敌对的。[77]国家行会联盟设想，对工业的重新组织化一方面能够补偿劳动者所受的委屈（既指物质领域也指精神范畴），另一方面也能保证所有者的生产率增益和消费者的效率增益。行会思想与法西斯主义有许多共同之处，以致它能长存到两次世界大战的间隙。[78]但社团主义的方法却以另外的形式被重提了，最明显的就是，20世纪30年代关于"计划"的话语。[79]行会社会主义可算作国家行会联盟中的左翼。科尔是其中的关键人物。作为一种特殊的社会和政治理论，行会社会主义在一战行将结束的时候，才有了明确的形态。而其存续期却非常短。到1934年，科尔承认，行会社会主义终结了。[80]

科尔在战后试图为行会社会主义做更系统性的阐明，他最初的想法是要理清行会社会主义同梅特兰和巴克所从事的多元主义在法理学和政治理论上所做的创新之间的关系。多元主义者殷切地寻找阻止社会原子化的道路，他们排除了以市场作为社会秩序原则的做法，同时又要对国家的权力保持限制，因此科尔对其的关切表示了十足的同情。多元主义者们，尤其是巴克，不久就得出结论，要达到这一目标，可以有无须法理学创新的其他方式。而科尔得出相似的结论要比他们还早。在《社会理论》中，科尔试图将行会社会主义的程式同他称作"古典政治理论"的范畴相调和，他所谓的"古典政治理论"即以霍布斯为中心的、多元主义者试图加以修正的政治哲学范式。[81]他总结道，无论是古典政治理论，还是多元主义者试图在其内部做的创新，对解决社会问题来说，都没多少帮助。[82]

科尔在《社会理论》中写道，"经典政治理论"将国家视为"社会意识的具象化和代表"；"国家的举动"被视为对"处于社会中的人"的限定，"国家与个人之间的关系"成为"社会理论主要的、唯一的主题"。"在反对国家的举动和行为的问题上"，科尔在其作品中回应梅特兰：

> 该理论形式不分青红皂白地把个人以及其他协会和机构视为一个复杂的整体，并在对待他们的表征比如个人行动时，没有做至关重要的区分或辨异。[83]

换句话说，经典政治理论，同"所有介入人与国家之间"的"碎石化行为"难脱干系，而梅特兰早在世纪之交就已写过类似的话。政治哲学自霍布斯以来都倾向于使人原子化。霍布斯下定决心要驳倒亚里士多德主义关于人的天赋社会性的设想。他坚持认为，将人们带入社会之中寻求他人认可的冲动并非是和睦的源头，而是矛盾的肇端。霍布斯挑战了人的天赋社会性可以稳定社会秩序的想法。以此，他强调了个人对其自身的自满性：他们互相之间产生联系并非是要实现某种尚未完整的自我，而是要捍卫自己在政治关系发生前已有的利益。不论群体生活在国家构架的领域之下获得了什么样的发展，它都严格地附属于首要的物质性关切。而科尔则回到了类似于早期亚里士多德主义中的自我和社会的概念上。自我是社会的，这道理不证自明，正是在包括国家在内的协会、机构之中，并通过这些机构，人格才得以成形。每个人都有与生俱来的"极其精妙的各自的人格"，而正是社会使得人们能够"表现"其人格，正是社会生活将其"唤起"。[84] 而一旦在社会之外，自我就会变成原始、非实在的。自我的实现只有在社会行动之中并且通过社会行动才能达成。对科尔来说，社会理论（一个大类，而政治理论也是其中的一种）需要同该假设相协调。

梅特兰及其继任者通过为团体赋予实在人格，以预先阻止社会生活的全部复杂性被消减为只有国家的概念。多元主义终结于巴克之手，正如我们所见，巴克害怕在法律上认同团体具有实在人格的做法，会为极端主义背书，因而对此进行回避。同巴克一样，科尔也不认为团体和协会能够"在任何真实的意义上"被视同为"人"[85]，但他的论证过程完全不同。对科尔来说，行会思想提示了他，协会和团体是因它们所承担的功能或目的而被定义的。一个人并没有所谓的功能或目的。他或她只有着"极其精妙的、各自的"、时刻准备着为社会所呼唤而获得其存在的人格。将人格贬低为目的或功能的状态，是一种侮辱。对科尔来说，一个人有其"意志"，而它与人格相并列，或者说就是人格的天生品质的一部分——这同唯心主义者的主张相一致。正是杂多的个人意志，反过来赋予了公民社团以功能或目的。而正是在协会团体之中，并通过协会团体，个人才得以演绎出其意志。

> 一旦我们用这种视角来看待社会情景，其整个局面也就立马改观。不仅仅是国家，人们主动加入或为了某种社会目的的施行而被联结于其中的所有其他形式的协会，在不同的方式和程度上都被视为个人所施加的意志的表现和实体化。[86]

多元主义者的先入之见牵涉团体的人格和国家的人格。科尔却把注意力转移到了个人的人格上，即多元主义政治理论或多或少毫不怀疑就接受了的"自然人"。

> 在此，我们对社会理论的研究并不从国家开始，也不会从任意一种特殊形式的协会开始，而是从作为整体的协会开始，此外还牵涉人们在以孤立或私人个体的身份之外，通过把协会作为相应的补充完善来做出行动的方式。[87]

对"作为整体的协会"的研究，同梅特兰之后的J. N. 菲吉斯和厄奈斯特·巴克所从事的研究相去并不远。但是注意到"人们在以孤立或私人个体的身份之外，通过把协会作为相应的补充完善来做出行动的方式"，就足以成为一个进步。为了阻止把社会生活还原为个人和国家之间关系的倾向，多元主义者聚焦在团体的本质上，试图阻碍国家对它的吸收。科尔提出，社会理论既不应以"国家"开始，也不应以"任意一种特殊形式的协会"开始，而要从进行社会行动的冲动开始。科尔的焦点既不落在国家上，也不落在团体上，而是落在了社会本身上，落在了人们在"作为孤立或私人个体"行动时，"通过把协会作为相应的完善补充"的途径上。

在第一次世界大战之后，人们越来越清醒地认识到，国家不过是社会行动的许多合理场所中的一个而已。后来被人们称作非政府组织（NGO）

的事物出现了，尤其是那些"在定位上是国际性的"，使个人有了新的通过协会而非国家来演绎其意志的手段。[88]但协会不仅在国际层面上发生了增殖，事实上，在国际层面上的增殖并非协会增殖的主要组成部分。到了1920年，科尔仍旧希望行会思想自身还有生命力，该思想预见到了后来社会和经济生活的重建方式：工会变成了工团，而工人参与到了对雇佣他们的企业的共同管理之中。除了行业公会，都市群众和现代政党——尤其是新兴的工党——都投身到了新生的运动之中，而个人也就能使其在运动中的举动，成为"对仅作为私人而进行的行动的完善补充"。此外，伴随着该类社会生活的重建，新的问题也产生了。

多样的个体意志的如何才能变得和谐一致呢？唯心主义的形而上学认为，个体的真实意志之间存在着原初和谐。而公民社会（对T. H. 格林而言）或者国家（对伯纳德·鲍桑葵来说）的任务就是通过在个人的实在与真实意志之间做选择，来维持这一原初的和谐。而对多元主义者而言，这一问题被视为多种多样的团体的真实人格之间可能存在的冲突，而社会生活正是通过团体才得以被规定的——严格来说，正是因为人们不能寄希望于达成这种原初和谐，才让赋予非国家社团"真实性"的思想不得不被弃置。科尔对此问题没有直截了当地回答。实际上，有时人们通过对他的解读认为，他否定了这一问题的发生，因为他相信，赋予了群体以目的或功能的多样化的个人意志之间的冲突是微不足道的。[89]

科尔还是思考了这一问题。但他所寻找到的解决方式，并非诉诸国家或公民社会的概念以其作为稳定的中介，而是去探究使男男女女把在团体中的相互联结当作对私人行动的补充完善的社会行动的那种冲动的本质。"当个人在同时成为几个非国家协会的成员时，所涉及的忠诚和义务的多样性及可能存在的矛盾"不论是对个人的个别情况而言还是对社会秩序的一般情况而言，无疑都是一个潜在的问题。但对科尔来说，这个问题不可能获得制度性的解决。该问题最好的解决方式并非"通过社会机构本身"进行研究，而是"使得人们通过机构和协会参与社会行动的动机和冲动"。[90]相关的概念工具并非来自政治哲学，而是来自社会心理学。罗伯特·米歇尔的《民主和政党的组织》"或许是这种研究形式在经过一定发展之后，在当代最好的例证"。[91]格雷厄姆·沃拉斯的《政治中的人性》则是另一个有力的例证。该种研究形式的核心则奠基于让－雅克·卢梭的作品。[92]

> 在一极，该类型的理论在对"暴民""乌合之众"的心理学研究，对冲动的研究以及对几乎无组织的人类团体的行动方式的研究中能够立足。而在另一极，它从同一立场出发，研究更复杂的、高度发达的社会社团的精神层次，并且同对个人举止的心理学分析一样，用心理学研究人格上的疾病之方法，去努力构建引导处于团体中的人们行动的总体规则。[93]

科尔设想，在个人层次上，会发生某种矫正的过程，这使得分歧的意志仍有可比较的基础，并将逐步灌输给人们总体规则，以引导他们在团体中的行为。社会生活并非处于相互竞争的个人之间的冲突中，而这些个人在进入社会之前因预先形成的所要追求的主张和利益而成型。社会生活是受社会条件限制的个人之间的互动，而个人则同其已习得的行动学，或者说既容纳矛盾又孕育团结的"总体规则"保持一致。

"政治哲学家在关于国家的哲学理论及它同个人之间的关系的问题上仍争论不休，"科尔声称，"而他们身边的世界，却已开始对一系列新的问题充满兴趣。"[94]40年后，彼得·拉斯莱特提出，科尔发出这一声音的时刻可以被视为英国政治哲学的"忌日"。[95]被托尼称作"对国家权力至高无上的批评"[96]声沉寂了。"自1920年以降，"大卫·朗西曼写道，

"在英国，没有一人在反对单——元国家及其单一主权的思想的道路上，做好了走得更远的准备。"[97]在哲学上反对霍布斯的争论被弃置了。但这并非是因为社会和政治理论家最终决定要采纳霍布斯对社会问题的解决方案，虽然人们到了一战的尾声时已经充分理解了霍布斯的方案。多元主义者放弃了霍布斯的自我与社会的模型（多元统一性，其中部分优先于整体），并以某种类似于基尔克的另类模型（统一多元性，其中整体先于部分）的东西作为替换，因为他们害怕将真实人格授予团体的做法会促进政治极端主义的发展。[98]然而，与之同一时期的科尔领导下的行会社会主义却对形式化的、抽象的法理学、政治哲学姿态越来越缺乏兴趣。他们的关注点从"机构本身"——国家和非国家团体的抽象本质，"人"与"国家"之间产生互动的动力——转移到"使得人们通过机构和协会参与社会行动的动机和冲动"上。行会社会主义者受到了社会心理学的启发，其范例就是20世纪由罗伯特·米歇尔斯和格雷厄姆·沃拉斯所做的研究，它们复原了18世纪由让－雅克·卢梭（除其他人外）所开创的研究路径。

1934年，厄奈斯特·巴克在他为基尔克的最后一部作品所写的导言中，描绘了研究中心从法律和关于国家及团体的形式的、抽象的概念向更简单的范畴的转移。法律是一回事，社会现实又是另一回事。法理学可能会将社会生活都赤裸裸地还原为关于个人和国家的范畴，把介于两者之间的所有东西都视作从属性的、非实在的。可生活实际上并非是如此运转的。乍一看，这不过是对英式"胡乱糊弄"的新瓶装旧酒。[99]但这类第一印象掩盖了不列颠当时所经历的社会和政治思想转变所带有的深层意义。通过将法律与社会现实分离开来，并坚持认为前者的构造不过是对后者片面的、缩略性的反映，甚者是出于某种狭隘的政治目的而制造出某种便利，科尔和巴克得以用其他可能的社会秩序的原则开展其实验。人们在看待法律和国家的正式领域时，开始用规矩、习俗和传统等非正式的限制将之覆盖，并且以家庭生活和个人隐私中的习惯为之支撑。[100]

时至第一次世界大战前夜，R. H. 托尼才开始在公众面前崭露头角。在1912年，他被任命为《曼彻斯特卫报》有关"劳工主题"的主要作家。1913年，他成为拉丹·塔塔基金会的理事，该基金会是一家从属于伦敦经济学院的社会研究机构。他同他的妻子珍妮特（原姓贝弗里奇，是他的好友威廉·贝弗里奇的妹妹）从曼彻斯特搬到了伦敦市中心。大战爆发后，托尼对其"学术工作感到厌倦"。[101]托尼并没有同公立学校的孩子还有大学生待在一块儿加入伦敦的志愿者营，而是搬回了曼彻斯特，加入了某一支"伙伴营"，成为一个列兵，而伙伴营是一种朋友和邻居能够一起加入、共同服役的战斗单位。当他接到了一份工作任命时，托尼拒绝了，他之所以如此，这并不完全是因为他想同征召兵伙计们团结在一块儿，而是因为他对"假装在教别人一些我自己也不知道的东西"感到焦虑。[102]在1916年夏天的索姆河会战中，托尼受了伤。返回伦敦之后，他积极地参与有关战后重建问题的争论。通过托马斯·琼斯（一位来自威尔士的经济学家、成人教育热心者，托尼在格拉斯哥遇见过他，当时他在格拉斯哥教书，而此时，他已经是白厅的干事了）的引荐，托尼受邀同身为古典学者和国际主义者的阿尔弗雷德·金曼还有其他人一起，同军需部长劳合·乔治谈论有关"在政府内确立新精神的需要还有战争期间的管理方式"的问题。[103]这并不是琼斯最后一次将托尼的思想带给内阁的成员。[104]

在1919年，托尼供职于煤炭部的皇家委员会，该委员会由朱斯提斯·桑基先生主持。桑基是同期被招募的三名经济学家之一，其余二人是悉尼·韦伯和莱昂·吉奥查·曼尼——征募托尼可能是韦伯的意思。比阿特丽斯·韦伯后来把托尼描绘成"委员会里的成功人士"，因为他以其"个人魅力、沉默的智慧和如锐剑一般尖利的才智"赢得了其丈夫的赞许。[105]托尼的传记作家劳伦斯·戈德曼认为，正是在桑基委员会的期间，托尼"变成了公共人物"。[106]G. D. H. 科尔把托尼视为他重要的行会伙伴。[107]他表示，托尼成为桑基委员会的成员，是行会社会主义思想获得公众市场的一种迹象。

托尼曾经是行会成员吗？在关于如何对待矿井里的地下生产力和工业骚动这些彼此不相关的问题上，托尼与科尔站在同一阵线。他提议把矿井收归国有（桑基采纳了这一建议，这让托尼很吃惊），其所有权应该从所有者转移到国家。但他同时也坚持，一方面国家应该为公众而保有其所有权，另一方面，原来的矿主今后也要参与到对矿井的管理之中。这就彰显了行会社会主义的界限：工业上的"自我治理"并不意味着（像工团主义者坚决认为的那样）对工业的控制权和所有权都转交给劳动者所有，仅有控制权——至少是要参与到对企业的管理——就已足够。劳伦斯·戈德曼认为在桑基委员会任职的这段时期，是托尼的社会主义思想的转折点，他那"伦理的、精神的"取向让位于以国家为中心的、与费边主义者更为相近的工具性手段。对戈德曼来说，托尼这一观念的发展造成了其思想上的断裂，将他迄今为止本真的、伦理的社会主义者形象同此时实际功利的思想者形象分离开来。[108]但在戈德曼看出断裂的地方，我却看到了连贯和统一。同他大部分的同代人一样，托尼放弃了对"事务总管型"或者说是"全能"国家的批判。这并非是因为他开始诉诸国家以解决困扰着他的社会问题（以市场为中心建构的社会秩序存在不稳定性）并确保那曾经鼓舞了他的历史结局的到来（作为认识上帝的手段的人类品格的实现，我们在后面会简短提到）。倒不如说，这是因为他（这一举措同科尔试图超越对"国家的哲学本质"的争论的冒险，以及同巴克对法律和社会现实的区分，可以说是一致的）不再以他及其同代人曾经采用的那种过分高估的眼光来看待国家。

国家是必要且十分紧要的。同科尔及先前的梅特兰一样，托尼从未受到工团主义的吸引。但国家仅仅是更广阔的社会母体的一部分。它不过是"一件实用的政治工具",除此无他。不管"学者们"怎么看,有人听到托尼在1926年这么说过。[109]20年后,他重申了这一点。国家是"重要的工具,从此开始要为控制这个工具而斗争"。[110]但是国家并没有永恒的特征或者性质,也没有不变的内在动力或不变的形式。同科尔一样,托尼对关注国家本质的"高谈阔论"越来越没耐心。

> 有种想法认为,存在着名为"国家"的实体,它仅仅凭借自己的名号,就能拥有始终如一的,不受变动不居的历史、经济环境、宪政约束、法律系统和特定国度的社会心理诸因素影响的独立特性,这种特性必然能使日本海关官员的礼节同人虎*的道德相兼容。这种想法不过是纯粹的迷信。[111]

1949年,托尼在其作品中将鲍桑葵在世纪之交时提倡的关于国家的哲学理论与在马克思主义和弗洛伊德主义中的充满着某些天生固有的品质或属性的国家表征做了比较,他概括性地驳斥了所有这些理论。

> 半个世纪以前,浸淫在黑格尔思想之中的哲学家告诉我们,国家代表了我们更高的自我,而这不过是乐观主义的虚张声势。今天,当有人偶尔告知我们,国家是资本家阶级的经理人或者——用更耸人听闻的说法——是某种下流的弗洛伊德主义情结的产物时,它变成了悲观主义的虚张声势。但无论哪一者,他们都是虚张声势。[112]

揣测国家本质的想法不过是"迷信"和"虚张声势"。真正重要的是对这样实用的政治工具的运用会导向什么样的结局,而各色的结局并非先

---

* 指1853年1月12日发生的一起凶残谋杀案。见San Francisco Call, Volume 70, Number 28, 28 June 1891。——译者注

天注定的。

> 愚人运用国家工具——假如他们会运用——只会导向愚蠢的结局，罪犯则只会导向犯罪者的结局。理智、正派的人则会为了实现正直、理性的结局而运用国家机器。

不论国家权力是会被用来导致愚蠢的或犯罪者的结局，还是会被用来导向正直和理性的结局，这都不取决于制度的本质，而是取决于在斗争中成功控制了国家机器的人所做的安排配置，取决于那些"在以孤立或私人个体的身份之外，通过把协会作为相应的补充完善而"（用科尔的话说）在国家之中寻求同国家建立联系的个人的意志。这并非是"外围工作"或制度设计，而是对国家所能维持的道德和社会性品质的传播。这一切都能同托尼先前对社会问题的"核心"是"道德关系的问题"，以及现代社会患上了"因道德的离去而带来的绝症"这两点的坚持相协调一致。

尽管科尔在1919年的时候认为托尼是行会社会主义的拥护者，托尼却把自己描述成"一个非正统的行会成员"。[113]考虑到国家行会联盟所信奉思想的多样性，当时是否存在着一个可以公然挑战的正统，这一点是模糊不清的。但是托尼对道德的先见观念，将他同多数的行会社会主义同伴区分了开来。托尼采用了科尔关于自我是社会的、人是社会动物的观点，因而托尼也就误解了科尔所谓的"古典政治理论"——关于部分先于整体的设想——所设想的个人的原子化。托尼对这一先前风行的政治理论的批判，聚焦在"自由主义的个人主义"上，重点关注了权利，但却忽视了与此相应的义务。根据这一教条，托尼在《贪得无厌的社会》中写道："个人进入这个世界时，与生俱来的是对财产自由处置的权利和追求经济自利的权利"，这些权利"先于，并独立于个人给予的服务"。[114]对托尼和科尔来说，个人只有通过实践义务的美德才能获得其权利。同样，如果他/

她不参与社会活动，他/她的"人格"就会是不完全的、未实现的。只有身处团体之中，并通过团体，自我才得以苏醒。从这个方面看，近来为托尼和科尔塑造出重归"早期自由主义的个人主义形式"的形象（从一个不同的角度扼要地重述了之前对托尼的攻击，即他维护了"继承而来的自由主义"，而这同关于自我与社会的新式概念是相抵触的，那种概念类似于当时由马克斯·韦伯、埃米尔·涂尔干和维弗雷多·帕累托发展起来的社会学）也就是种误解。[115]托尼和科尔同先前的多元主义者的共同之处在于，他们都下定决心要避开这样一个因袭已久的假设——个人在进入社会的时候就已经被塑造完全了。他们所共有的个人与社会之间关系的概念，同他们的自由主义的个人主义者先辈们所致力于的观念，是截然不同的。

托尼利用了科尔曾经使用过的那一套概念工具。科尔用之以理解自我和社会之间的互动，尤其是用在了理解社会心理学家格雷厄姆·沃拉斯的作品上。这些概念使得托尼能够构造出自我以及自我在其中得以塑形的社会力量，构造出个人在其中作为历史参与者的各种制度，他的做法同科尔对关于国家的哲学理论的冲突的回避，以及巴克对用多元主义改进法理学的尝试的弃置完全一致。并不存在什么不变的人类本质，托尼根据沃拉斯的《伟大社会》写下了这句话。只有把我们通常认为是人区别于动物的一切都予以消除，人们才可以将这样一个永恒的品性离析出来。

> 假定在有记载的历史中，个人生于其中所继承的体制基础几乎没有改变过，但组成其世界的旨趣和价值观却已经经历了连续不断的革命。只有当人们把注意力集中在人性中并不为人所特有的那些方面时，人性不变的惯常说法才能成立。[116]

人类的本质因构成个人所在的外部世界的利益和价值的变化而确确实实在发生着变化。同正派、理智的人相比，愚人和罪犯的相对风行，至少在一定程度上是一段给定的历史时期作用于这一长久以来极少变动的、与生俱来的性情基础的结果。构成了其外在世界的利益和价值深深地形塑了个人。

> 观念有一个进化的过程，社会机体也有一个进化的过程，正如沃拉斯教授令人信服地指出的那样，文明的性质不是取决于物理性质的传递，而是取决于习惯、知识和信仰组成的复杂结构的传递，这种结构一旦毁坏，一年之内便会带来人类一半人口的死亡。[117]

社会心理学为托尼提供了一个思考利益和价值上的革命是如何生效的框架。我们可以假设（根据法国博物学家让－巴蒂斯特·拉马克的理论）在维多利亚时代，曾经有一群人培育起了特定的习惯和艺术文明，而这些习惯和文明在生理上被传给下一个世代。其获得的特性被认为是可以被继承的。但到了20世纪早期，该理论开始被视为伪说。这种对文明的识别有着一个负面后果，即文明变得不确定，其偶然样态不得不取决于这个复杂结构是否能在代与代之间的成功传播。而正面结果则是这种构建了社会世界，并且给个人带来了好影响或是坏影响（培养出了愚人和罪犯，还是体面又理智的男女）的利益和价值观的主流，是可修正的。

为什么个人寻求与国家和团体发生联系，并通过它们来与人发生联系，"以此在以孤立或私人个体的身份做出行动之外做出相应的补充完善"？这一点，对科尔来说，已经构成了社会理论的关键问题。古典政治理论认为个人之间发生联系是为了保证稳定的政府所能带来的好处。个人为了保护前政治、前社会的利益而进入社会并参与政治。科尔则认为有另外的意志和动机在起作用，主要是自我实现的冲动。社会生活使男男女女得以表达"内在于他们之中"的"极其精妙的各自的人格"。托尼也形成了相似的立场。他也批评了他称为（他在此遵奉的是J. N. 菲吉斯，菲吉斯1916年的书《从格尔森到格劳修斯》给了他很深的印象）"俗人"政治哲学的理论。[118]它的错误在于假设对既得利益的保护是人与人之间形成团体的动力——"使人们联合为共同体并接受政府管辖的伟大而主要的目的"，如约翰·洛克所说，就是"保护他们的所有权"[119]。托尼在《宗教与资本主义的兴起》的某一段落中引用了洛克的话。托尼同样也相信，男男女女聚集在一起，并不是为了保全或保卫他们已有的东西，而是反过来为了寻找他们所缺失的东西。在完全意义上，托尼比科尔更进了一步。托尼为这一人人与生俱来的人类品格得以实现的重要性做了更有力的伸张。科尔说的是，人格是"极其精妙和多样的"，但这些精妙性和多样性却会因丧失社会背景而使自我迷失。托尼则对为何"唤起"这些精妙性是非常重要的这个问题怀着更强烈的感知，正是出于此，他变得非正统了。对托尼来说，人类品格之所以重要，是因为它是我们离认识上帝最近之所。

宗教与道德

1912年，托尼在备忘录里写道："当我年龄增长之后，我发现，最能触动我的，是我还是大学生的时候曾加以嘲笑的宗教信条的非凡真理性和精妙性。"[120]早在他还是牛津大学的本科生的时候，就同威廉·坦普尔一起参加了基督教社会联盟，而这有助于他认识到信条蕴含的真理性——其中最重要的是道成肉身的神学理论，我们将在后面提到。[121]正是通过基督教社会联盟，托尼参加了国民反血汗运动，而这有助于厘清他对费边社会主义的批判。他写道，存在着"一条高于最大多数人效用最大化的法则"，而这为谴责诸如血汗劳动之类的做法提供了功利主义推理所不能提供的基石：这条法则就是"每一份人类品格其本身有着至高价值"[122]。

查尔斯·高瑞、亨利·斯科特·荷兰德和布鲁克·韦斯科特于1889

年创立了基社盟（CSU），而在当年，《世界之光》（*Lux Mundi*）——一部旨在用适合更广阔的知识和社会发展的范畴来重申基督宗教信仰的文集——得以出版。[123]它关注的是让基督教教义适应现今时代，这同格林的唯心主义形而上学，还有在F. D. 莫里斯传统影响下的自由主义的英国国教相一致。[124]确切来说，《世界之光》出自英国国教高派教会的倡议。在世纪之交的不列颠，英国高派教会绝非唯一一个强调道成肉身信条的神学重要性的教派。但主要是通过英国高派教会，尤其是通过斯科特·荷兰德、高瑞和基社盟，人们才发现道成肉身运动中的新教神学与社会问题有着直接的相关性。[125]"如果我们相信道成肉身，"斯科特·荷兰德在他为基社盟写的手册《我们的邻人》中说道，"那么我们当然就要相信，上帝能够介入人类事务最激烈的那一部分中去。"

> 这正是我们的信仰的意义。也即，它本身，是对上帝与人不能被分离的主张。上帝必须要牵挂人的每一琐碎之处、每一细节之处。人的一切无不是耶稣基督自己创制的。我们不能在相信这一教义的同时，却在任何地方、在任何事情上都不把上帝考虑进来。因而，耶稣基督在社会和经济上有着重要影响的决定性原因就是道成肉身本身。[126]

高瑞成为托尼的良师，并对他的门徒印象颇深。"陌生人到我这里来，提出想要一些新的、重要的东西。他们总是说'要认识一个像哈利·托尼一样的人'，好像真的有人和哈利·托尼一样似的。"[127]在1920年，高瑞做了一个题为"应用于人和国家生活之中的基督教义"的演讲。[128]高瑞敦促道，对天主教会来说，最紧迫的任务是"重新阐释、重新应用以及补充增强"基督教义的"道德和社会意义"。

让我们使爱你的邻人的"旧戒条"再一次成为一个新戒条，让我们使所有人都明白，基督教首先是一种生活，其次才是一种神学理论。[129]

凭借这一点，高瑞相信，英国教会因为其同国家的关系而不得不倡导社会改革。在这一演讲中，他呼吁政教分离。但他同时坚持认为（这反映出20世纪前几十年英国国教同非国教之间的关系和解）教派分歧同神学理论冲突并非直接相关，并且神学理论与教会之间的分歧的终结，只可能会在"遥远的未来"实现。

但此时此刻，在我们不对互相分歧的原则做出妥协的前提下，可以将所有这样行事的教会集合在一起——他们相信那些最能激励和解释民主的原则，同样相信关于基督的根本原则，并且相信只有以他的名义，才能将福祉带给世人。[130]

这一集合的基础是"不容争辩的基督教原则，即每一个灵魂在上帝和教会的眼中（当教会公正时）都有着同等的价值，可以同样真实神圣地索求平等的关怀"。[131]这便是重申之后的道成肉身教义，并且使不列颠基督教的几个不同派系有了共同特性，以此来搁置他们的分歧，并在那一教会普世主义兴盛的时期，致力于同一项事业。[132]

托尼自己明确地将道成肉身的教义，及其关于每个人都有"无限价值"的内涵确立为其著作和政治、社会行动的枢轴。1937年，一场关于基督教政治、经济和公民权的大会召开了，托尼在他为大会准备的稿件的注释里两次援引了道成肉身教义：第一次，是用以反对那种认为基督教是非现世的信仰，对当代关于人的政治和经济事务应保持无涉和冷漠的提议；第二次，他用以申明其对"人的动物本性"（长久以来也极少变动的"与生俱来的性情基础"）同"高于本性"的人性之间关系的理解。[133]

基督教传统并不否认人的动物本性；相反，它非常强调这一本性。但它认为，最重要的事实并不是人类与其他动物所共享的那一本性，而是他们的人性，由于道成肉身，这一人性是人与上帝相共享的。[134]

托尼谈到要为"品格"赋予高于"财产"的特权，谈到"常人对资本主义的反抗"，以表达对"一个阻碍人格发育、腐坏人际关系的系统的直白的憎恶"，以及对"高于最大多数人效用最大化的法则"的憎恶，他还认识到遵从于"每一份人类品格其本身具有至高价值"（他谈到作为"一种明灯"的"人类品格神圣不可侵犯"的思想，而20世纪早期"大量卑劣的压迫"正在这一明灯之下接受着审验），他的含义十分明确。[135]

道成肉身运动那个时代的逝去使得托尼的原意变得晦涩不清。许多人对托尼做出了具体阐释，觉得托尼在此期望读者将他的立论归于人类品格，这就使托尼反资本主义的道德原则失去了根基，而不能通过发掘托尼借道德原则想要去精准表达的意义，来对此进行更为深入的澄清。这就给当时的读者留下了一个印象——例如，他们在读《贪得无厌的社会》的时候会觉得——"对'更高法则'思想的创新本身就是一种善"。[136]斯蒂芬·柯林尼称："他暗示我们要经常性地、深情地强调，道德原则必须胜过不加节制的自利自得，以使自己站在天使的一侧。"[137]"道德升华的泛泛而谈"（柯林尼害怕）会"戕害心智"。[138]而在某些当代的读者看来，托尼那明智而又动听的拥护实际改革的倡议恰恰就沉溺在这一泛泛而谈之中。"人们甚至不需要成为愤世嫉俗者，也不需要成为一个非道德的人，就能对高尚心灵的陈词滥调产生猜疑。"1964年，阿拉斯戴尔·麦金太尔如此写道。[139]

但托尼对道德原则的援引指引了他的听众和读者。"每一个灵魂在上帝和教会的眼中（当教会公正时）都有着同等的价值，可以同样真实神圣地索求平等的关怀这一不容争辩的基督教原则"，这对这些听众和读者来说是不证自明的公理。[140]对高瑞、坦普尔和托尼来说，这一原则对基督徒而言是不容争辩的。他们承认在教派之间以及在教派之内，确实存在着真实的分歧。但他们相信，这一原则是普遍的共性。从托尼特意援引基督教道德准则这件事中，我们可以看出（起初他只是权且这样做，但在两次大战之间以及战后的早期阶段，在每一次重申他的基本论据时，他对基督教道德准则的信念都会增加），托尼或是隐晦，或是明确地表现出对此原则，以及这一原则在其读者和听众中的接受度的倚赖。[141]

"所有道德原则的本质，"托尼在其备忘录中写道，"都是要相信每一个人自身都有无限的重要性，因此，没有任何利己的考虑能使人对人的压迫站得住脚。"[142]"但要使人相信这一点，"托尼继续写道，"有必要先使其信仰上帝。"20世纪30年代，前所未有的教会普世主义协作和被许多人视为是信仰在更广阔层面上的复兴出现了。很容易想象，当时的听众和读者有着与托尼一样的道德准则——每个人都有着无限的价值，对这一价值的保证来自基督的神性。托尼最有名的著作（《宗教与资本主义的兴起》，有人估计这是两次大战之间阅读量最大的一本历史著作）最初是以他于1922年在伦敦国王学院（出于基督教对伦敦大学学院这一"高尔街上的无神论学校"所做的抗衡）所做的一系列演讲的形式呈现的，听众当时聚集于此以纪念亨利·斯科特·荷兰德，这一英国高派教会的牧师。在当时的条件下，我们难以想象还会有其他的听众会在现场。[143]

《宗教与资本主义的兴起》

托尼写《宗教与资本主义的兴起》的原因并非是为了招徕皈依者。托尼假定其读者与他共有一个信仰，并且认可他那"每个人"都有"无限的重要性"的道德戒律。事实上，他未曾对他的戒律做过明确的重申。我们不得不在其他地方，在他早期的备忘录和后来的演讲中，找寻他对这戒律的明确解释。他的目的更在于让他的同代人确信，他们业已接受，但只为生活的部分需要所保留的道德规范，需要被扩展到生活的全部领域。"尽管奴隶制、血汗劳动还有征服者对弱小种族的压榨给大多数人带来了便利，但当我们谴责这类事情的时候，"托尼在他1913年的备忘录里写道：

> 我们如此作为，是因为我们认识到了大多数人的得利同少数人生活的毁灭，处在一个不对等的关系上，为前者提供再多的便利，都无法为对少数人施加的任何不义正名。为什么呢？因为人的品性是我们所知最神圣的东西，对人的品性的侵害也是对人性地盘的抹消。这是为我们所部分认可的原则，而我们应该随时随地都保持对它的认同。有一条高于最大多数人效用最大化的法则，即每一份人类品格其本身有着至高价值。[144]

"每一份人类品格有着至高价值"的原则，其基础在于对基督神性的信仰，这一原则只是被部分认同了，但却应该得到人们随时随地的认同。当时的经济生活抽离了这一道德戒律的对象，托尼以此作为他对现代社会患上了"因道德的离去而带来的绝症"的解释。

这一"病症"是何时开始缠身的？托尼在1917年读了哈蒙德夫妇的《城市工人》，随即就向劳伦斯·哈蒙德写了封充满赞赏的信。"您及您的夫人为摧毁给当代奴隶制奠基的历史假设，做出了杰出贡献"。[145]查尔斯·高瑞在他1920年做的演讲《适用于人和国家生活的基督教教义》里，再一次将哈蒙德的书单独挑出，描绘了他在阅读此书时被羞愧感所灼烧的感觉。哈蒙德夫妇大体上指出了，在18世纪晚期和19世纪早期，与现代奴隶制相关的"历史假设"开始兴起，这一历史假设指出贵族乡绅对于底层人口的困境呈现出越来越冷酷无情的态度，这种冷酷无情又受大卫·李嘉图的政治经济学教条的鼓舞。但托尼相信，早在16和17世纪，所谓的经济现代性就已经产生了。劳伦斯·哈蒙德自信地宣称人的沦丧始于乔治三世的就职，托尼就此驳斥了他。[146]但托尼更深入地探寻了英国历史，并确信17世纪才是那一紧要的阶段。

"精神失明"使得人们能够默许早期工厂里发生的惨剧，但它"并非一种新发明，而是一个世纪的习惯"。[147]这一失明的本质是什么？同科尔一样，托尼也对人在与人建立联系时的冲动产生了兴趣（如上文所见）。"习惯、知识和信仰组成的复杂结构"在一定的历史范式下，予以某些冲动特权和许可，却对其他冲动加以抑制。当下，整个19世纪以及——如果托尼的直觉是正确的话——从17世纪的某个时刻开始的全部时光，与他人建立联系的行为就一直被建构为一种保障财产的方式。"使人们联合为共同体并接受政府管辖，其伟大而主要的目的，是保护他们的所有权。"[148]

但正如托尼在《宗教与资本主义的兴起》中提出的那样，人世活动并不总是这样的。经济动机和需求的历史可能同山丘一样古老，但这种动机和需求的施行则表明，它是发自个人的内在性情的，而人与人之间的联系作用于其上，在历史上是特殊现象。如果我们把时间倒回，就会发现人们对于联系有着截然不同的观点。中世纪的"神职人员强烈谴责敲诈勒索的中间人"，还有"贪婪的放债人"和"残暴的地主"，他们将国家"压制个人贪心和阶级冲突"的家长制举措视为一种急切需要的社会团结的黏合剂；他们"呼吁恺撒对上帝所憎恶的经济放肆行为加倍处罚"。[149]同时，

"以防止社会动荡为己任的政治家们"把宗教视为"对秩序的维护，以及对危及秩序的贪心和野心所做的矫正"；"他们用非常适合于布道坛的论证强化了世俗处罚的威胁"。

　　对他们双方来说，宗教关注的都不只是个人救赎的问题。它是对社会义务的承认，是一个复杂而统一的社会的共同生活的精神表现。对他们双方来说，国家不只是一个出于物质的需要和政治的便利而创造的机构。它是精神义务的世俗表达。它是个体的心灵与所有基督徒都构成其成员的超自然社会之间的联系，它所依赖的并不只是实用的方便，而是上帝的意志。[150]

那么，新的制度是如何取代旧世的积淀的呢？首先，出现了宗教改革。中世纪教会的腐坏使得路德对它不屑一顾，而在此激愤作用之下，他开始寻求同上帝的直接关系。

　　上帝对灵魂说话，不是通过神职人员或人所建立的社会制度的中介，而是以心中的一种声音去说话的。于是精神世界与感官世界之间的桥梁断裂了，灵魂脱离了人的社会，它可以开始与它的上帝交流。慷慨地赠予它的神恩可能溢满它的各种社会联系，但是那些联系不能提供一点精神养料，以使它更容易去接受神恩。[151]

人们不再需要社会支持就可以获得救赎，他们也就不再视获得救赎为与人建立联系的目的，不再将宗教视为共同的活动。

　　把爱人作为首先爱上帝的结果，与通过对人的日益增长的爱来学会爱上帝，这两者之间的区别，初看起来可能并不显得深刻。但在路德看来，这一区别深不可测，而路德是对的。在某种意义上，它就是宗教改革本身。[152]

这对社会理论的影响［其救赎的教义不再求助于人所建立的社会机构，而是单独地（*Solus cum solo*）*作为个人心中的一个声音，它暗示道，"神授的教会等级、系统化的活动、共同的机构"不过是众多"亵渎上帝的……琐事"］是"令人吃惊的"。

> 中世纪的人们曾经认为，社会秩序就是一种高度系统化的有机体，有机体的成员以不同的程度为一种精神目的做出贡献。这种概念分崩离析了，而且原先作为一个大统一体内部的差异的区别，现在处于不可调和的对立之中。[153]

同时，"16世纪金融和国际贸易的发展"挑战了既有的思考方式，即宗教虔敬完全影响着经济生活的开展。高利贷的原则是如何跨过重洋还能得以适用，并且能将债权人与债务人联系在一起，使得社会开始鼓励针对商誉的无支付充分担保？

> 假定我应当爱邻如己，在现代大规模组织的条件下，仍然有待解决的问题是，究竟谁是我的邻人？我到底怎样才能使我对他的爱实际生效？[154]

"传统的宗教教义对这些问题没有提供答案。"确实，"它甚至没有意识到它们会被提出来"。神职人员"曾试图把经济关系道德化，把每一笔交易都看作个人品行的一个例子，涉及个人责任"。但"在一个不具人

---

* "*Solus cum solo*"是拉丁语，字面意思为"独之又独"，具体指新教改革的基本信仰原则"五个唯独"，即"唯独圣经、唯独信心、唯独恩典、唯独基督、唯独上帝的荣耀（*Sola scriptura, Sola fide, Sola gratia, Solus Christus, Soli Deo Gloria*）"。此处主要强调新教改革提倡的"唯独信心"，或"因信称义"，即信徒不需通过教会等社会环境，仅靠个人虔诚即可得救。——译者注

格的金融、世界市场和资本主义工业组织的时代里",这一尝试也无疾而终。"对于人们为了经济目的而进行大规模联合所涉及的问题"——这将越来越成为未来的普遍情况——"传统的社会学说"无力解决。

> (它们)只是重复旧话。为了成为有效的理论,它们本应该从头仔细思考,并用新的活的语言加以表述。[155]

此外,传统教义无力适应一个变动不居的世界,这使其注定与新世界无关。这些传统的社会学说在面对现实时的乏力"为它们在理论上被废弃铺平了道路"。

宗教改革使得宗教成为私人事务:救赎不再导向与人建立联系。资本主义使得宗教在传统上施加于商贸的约束不切实际,教权当局又未能相应地改变这些约束。私人世界与公共世界发生了分离。"灵魂"同"人的社会"之间的关系分崩离析了。

> 宗教不再是人类的主要兴趣,它退化为生活的一个部门,跨越其界限乃成了一种奢望。[156]

而且,由于宗教的败退,由于基督教神职人员对将其经济学说适应于新条件的无能,由于人们对基督教教义的废弃,"基督教道德家让出的地盘被另一种理论家迅速占领"。"政治计算这门新学科"产生了,其倡导者"起初略带踌躇,然后满怀信心地"断言,"在法律条文之外不存在任何道德规则"。政治经济学成了调节公共生活的学说。

托尼在《宗教与资本主义的兴起》里证明了,现代的"精神失明"发生于这些时段。灵魂与社会、私人与公共、个人关系与非个人交易被一种"二元论"分离开来,而这二元论取代了先前的统一性原则。社会秩序曾经被视为"一种高度系统化的有机体,有机体的成员以不同的程度为一种精神目的做出贡献"，而如今其成员却一个个同其他人分离开来。即使如果他们要聚集起来，他们聚集的基础也是部分先于整体——以"多元统一性"为基础，我们之前在多元主义政治思想里讨论过这一排序问题。而且，这些部分，在精神上是自身完满的，这类联系的成立并非因为道德而是出于经济目的。然而托尼描绘的关于秩序的"中世纪概念"已经举例说明了"多元统一性"的发端：整体在某种程度上由部分构成，因而，联系的成立就不仅仅是物质的（为了推进事先考虑的利益），同时也是道德的或精神的（为了达到令人费解的目的，为了"表达人的品格"）。

正如托尼在《宗教与资本主义的兴起》的导言中承认的，在20世纪的前15年，在不列颠有人试图"重申基督教信仰的社会道德准则的实际意义"。但托尼1922年做演讲的目的并不是重新思考基督教社会伦理，以为"旧戒律"转化为"新戒律"做什么具体的实际贡献，而是旨在敦促其听众及其后来的读者承认，这一重新思考的工作是极为必要的。"二元论"使得宗教仅仅成为"生活的一个部门"，它允许人们去设想一种处于孤立之中的救赎，也就使"个人主义"获得了合法性。但现在人们越来越清楚，凡个人主义因失去"互相理解的依靠"的调节而急速发展之处，"异议"、"分歧"就会演变成"不和"、"痛苦"和"激恨"。唯心主义设想强大、统一的国家能够提供这一"依靠"。但是"集体主义"自身也产生了问题。托尼确信，他见到过存在这一"互相理解的依靠"的社会，并知道这一社会是如何运作的。但他同时也看到了，当代英格兰的许多地方都不存在这一背景。在《宗教与资本主义的兴起》中，托尼展现了兰开夏同东伦敦之间的悬殊差异，即"高度系统化的"中世纪社会秩序同现代性下的原子化社会之间的矛盾。他的这一做法能激起他的同代人思考，为何托尼在兰开夏发现的诸多社会团结形式如此重要？我们尚不清楚的是，他是否指导了我们这一点——该用何种方法才可能培育出这类团结形式？

当下之鉴

多元主义者试图通过改进法理学以达到同样的目的——将部分先于整体的范式替换为整体先于部分的范式。但他们通过参照德国历史和理论近来的创新，对英国的法律实践做重新阐释，来为群体授予"真实人格"的倡议，却最终流产了。在那极端的年代，让团体摆脱国家的控制会被视为有勇无谋的举动。英国法律里没有多元主义愿意承认的能使许多团体整合进一个单一政体的手段。而在梅特兰的门徒厄奈斯特·巴克看来，多元主义的剧本却有如一个能使宪法危机不断升级的有效途径，并能将互相竞争的团体融合进一场一元化的运动，而这一剧本早在一战前的不列颠就已经堕落成了法西斯社团主义。

科尔回避了"对关于国家的哲学理论的不休争论"，也回避了团体的"真实人格"，以此达到了同一问题的不同方面——如何通过非集体主义或霍布斯式"联合"的手段来阻止社会的原子化。科尔并没有聚焦在社会生活的传统形式上，而是设法对使人们参与进"社会活动"之中的冲动进行检验，其"社会活动"是"作为人们在以孤立或私人个体的身份做出行动之外相应的补充完善"。与"古典政治理论"相反，人们并非因为保障优先利益才联合起来的。他们的联合，是因为他们认识到了没有来自社会的依靠支持，自我就得不到完善发展。社会生活使得他们能够"表达""内在于他们每一个人的""无限精妙的各自的品格"。科尔发誓说（他的理论基础来自对罗伯特·米歇尔斯和格雷厄姆·沃拉斯的社会心理学以及卢梭的社会理论的阅读），存在能管控这些旨在自我实现的冲动之间的互动的内在原理，它既包含着矛盾，也在某种程度上维持了社会团结。

托尼跟随着科尔的脚步，将关于国家本质和合作机制的正式设想留给"学者",而自己又一次凭借着当代社会心理学的成就来搭设其分析框架,将焦点投向社会行动的冲动得以建构的方式。托尼相信现代社会错了,因为它设想每个人步入社会的目的都只是保护其所有物,在这一点上,托尼甚至比柯尔更为明确。托尼以比科尔更令人信服的语气论证道,解决"社会问题"首先需要对人们建立联系的冲动加以重构,使人们在理解这一冲动后,明白它并非出于对财产的保护,而是出于人们聚集起来以组成社会的"人类品格"。科尔对于为何个人需要表现其内在的"无限精妙的各自的品格",没有做出有说服力的解释,而只是保留了从威廉·莫里斯和约翰·拉斯金那里继承下来的发自道德统一性思想的审美呼吁。他只能观察总结出这样的观点,个人需要社会是为了表现其自身。相反,托尼通过援引道成肉身思想使得人类品格有了"无限价值"——通过对"人的品性是我们所知最神圣的东西"的想法的坚持。

与之相投的批评家(尤其在20世纪30年代之后)坚称,要在托尼的作品里提炼出一种改革方案是颇为困难的。托尼将放荡的"个人主义"(它有着倒向危险的"集体主义"的倾向)同某种既能维持团结又不至于对自由造成深远损害的另类秩序之间的差别夸张化了,这使得其读者发现,极有必要构建出这一另类的选项。但他并没有指出这一构建怎么才能实现。约翰·斯特勒彻批评托尼缺乏"对历史性力量的理解"。[157]"他的书,"1937年,哈罗德·拉斯基在他为左派读书俱乐部版的《贪得无厌的社会》所做的书评中写道,"保留了两个社会的对立,却没有给出如何在两者之间搭建桥梁的任何提示。"[158]托尼的批判手段确实同拉斯基和斯特勒彻和不来。[159]但是他们甚至说托尼的书中存在着两种社会,那可就大大误解了托尼的事业了:托尼有着搬到北方去的关键经历,在那儿发现了他心目中的原子化南方所没有的团结形式。我们很清楚,他写《宗教与资本主义的兴起》的目的并不是设想某种乌托邦式的变迁,而是将在当代英格兰尚处萌芽的团结形式培植壮大。托尼笔下的历史一遍又一遍地回溯以"往昔遗存"的形式书写下来的"社会生命"的某一特定方面。[160]而这方面则体现了"传统""惯例"和"习俗"的特点。[161]托尼在其第一本历史出版物《16世纪的农业问题》（1913）中写道，当"新的现象"挑战了"老旧却强有力的社会"时，旧社会的"回应"是"它自身从一个承担权责的活的机体被撕裂为针对一堆人类事务的管制手段"。[162]读了格雷厄姆·沃拉斯之后，托尼开始用更为非人的范畴来展现这一活的机体。"观念有一个进化的过程，社会机体也有一个进化的过程"；"习惯、知识和信仰组成的复杂结构"从一代人传递到下一代人，以此维持着"文明"。[163]在《宗教与资本主义的兴起》（1926）中，托尼描绘了中世纪的英格兰对商贸中的欺诈行为所施加的约束，而这表现了当时英格兰道德与物质的统一性不过是一种"传统的社会教义"。[164]乍看起来，这不过只是托尼随意的、即刻做出的特征描述。但是，在接下来的30年里，传统的概念却成为托尼思考的中心。托尼在其1948年写就的《社会历史和文学》一书中讲道，伊丽莎白一世时代的英格兰，"就是一个松散的编织物，一个去中心化的社会；当时人们生活的方式，就是在一个被传统所固定的框架下，做一连串的个人活动"。

> 对贵族外的大多数人而言，甚至经常也包括贵族，本地道德情操的力量要来得比经济机制的游戏大得多；习惯的力量比法律大得多；长老的智慧以及地区传说的力量要比供大众消费的标准化模式化的真相或谬误大得多。[165]

对托尼而言，能将这一切勾连起来的——习俗的积极形象、地区的传说、长老的智慧、标准化模式化的真相或谬误所带来的消极形象——就是传统的概念。

传统是一种力量；传统——其本质是一种社会的造物——为反对在一个更大规模的背景之下进行互相理解，而设下了与之相违背的主张和相冲突的追求。[166]

托尼将传统、习俗及惯例作为过去的范例，并用以描述他在1908年搬到北方去后，在兰开夏和斯塔福德郡北部教授经济和历史的过程中所发现的现代的团结形式。正是得益于这些在可获得的"往昔遗存"之中保存着的传统、习俗和惯例，当代英国的社会生活在某些方面挫败了功利主义正统，而通过这些"往昔遗存"，托尼的主张也最为便捷地获得保障。描写经资本主义的兴起而日益被削弱的由传统、习俗和传说支撑起的社会网络，不失为一种对其在北方发现的、影响社会生活的非经济感情进行描述的方法——一种对相较集体主义所围绕展开的团结形式更为巧妙的团结形式进行阐述的路径，而托尼之后的卡尔·波兰尼和E. P. 汤普森将会逐步构建起这一路径。"伙伴关系"就是"生活"，但实际上，托尼所设想的伙伴关系的形式却是最少的：他想要重建能防止"异议"演变成"痛苦"与"不和"的"互相理解的依靠"。[167]他预见的并不是某种社会生活的乌托邦式变迁，而是培养在这个国家的一些地区已经常见的人与人之间和睦相处的特定方式。

注释

1. 托尼并不仅仅在英国有着这种地位。要更广泛地了解托尼的当代受众, 见例如 Getrude Himmelfarb, *The Idea of Poverty: England in the Early Industrial Age* (London and Boston: Faber and Faber, 1984) , 23-24。托尼在美国的追随者最早产生在1922年他的《斯科特·荷兰德演讲》(*Scott Holland Lectures*) 获得刊印的时候, 这个演讲刊登在以芝加哥为总部的《政治经济学杂志》(*Journal of Political Economy*) 上: R.H.Tawney, "Religious Thought on Social and Economic Questions in the Sixteenth and Seventeenth Centuries," *Journal of Political Economy* 31 (1923): 461-493, 637-674, 804-825。印刷品传播的证据以及其他影响的指数由James Kirby呈现, James Kirby, "R. H. Tawney and Christian Social Teaching: Religion and the Rise of Capitalism Reconsidered," *English Historical Review* 131 (2016): 793-822。

2. Stefan Collini, *Common Writing: Essays on Literary Culture and Public Debate* (Oxford: Oxford University Press, 2016), 195.

3. Lawrence Goldman对1982年分离出来的社会民主党召集其开政策研讨会 "托尼社" 引起的争议, 做了充分的评论: Lawrence Goldman, *The Life of R. H. Tawney: Socialism and History* (London: Bloomsbury Academic, 2014), 305-309。

4. Collini, *Common Writing*, 191.

5. Stefan Collini, "Moral Mind: R. H. Tawney," in Collini, *English Pasts* (Oxford: Oxford University Press, 1999), 177-195, 190 (尽管其后, Collini 的姿态放宽了, 见Collini, *Common Writing*, 190-199) ; Alasdair MacIntyre,

"The Socialism of R. H. Tawney," *New York Review of Books,* July 30, 1964; Jim Tomlinson, "The Limits of Tawney's Ethical Socialism: A Historical Perspective on the Labour Party and the Market," *Contemporary British History* 16 (4) (2002): 1-16; Susan Pedersen, "Only Men in Mind," *London Review of Books* 36 (16) (2014): 29-30。

　　6. 最优秀的作品近5年来方得以涌现：Goldman, *Life of Tawney*; Kirby, "Tawney and Christian Social Teaching"。Jay Winter的贡献早于5年之前：Jay Winter, "R. H. Tawney's Early Political Thought," *Past and Present* 47 (1970): 71-96。围绕托尼做了关键性的更广泛研究的是Stefan Collini, "Where Did It All Go Wrong? Cultural Critics and 'Modernity' in Interwar Britain," in E.H.H. Green and Duncan Tanner, *The Strange Survival of Liberal England: Political Leaders, Moral Values and the Reception of Economic Debate* (Cambridge: Cambridge University Press, 2007), 247-274。与我接下来的阐述直接相关的作品则有：Ben Jackson, *Equality and the British Left: A Study of Progressive Political Thought*, 1900-64 (Manchester: Manchester University Press, 2007); Marc Stears, *Progressives, Pluralists and the Problems of the State: Ideologies of Reform in the United States and Britain 1909-1926* (Oxford and Princeton: Princeton University Press, 2006). 其余相关的作品则包括Ross Terrill, *R. H. Tawney and His Times: Socialism as Fellowship* (London: Deutsch, 1974); S.J.D. Green, "The Tawney- Strauss Connection: On Historicism and Values in the History of Political Ideas," *Journal of Modern History* 67 (1995): 255-277; Gary Armstrong and Tim Gray, *The Authentic Tawney: A New Interpretation of the Political Thought of R. H. Tawney* (Exeter: Imprint Academic, 2011).

　　7. Collini, *Common Writing*, 191.

　　8. 同上。

9. MacIntyre, "Socialism of R. H. Tawney" ; Collini, "Moral Mind" ; Pedersen, "Only Men in Mind."

10. Jackson, *Equality*, ch. 5; Stears. *Progressives*, chs. 3 and 5; Goldman, *Tawney*, 5.

11. Collini, "Cultural Critics."

12. R.H.Tawney, *The Acquisitive Society* (London: Bell, 1921); R.H.Tawney, *Equality* (London: Allen & Unwin, 1931)。同样，当然托尼在 "针对乡绅的风暴" 中也扮演了其角色：如要说明托尼同Hugh Trevor-Roper之间的论战，见J. H. Hexter, "The Storm Over the Gentry: The Tawney-Trevor-Roper Controversy," *Encounter* 10 (5) (1958): 22-34。稍欠一点，并不那么杰出的作品是托尼的《16世纪的农业问题》 [*The Agrarian Problem in the Sixteenth Century* (London: Longmans, Green & Co, 1912)]。

13. 与这一关注其次要作品的倾向相关的迹象，见Jackson, *Equality*,以及Stears, *Progressives*，他们都在其书目中列出了《贪得无厌的社会》和《对所有人的中等教育》，但就是没有提到《宗教与资本主义的兴起》。同样见Goldman, *Tawney*, 5。这一关注《平等》和《贪得无厌的社会》的倾向，被Kirby以富有说服力的说法评论并指责，Kirby, "Tawney and Christian Social Teaching," 794。并不参与这一潮流的主要人物是Collini, "Cultural Critics"。

14. 将托尼的作品描绘成对更早的个人主义的保存的说法，发轫于安德森，见Anderson, "Cultural Components"，更具体的说法见Stedman-Jones, "Pathology of English History"。Marc Stears近来用不同的文化批评的立场对这一点做了重申："Guild Socialism and Ideological Diversity on the British Left, 1914-1926," *Journal of Political Ideologies* 3 (1998): 289-306, 298。

15. Tawney, "The Study of Economic History," *Economica* 39 (1933): 1-21,

9.

16. 关于对托尼思想中宗教扮演的角色进行讨论的调查，见Kirby, "Tawney and Christian Social Teaching"。

17. Goldman, *Tawney*, 22.

18. 同上，30。

19. 同上。

20. 同上，63。

21. Winter发现了这一点：Winter, "Tawney's Early Political Thought," 71-76。

22. 同上，30。

23. Winter, *Tawney's Commonplace Book*, 13.

24. 同上。

25. 同上。

26. Goldman, *Tawney*, 21.

27. Jose Harris, *William Beveridge: A Biography* (Oxford: Oxford University Press, 1997).

28. 关于托尼同费边社的分歧，见Winter, "Early Political Thought"。

29. Goldman, *Tawney*, 28.

30. Winter, *Tawney's Commonplace Book*, 62-65.

31. 同上，72。

32. 同上，32。

33. 同上。

34. 同上，62。

35. 同上，56。

36. 同上，9。

37. 对于这场危机的出现，最佳的综合解释见Keith Middlemas, *Politics in Industrial Society: The Experience of the British System since* 1911 (London: Deutsch, 1979), ch.1。一定程度上启发了Middlemas的解释的是George Dangerfield, *The Strange Death of Liberal England* (London: Constable, 1936)。更多的解释来自Charles Maier, *Recasting Bourgeois Europe: Stabilization in France, Germany and Italy in the Decade After World War I* (Princeton: Princeton University Press, 1975)。

38. 关于对妇女社会政治联盟的激进性解释，见Andrew Rosen, *Rise up, Women! The Militant Campaign of the Women's Social and Political Union, 1903-1904* (London: Routledge and Kegan Paul, 1974)，以及Lisa Tickner, *The Spectacle of Women: Imagery of the Suffrage Campaign, 1907-1914* (Chicago: University of Chicago Press, 1988)。关于对投票权运动中激进阵营同宪政阵营之间敌对的解释，见Pedersen, *Eleanor Rathbone*, ch.7。

39. 关于阿尔斯特的危机，见D. G. Boyce, "The Ulster Crisis: Prelude to 1916? " in Gabriel Doherty and Dermot Keogh, 1916; *The Long Revolution* (Cork: Mercier Press, 2007), 45-60。关于保守党扮演的角色，见Robert Saunders, "Tory Rebels and Tory Democracy: The Ulster Crisis, 1900-1914," in Bradley Hart and Richard Carr, *The Foundations of the British Conservative Party* (London: Bloomsbury Academic, 2013), 65-83。关于不列颠公意对阿尔斯特和工联主义的看法，见Patricia Jalland, *The Liberals and Ireland: The Ulster Question in British Politics to 1914* (Sussex: Hassocks, 1980); Daniel M. Jackson, *Popular Opposition to Irish Home Rule in Edwardian Britain* (Liverpool: Liverpool University Press, 2009)；还有G. K. Peatling, *British Opinion and Irish Self-Government, 1865-1925* (Dublin and Portland: Irish Academic Press, 2001)。关于近来对其著作的评论，见Eugenio Biagini, "The Third

Home Rule Bill in British History," in G. Doherty, ed., *The Home Rule Crisis 1912-14* (Cork: Mercer Press, 2014), 412-442。

40. 关于产业的状况，见Middlemas, *Politics in Industrial Society*, ch. 2。

41. Joses Harris, *Private Lives, Public Spirit* (Oxford: Oxford University Press, 1991).

42. R.H.Tawney, "Poverty as an Industrial Problem," *Memoranda on the Problems of Poverty,* 2 (1913): 12, quoted in Winter, "Tawney's Early Political Thought," 80.

43. Winter, *Tawney's Commonplace Book*, 25.

44. Melvin Richter, *The Politics of Conscience: T. H. Green and His Age* (London: Weidenfeld & Nicholson, 1964), chs. 1-3.

45. Bernad Bosanquet, *The Philosophical Theory of the State* (London: Macmillan, 1899).

46. 关于对这一制度的复杂性的理解，见Boyd Hilton, *The Age of Atonement: The Influence of Evangelicalism on Social and Economic Thought, 1785-1965* (Oxford: Clarendon Press, 1988)。

47. James Cronin, *The Politics of State Expansion: War, State and Society in Twentieth-Century Britain* (London: Routledge, 1991); Harris, *Private Lives, Public Spirit*, ch. 7.

48. 对苏格兰教会的解释，见K. R. Ross, *Church and Creed in Scotland: The Free Church Case 1900-1904 and its Origins* (Edinburgh: Rutherford House Books, 1988); David Runciman, *Pluralism and the Personality of the State* (Cambridge: Cambridge University Press, 1997), 134-138。当代的视角见J. N. Figgis, *Churches in the Modern State* (London: Longmans Green, 1913)。

49. 对塔夫谷案件的解释，见John Saville, "Trade Unions and Free Labour: The Background to the Taff Vale Decision," in A. Briggs and J. Saville, eds., *Essays in Labour History in Memory of G. D. H. Cole* (London: Macmillan, 1967), 317-350; Runciman, *Pluralism*, 141-143。

50. Graham Wallas, *The Great Society* (London: Macmillan, 1914), 10; Dangerfield, *Liberal England*, 123。托尼在1914年，把工人的骚乱比作"一个听见了极重要的消息，却不能将之用语言表述出来的人的内心挣扎"、"指指点点"、"与自我相斗争"、"负担其精神"，他的比喻早于并预示了Dangerfield对其的描绘：见Winter, "Tawney' s Early Political Thought," 82 n44。

51. Dangerfield, *Liberal England*, 122-123.

52. Wallas, *Great Society*, 10-11；托尼，《宗教与资本主义的兴起》，赵月瑟、夏镇平译，上海译文出版社，2006年版，第8页。

53. Wallas, *Great Society*, 11.

54. Bosanquet, *The Philosophical Theory of the State*.

55. A. V. Dicey, *Lectures on the Relation Between Law & Public Opinion in England During the Nineteenth Century* (London: Macmillan, 1908).关于以其自身的范畴来对Dicey的推测中的问题进行的理解，见Harris, *Private Lives*, 11。对其范畴的批判，见Collini, *Liberalism and Sociology*, 13-50; Burrow, *Whigs and Liberals*, 153。

56. Middlemas, *Politics in Industrial Society*, chs. 3-5.

57. L. T. Hobhouse, *The Metaphysical Theory of the State* (London: Allen & Unwin, 1918).

58. 同上，6。

59. F. W. Maitland, *State, Trust and Corporation*, ed. Magnus Ryan and

David Runciman (Cambridge: Cambridge University Press, 2003).

60. F. W. Maitland, "Moral Personality and Legal Personality," in Maitland, *State, Trust and Corporation,* 62-74, 66.

61. F. W. Maitland, "The Corporation Sole," in Maitland, *State, Trust and Corporation*, 9-32.

62. 见Runciman, *Pluralism*, 89-91.

63. 同上，37。

64. 同上。

65. 同上, ch. 3。

66. Otto von Gierke, *Political Theories of the Middle Ages*, ed. F.W. Maitland (Cambridge: Cambridge University Press, 1900).

67. Runciman, *Pluralism*, 76-79.

68. 同上，81。

69. Otto von Gierke, *Natural Law and the Theory of Society*, trans. Ernest Barker (Cambridge: Cambridge University Press, 1934) 1: ix-xci.

70. 同上。

71. 见Stapleton, *Englishness and the Study of Politics*, 134-135.

72. 这一意义深远的文段来自Arthur Penty, *The Restoration of the Gild System* (London: S. Sonenschein & Co., 1906)。而其当代史，见G.D.H. Cole, "The National Guilds Movement in Great Britain," *Monthly Labour Review* 9 (1919): 24-32。

73. 关于中世纪性和现代性，见例如，Michael Saler, *The Avant-garde in Interwar England: Medieval Modernism and the London Underground* (New York and Oxford: Oxford University Press, 1999)。

74. Cole, "National Guild."

75. 若欲深入了解，见Martin Wallace, *The New Age Under Orage: Chapters in English Cultural History* (Manchester: Manchester University Press, 1967)。

76. Cole, "National Guild," 24.

77. 大部分这样的倡议（年轻的Harold Macmillan关于建立工业议会的提议算是另一回事）最后都流产了。Keith Middlemas说得很对，1916年之后大不列颠人所理解的"社团主义"的相应形式则是工会、雇主群体和政府和睦相处和集权化的非正式过程：Middlemas, *Politics in Industrial Society*, chs. 1, 2。

78. G.D.H.Cole, "Guild Socialism," *New Britain*, July 4, 1934, 184。科尔说："就大不列颠而言，行会社会主义运动作为一种运动的历史已经结束了。"关于对行会社会主义命运的更广阔的大陆视角以及与之有姻缘关系的处于法西斯主义之中的种种运动，见Jan-Werner Müller, *Contesting Democracy: Political Ideas in Twentieth-Century Europe* (New Haven and London: Yale University Press, 2011), 52-55。

79. Daniel Ritschel, *The Politics of Planning* (Oxford: Oxford University Press, 1994).围绕着这些"社团主义"的发展所做的最具说服力的历史编纂学框架出自Middlemas, *Politics in Industrial Society*, 而这书又受Maier, *Recasting Bourgeois Europe*的启发。由这些途径衍生出来的最有影响力的作品来自Harold Perkin, *The Rise of Professional Society: England since 1880* (London: Routledge, 1990)。

80. Cole, "Guild Socialism."

81. Margaret Cole, *Life of G. D. H. Cole* (London and New York: Macmillan, 1971), p. 71, cited in Runciman, *Pluralism*, 165; G.D.G.Cole, *Social Theory* (London: Methuen, 1920), xx.

82. Cole, *Social Theory*, 6.

83. 同上。

84. G.D.H.Cole, *The World of Labour: A Discussion of the Present and Future of Trade Unionism* (London: G. Bell, 1913), 9; cited in Meredith Veldman, *Fantasy, the Bomb and the Greening of Britain: Romantic Protest 1945-1980* (Cambridge: Cambridge University Press, 1994), 25.

85. Cole, *Social Theory*, 169.

86. 同上，6-7。

87. 同上，11。

88. 关于对这一潮流的分析，见Akira Iriye, *Global Community: The Role of International Organizations in the Making of the Contemporary World* (Berkeley: University of California at Berkeley Press, 2002)。对国际主义通过何种方式产生了之前通过国家或帝国机构方得以追求的那些目标所做的卓越解释，见Susan Pedersen, *The Guardians: The League of Nations and the Crisis of Empire* (Oxford and New York: Oxford University Press, 2015)。

89. Runciman, *Pluralism*, 176.

90. Cole, *Social Theory*, 18.

91. 同上。

92. 同上，19。

93. 同上，18。

94. 同上，9。

95. Peter Laslett, "Introduction," in Peter Laslett, ed., *Philosophy, Politics and Society* (Oxford: Blackwell, 1956).

96. R. H. 托尼：《宗教与资本主义的兴起》，第74页。

97. Runciman, *Pluralists*, 196.

98. 这个术语来自Runciman, *Pluralists*, chs. 2和3。

99. 实际上"胡乱糊弄"只同19世纪90年代的英国特性有关：Peter Mandler, *The English National Character* (London and New Haven: Yale University Press, 2006), ch. 4。

100. 关于传统，见Stapleton, *Englishness and the Study of Politics*, ch. 7; Julia Stapleton, *Sir Arthur Bryant and National History in Twentieth-Century Britain* (Oxford: Lexington Books, 2005); Philip Williamson, *Stanley Baldwin: Conservative Leadership, National Values* (Cambridge: Cambridge University Press, 1999); Mandler, *English National Character; John Baxendale, J. B. Priestley's England* (Manchester: Manchester University Press, 2007)。关于家庭生活和个人隐私，见Raphael Samuel, "Introduction: Exciting to be English," in R. Samuel ,ed., *Patriotism: The Making and Unmaking of Britih National Identity* (London: Routledge, 1989), I, xvii-lxvii; Alison Light, *Forever England: Femininity, Literature and Conservatism Between the Wars* (London: Routledge, 2003)。

101. Goldman, *Tawney*, 84.

102. 同上，86。

103. Thomas Jones, *Whitehall Diary*: Volume 1 1916-1925, ed. Keith Middlemas(London and New York: Oxford University Press, 1969), 2-4.

104. 例如，见Jones, *Whitehall Diary*, 157，可见财政大臣Robert Hoare勋爵收到了一册托尼的《负得无厌的社会》。

105. Goldman, *Tawney*, 114.

106. 同上。

107. Cole, "National Guild Movement," 27.

108. Goldman, *Tawney*.

109. Runciman, *Pluralism*, 207.

110. R.H.Tawney, "We Mean Freedom," in R.H.Tawney, *The Attack and Other Papers* (London: Allen & Unwin, 1953), 82-100.

111. R.H.Tawney, "Social Democracy in Britain" (1949), in R.H.Tawney, *The Radical Tradition* (London: Allen & Unwin, 1964), 164.

112. 同上。

113. Stears, "Guild Socialism," 292.

114. Tawney, *Acquisitive Society*, 23.

115. Stears, "Guild Socialism," 298; Stears, *Progressives*, ch. 3; Perry Anderson, "Components of the National Culture," *New Left Review* 50 (July-August 19687) : 1-51; Gareth Stedman Jones, "The Pathology of English History," *New Left Review* 46(1967): 29-43.

116. R. H. 托尼：《宗教与资本主义的兴起》，第8页。

117. 同上，第25页。

118. 关于托尼对Figgis的解读，见R.H.托尼：《宗教与资本主义的兴起》，第4页。

119. R. H. 托尼：《宗教与资本主义的兴起》，第5页，在此托尼引用了约翰·洛克的*Two Treatises of Government* bk ii ch. ix § 124。

120. Winter, *Tawney's Commonplace Book*, 15.

121. Goldman, *Tawney*, 21.

122. Winter, *Tawney's Commonplace Book*, 65.

123. Charles Gore, ed., *Lux Mundi: A Series of Studies in the Religion of the Incarnation* (London: John Murray, 1889)。关于对产生于维多利亚时代基督教社会主义运动背景之下的基社盟的重要性的理解，见E. R. Norman, *The Victorian Christian Socialists* (Cambridge: Cambridge University Press,

1987), ch. 9。关于基督教社会主义的另类视角，见Gregory Claeys, *Citizens and Saints: Politics and Anti-politics in Early British Socialism* (Cambridge: Cambridge University Press, 1989); John Saville, "The Christian Socialists of 1848," in John Saville ,ed., *Democracy and the Labour Movement: Essays in Honour of Dona Torr* (London: Lawrence & Wishart, 1954), 135-159。

124. 关于后者，见Norman, *Victorian Christian Socialists*, 14-34。

125. Mathew Grimley, *Citizenship, Community and the Church of England* (Oxford: Oxford University Press, 2004), 38。

126. H. Scott Holland, *Our Neighbours: A Handbook for the C.S.U.* (London: A. R. Mowbray, 1911), 145，引自Grimley, Citizenship, 38。

127. Goldman, *Tawney*, 110.

128. Charles Gore, *Christianity Applied to the Life of Men and Nations* (London: John Murray, 1940).

129. 同上，31。

130. 同上，27。

131. 同上，25-26。

132. 关于这一"时期"，见Adrian Hastings, *A History of English Christianity, 1920-1990* (London: SCM Press, 1991), 86-99, 302-308; E. R. Norman, *Church and Society in England, 1770-1970: A History Study* (Oxford: Clarendon Press, 1976), ch. 6; Green, *Protestant England*, 158ff。

133. R.H.Tawney, "A Note on Christianity and the Social Order," in Tawney, *The Attack*, 167-192, 176. 托尼为这一册书的这一文章写了一篇短小的序言，并在此标记道，他从"已故的高瑞主教和坦普尔大主教这两位伟人的思想所受的益处，都十分显著，且远非致谢所能言表"。

134. Tawney, "Christianity and Social Order," 182-183.

135. R.H.Tawney, "An Experiment in Democratic Education" (1914), reprinted in Tawney, *Radical Tradition*, 70-81; Alasdair MacIntyre, "The Socialism of R. H. Tawney," *New York Review of Books*, July 30, 1964.

136. Collini, "Moral Mind," 190.

137. 同上，190。

138. 同上，192。

139. MacIntyre, "The Socialism of R. H. Tawney. "

140. 关于这一联系，见Kirby, "Tawney and Christian Social Teaching. "

141. 关于对其后在两次世界大战之间，托尼的主张被加重强调和肯定的理解，见1937年版《宗教与资本主义的兴起》的序言，次年该书又以平装本重刊。托尼，《宗教与资本主义的兴起》，vii-xii。

142. Winter, *Tawney' s Commonplace Book*, 67.

143. 声称在两次世界大战之间，托尼的历史作品最受广泛欢迎的人，是Goldman，但他并没有为此提供证据以支撑其主张: Goldman, *Tawney*, 1。Kirby对托尼受众的计算更有证据来源：Kirby, "Tawney and Christian Social Teaching"。

144. Winter, *Tawney' s Commonplace Book*, 65.

145. Cited in Peter Clarke, *Liberals and Social Democrats* (Cambridge: Cambridge University Press, 1978), 198.

146. R.H.Tawney, *J. L. Hammond, 1872-1949* (London: Oxford University Press, for the British Academy, 1961).

147. Clarke, *Liberals and Social Democrats*, 196.

148. R. H. 托尼：《宗教与资本主义的兴起》，第5页，这里引用了洛克的《政府论》。

149. 同上，第102页。

150. 同上，第102页。

151. 同上，第58页。

152. 同上。

153. 同上，第59页。

154. 同上，第110页。

155. 同上。

156. 同上，第4页。

157. John Strachey, *What Are We to Do?* (London: Victor Gollancz, 1938), 119, n1, cited in Jackson, *Equality*, 112.

158. Harold Laski, "Review of *The Aquisitive Society*," *Left News*, September 1937, 514-515, 514, cited in Jackson, *Equality*, 96.

159. 许多思想同托尼相对较相近的同代人投向了比托尼所提供的更为鲁莽的改革方案，而这是在1931年的选举结束，工党元气大伤的时候。Clement Attlee的案例最能说明这一点，见John Bew, Citizen Clem: *A Biography of Attlee* (London: Riverrun, 2016), 170-175。

160. Tawney, "Study of Economic History," 9.

161. 例如见于R. H. 托尼著：《宗教与资本主义的兴起》，第91–92页，第112页，第138页；R.H.Tawney, *Social History and Literature* (Cambridge: Cambridge University Press, 1950), 20。

162. Tawney, *Agrarian Problem*, 347.

163. R. H. 托尼：《宗教与资本主义的兴起》，第8页。

164. 同上，第50页。

165. Tawney, *Social History and Literature*, 20.

166. 同上。

167. Winter, *Tawney's Commonplace Book*, 25.

卡尔·波兰尼

  1935年末，《新政治家周刊》发表了一系列文章，并在那年夏天由左翼出版商维克多·格兰茨（Victor Gollancz）出版，书名为《基督教和社会革命》。[1] R. H. 托尼阐释道，在这本"引人注目的书中"，作者澄清了为社会误解的两个重要观念。第一个涉及卡尔·马克思。20世纪30年代英国的保守观点认为，马克思是一个还原性的"经济学家"，他只对从历史角度理解不同生产要素之间的关系感兴趣。[2]托尼解释说，这种对马克思的理解是错误的，因为道德哲学家麦慕理（John Macmurray）在其1935年的论文中对此做了证明。马克思的"社会发展理论"不仅仅是对"历史事实"的排列。它是借助"价值判断"而统合在一起的。[3]它涉及"关于人的本质和可能性的概念，而这为人们提供了参考的标准"，而借助这一标准，"事实"也就得到了"评价"。[4]其概念运用了历史数据，却不仅仅依赖于数据。换句话说，马克思将其社会发展理论建立在对什么是人类这个问题的理解基础之上，这种理解既是规范性的，也是经验性的。[5]第二个误解涉及基督教与"共产主义"之间的关系。在20世纪30年代早期，人们有充分的理由认为，这两种信仰是互不相容的。庇护十一世在其1931年的《四十年》通谕中宣称"宗教社会主义"和"基督教社会主义"的术语上"就是自带矛盾的说法"，以至于"没有人可以同时成为真诚的天主教徒和真正的社会主义者"。[6]苏联——公开的无神论国家——回敬了这一敌意。但《基督教与社会革命》揭示了，这两个信仰间的共同点远多于官方所预设的不相容之处。其不相容性通常被解释为理想主义或道德主义与现实主义之间的冲突。基督徒多愁善感。社会主义者务实。但是，《基督教与社会革命》一书的作者却坚称事实并非如此。

> 这本引人注目的书所揭示的信仰之间的分水岭并不是传统意义上的分水岭。无论基督徒和共产党人说了什么、做了什么，基督教和流行的共产主义——虽然它们的做法看起来是不一样的，尤其是在官方的分歧层面——在对一种如今已不合时宜的观点的坚持上，是类似的，这一观点即坚持原则的重要性。[7]

基督教与流行的共产主义自有其不同之处，但它们不能被简化为理想主义与现实主义或道德与经济学之间的对立。两种信仰均有其道德原则。在两种信仰中，这些原则最终都归于"关于人的本性和可能性的概念"。无论这些概念之间的差异如何，它们都有着某些关键性的共同点。它们都重视个人，坚持认为每个人都有其独特和宝贵之处。

> 有必要申明那一对基督教和任何社会革命来说都至关重要的关于"人"的看法，人有着自己的能力，但当其使用时，他并不是将其能力用在自治和承担责任上，而是作为机器或奴隶使用之。[8]

两种信仰都有着如下的"老生常谈，即关于人类最重要的真相在于他们的人性"。从这个意义来说，两种信仰"有充分的一致性基础"来使其各自的鼓吹者在相互间维持有意义的"争议"。[9]

法西斯主义在德国的出现使这一共同点被急剧地消除了。"关于人类最重要的真相在于他们的人性"的说法"在资本主义社会的实践中永远被否定"。但在当时的德国，国家社会主义却使这一实践性否定转变为一种理论性教条。[10]法西斯主义从根本上说是一场反革命运动，是对布尔什维克主义的反动。但在消灭共产主义的过程中，"德国的法西斯主义者"发现，他们"有必要去尝试消灭基督教"。两种信仰都引发了人们对法西斯主义的反感，而这表明了它们的某些共同点。在一篇有启发性的文章中，托尼向《新政治家周刊》的读者阐述道，一位最近从维也纳抵达英国的流亡者恰恰强调了这其中最重要的共同点。这位流亡作者曾经解释过，基督教和流行的共产主义的核心问题都围绕着"关于人类品格的观念"而展开。[11]

这位托尼口中的流亡者就是卡尔·波兰尼。他于1934年2月抵达英国时，前景渺茫。他自1919年以来一直生活在维也纳，他起初以记者的身份，先是为《维也纳匈牙利周刊》（*Bécsi Magyar Újság*）撰写文章，然后为以英国《经济学人》为模板的金融和国际事务月刊《奥地利国民经济》（*Der Österreichische Volkswirt*）撰文。其弟弟迈克尔（一位杰出的物理化学家，1918年在纳粹上台后，被曼彻斯特大学招募，离开了柏林，并接受了一个长期职位）敦促卡尔在仔细考虑出下一步该如何行动之前，在还待在维也纳的时候，通过发表英文文章为自己在英国建立根基。[12]但卡尔忽略了这个建议，他在导致"红色"维也纳变成"黑色"维也纳的动荡发生之前离开了，他只能指望从他的兄弟那里以及从他自第一次世界大战起在前来维也纳的英国访客中建立的些许关系网络来获得点帮助。[13]

波兰尼在1935年写的关于法西斯主义的文章，预示了他未来以英语进行写作的突出成就。但事情进展得并非那么顺利。波兰尼的成名作——《大转型》——于1944年首次出版。但对此书的赞誉〔正如美国经济史学家查尔斯·P. 金德尔伯格在1973年做的评述所言〕"姗姗来迟"。[14]波兰尼如今在政治经济学评论家中备受推崇。但是当他于1947年离英去美时，却是一个职业失败者。[15]波兰尼在英国受到了冷漠对待，也许可以拿来作为例子说明佩里·安德森于1968年对两次大战间的英国文化所做的谴责，当时的英国文化对欧洲新兴的社会思想中的新进步潮流持敌对态度。[16]但事实上，波兰尼的例子证伪了安德森的分析。波兰尼确实希望通过他所谓的"处于社会之中人的本性这一古老而被遗忘的问题"来创立新的思考方式[17]，但这并不是他被迫离开英国的原因。更确切地说，这就是他首先来到英国的原因：他的这一事业在英国作者身上找到的灵感（其中最重要的是托尼）同在其他地方的作者身上找到的一样多。托尼并没有屈服于19世纪个人主义的"坚韧强力"，而是试图规划出一种新的团结形式的原则。[18]波兰尼的经历也反映了托尼事业的影响力和吸引力。本章的第一部分将探讨在两次大战间英国同中欧的联系，从而表明来自维也纳的波兰尼成为托尼对资本主义批判的忠实拥趸。

那么，如何解释波兰尼在英国的失败呢？如果他是为了发展对资本主义的批判，并以此开展和完善社会团结的新原则的事业而前来加入托尼的队伍的，那么他（正如我们前面所见）的开端是充满希望的：他获得了来自托尼的关注，并在几乎不到一年的逗留在英国的时间里，赢得了公众的赞美。那么，这之中出了什么问题？本章的第二个议题即在于回答这一疑问。波兰尼并不满足于对托尼的批判进行复述。他认为托尼的批判需要得到重新规划，才能对现实保持实质性作用。这一需要部分源于法西斯主义的出现。来自法西斯主义者的敌意表明基督教社会主义者和社会主义人道主义者对人类品格有着共同的敬意。坚持这一共同的敬意能使两种信条在反法西斯斗争中成为伙伴。应当对托尼赋予基督教内涵于其上的资本主义的批判加以拓展，以此来为对人类品格的敬仰赋予来自世俗的基础。波兰尼本人在成年后方皈依基督教，因而与其有着复杂的关系。他在世俗来源中寻找同一种意义，以豁免自己对自己半途接纳的信仰所负的义务。

波兰尼在20世纪20年代对由托尼所开创的对资本主义的道德批判做

出了创新，这涉及以世俗化替代品来取代关于人类品格的基督教概念，而原有的批判正是围绕该基督教概念展开的。波兰尼首先在卡尔·马克思的早期著作（于1932年新近用德语出版的《历史唯物主义：早期著作》）中寻找替代方案。[19]这一开创性的举措使波兰尼超出了他在英国所处的时代：对托尼思想的表面的热情虔诚还没有耗尽；其扩大批判基础以包含世俗的替代方案的必要性尚不明显或者说并未迫切。波兰尼方法的不同之处还体现在他对历史做出的非传统诠释，这既体现在对资本主义历史上的特定场景进行处理，也体现在对这种新的社会形式的出现和上升以更广阔的视野进行整理和编年。以这一修订版本来为托尼对资本主义的批判赋予合法性——其中，马克思提供了要使基督教社会教义能适应商业社会所必需的"进一步阐释"——意味着重新书写了托尼的批判所置于的资本主义历史。仅仅提供一个关于人的替代概念是不足以补充或取代托尼的基督教基石的。托尼方法的力量在于将动态的思想嵌入历史叙事中，通过将功利主义正统取代早先对人的理解的过程夸张化，使另一场这样的革命成为可能。资本主义的道德批评家所催生的新思想的根源并不在于（正如F. A. 哈耶克在1954年发表的评论所言）"抽象的形式，而在于对特定事件的解释"。[20]波兰尼的想法只有通过发表与托尼相对立的关于资本主义历史的新叙述，才能取得成功。波兰尼未能在英国找到追随者的原因在于，同时代人并不觉得他重写资本主义历史的尝试令人信服。波兰尼在英国的失败，是作为历史学家的他的自身缺点造成的。

　　是什么发生了改变使得波兰尼的论点得到了补救？如果他一生都被人忽视（在英国当然是这样，但在美国，他却最终找到了工作），那他的地位是如何提升的呢？为了回答这些问题，本章将波兰尼对托尼开创的批判所做的创新与一个世代之后的E. P. 汤普森的同类作品联系起来。汤普森的《英国工人阶级的形成》完善了波兰尼试图在《大转型》中构建的论点。

汤普森的书的巨大成功有助于解释波兰尼留下来的知识财富的复苏。本书的主要贡献之一就是揭示波兰尼在托尼和汤普森之间发挥的过渡作用。

我们能从波兰尼身后的成功看出什么？（这构成了本章的最后一个问题）这本书将时间轴移向了在20世纪20年代开创的这一对资本主义的道德批判的最终消亡。到了20世纪末，托尼和汤普森都退回到相对默默无闻的状态，同对其工作来说不可或缺的道德批判的命运保持一致。而另一方面，波兰尼却在当代人的推崇中冉冉升起。[21]是什么使他如此不同？如果说道德经济学家对资本主义的批判逐渐丧失了其重要性，为何波兰尼的地位却提高了？对这一问题的一些解释当然可以说，波兰尼一开始默默无闻，而托尼和汤普森却曾经发挥过广泛的影响力。但除此之外，还有更多的东西。许多读者翻到本章的时候会感觉到，波兰尼比起托尼或汤普森来，有更多的地方可供我们的时代借鉴。本章的第四个也是最后一个目的即在于解释这一感觉发自何处——来理清波兰尼对托尼的批判的继承带来了什么与众不同的、有独特前景的东西。我在就这一特殊联系所要阐述的论点进行介绍前先简要谈几句，以帮助读者在本章后段我回到这一论点时更能跟上节奏。

同在他之前的托尼和之后的汤普森一样，波兰尼相信他在生活中碰到过为当代社会和政治思想所不知的社会团结的原则或动力。承托尼之前，启汤普森之后，他转向历史以试图阐明这些团结形式。他将"人类品格"的概念置于其猜想的中心，并将马克思视作此概念的世俗解释者。在描述对《大转型》来说起核心作用的"双向运动"时，波兰尼将对在资本主义解构旧的社会形态的过程中社会团结的再生进行了夸张。正是通过阅读卡尔·马克思的早期著作，波兰尼找到了一种方法以将其关于人类的观念通过这些手段得以阐明。在阅读马克思时，波兰尼对托尼关于人类品格的神学观念做了重新描述，使这一与托尼本质上相同的对资本主义的道德批判有了世俗的基石。

这是波兰尼和E. P. 汤普森之间的联系的关键点之一。正如我们将要看到的，汤普森也将马克思主义的人道主义作为他对托尼的批判进行世俗改造的基础。但在波兰尼写完《大转型》之前，他却在这一点上对马克思失去了信心。其书的开篇试图改写托尼的批评及与之相伴的资本主义史，以马克思主义对人类的定义来取代其原有的神学概念。但是，《大转型》在结尾时，却包含了对马克思的批评——这一特征可能有助于解释汤普森为何实际上从未引用过波兰尼。到《大转型》付梓之际，波兰尼已开始把马克思的全部作品都视为对走出维多利亚时代的政治经济学参数来进行思考的"本质上不成功的尝试"："在马克思决心根除处于功利主义核心的谬论的时候，他就已经吸收了这一系统的逻辑，陷入其术语之中。"[22]《大转型》锻造了（即使我们说这一锻造是不能令人信服的、是未完成的）能证实马克思的"'完全人类'的概念"的手段，锻造了一种足以替代托尼的基督教关于人的概念，并以世俗的术语推进同一种对资本主义的道德批判的手段。但到该书出版时，作者却已不再相信该替代方案。波兰尼早已达到了汤普森直至1970年后才获得的论断。那么接下来他做了什么？如果不接纳马克思关于人类品格的概念，那什么才能成为波兰尼将托尼对资本主义的道德批判改造成世俗版本的基础呢？波兰尼对这一问题的回答解释了为何他如今似乎比他的任何一个同道更能引起我们的兴趣。

托尼对资本主义的批判的机理在于，他提出关于什么是人类的论点以证伪"经济人"的思想：他坚持认为每个人类成员都有其自身的无限价值，而这是因为他们自身就是上帝的人格化，以此来挫败将人类事务归纳为经济交易的还原论。起初是波兰尼，其后是汤普森，他们先后把目光投向了马克思，并以马克思关于人类的世俗观念来取代托尼的基督教观念。但然后呢？正如我们将要看到的，汤普森的做法是徒劳地寻找某些比马克思主义替代品走得更远的替代方案，他试图找出关于人类的其他另类的定义以证伪功利主义的陈旧观念。但波兰尼的解决方案不同。波兰尼并不问津于其他另类的蔑视功利主义者的关于人类的定义，而是从根本上质问为何必须要回应功利主义者。[23]打一开始，这一实践的目的就是打破功利主义施加于道德经济学家同时代人的想象之上的束缚，以此来证明存在着关于理解什么是人类的其他方式。对坚持人类品格具有无限价值的规诫是挫败功利主义计算的必要努力这一点，托尼和汤普森深以为然。可波兰尼却采取了不同的策略。

波兰尼并没有考虑如何才能反击功利主义的正统观念（通过追寻能将他在维也纳所见的团结形式清晰阐明的手段，以此来反对将社会生活还原为赤裸裸的经济话语），他开始质询功利主义正统的重要性。他不把关于人的经济概念的常识状态当作既定条件，而是开始更密切地关注它们的来源。波兰尼没有将从托马斯·莫尔到 T. H. 格林的英国社会和政治思想中的一切内容，都压缩为无差别的坚定个人主义者之间的对话，而是开始对其加以区分和辨别。这一事业的效益使得他对政治经济学思想史的记述比起他之前的托尼或他之后的汤普森更令人信服。最为重要的是，波兰尼首次将亚当·斯密与其后的一切政治经济学家分开，他认为在斯密的《国富论》出版之后，经济主义却发生了衰退。而斯密是一位与他自己同类的道德经济学家。或许从外部攻击政治经济学（通过对关于什么是人这个问题的强烈主张，来回应功利主义经济主义）是错误的前进方向。也许政治经济学可以从内部得到重构，从而追本溯源矫正功利主义错误。这就是波兰尼在阅读亚当·斯密的著作后发出的控诉：回到斯密或许意味着人们完全可以通过重构某一局面来回避对人类下定义的问题，在这一局面下，每个人都认可人类身上有着特殊事物，而不用停滞在关于该独特品质是什么这类造成分歧的问题上。我将在本章的后面部分和本书的结论部分，深入探讨这一可能性。对资本主义的道德批判到20世纪末滑向了进退维谷的局面，波兰尼为我们指出了打破僵局的道路。汤普森（由于其处境而特有的原因）从未追求过这种可能性。但本书要提出的一个问题就是，我们现在是否应该追求这一可能性。

匈牙利

波兰尼于1886年出生于维也纳，却在布达佩斯长大，他的家庭属于归化犹太人。其父亲是一名工程师，受教于苏黎世联邦理工学院，靠经营铁路发了大财。其母亲每周都会为布达佩斯的先锋派举办沙龙。1900年，在卡尔14岁的时候，为期三个月的大雨冲垮了其父亲在多瑙河河谷建造的铁路。但政府坚持认为风险应由企业家自己承担，并拒绝偿付其工程。波兰尼的父亲支付了工人的工资，并交出了他的股东资本，其后则宣布破产。5年后他死于肺炎。在他父亲去世时，卡尔已经19岁了，他在五个兄弟姐妹中排行第二，因此承受了很大的压力。在他生命的最后阶段，卡尔写信告诉他的兄弟迈克尔，他"全心全意地保护他（指迈克尔）不受命运的折磨"，其后也因迈克尔的成功而抱有"淡淡的满足感"。[24]但他补充说，在父亲去世后的几年里，岁月带来的"重压""引发了"卡尔本人的"内在瘫痪"。卡尔有忧郁症，还拿不准他那出名的弟弟对他的感情。[25]

等到他于1934年抵达英国时，卡尔·波兰尼早已经受了英国的社会和政治思想的锤炼。他曾在布达佩斯和克鲁日瓦尔（Kolozsvár）的大学学习法律。在大致同一时间，身处牛津大学的托尼和贝弗里奇正在建立他们后来流产了的本科生社团（就"有事实材料的社会问题和尽可能广泛的实际观点"进行讨论），而波兰尼则忙于帮助创建伽利略圈子，一个诞生于布达佩斯的论坛，主题是讨论知识问题，以及通过社会科学的影响用理性管理来改善社会的可能性。波兰尼及其同代人除了学习恩斯特·马赫的认识论外，还读H. G. 威尔斯，波兰尼后来写信告诉他的兄弟："我们是过于相信伪善的理性主义和费边主义了"，而他们正是在这圈子之中接触了这些思想。[26]获得法学博士学位后，波兰尼获得了法律职位却又迅速放弃了这一职业，而出任伽利略圈子自己的期刊《自由思想》（*Szabadgondolat*）的编辑。1915年，他参加世界大战，在俄罗斯战线充任骑兵军官。两年后他受伤，被迫返回布达佩斯接受康复治疗。

解决社会原子化或"异化"的问题成为20世纪头十年和二十年间匈牙利知识分子的当务之急。[27]在世纪之交时，他们曾希望通过社会科学的创新以发展技术，并以此技术来完善基于市场的社会秩序。到第一次世界大战爆发时，这种愿望已被人们视为天真的想法而加以弃置。同托尼在离开牛津后从"外围工作"转向了探究"道德关系的问题"一样，波兰尼在布达佩斯遇见的许多同代人将他们早先的经验主义抛在脑后，而将促进道德的再生作为他们的事业。1915年，围绕批评家格奥尔格·卢卡奇形成的星期日社团彰显了这一变化的心境。但波兰尼那旨在拓展改善社会的实证主义原则的伽利略圈子早在新世纪初就成形了。星期日社团的聚会，只欢迎"形而上学爱好者"。[28]聚会讨论的作家包括陀思妥耶夫斯基和克尔凯郭尔。其交谈"以最无所不至的言辞围绕着宗教打转"。[29]1916年末起，形势日益紧迫，很明显哈布斯堡帝国行将解体，星期日社团的参与者开始谈论政治，一些参与者倾向于（如果我们不认为这是他们一致的倾向的话）列宁主义。与此同时，伽利略圈子的成员仍然定期碰面，受卡里斯玛型的学者－政治家奥斯卡·贾希的影响，他们进一步在思想中掺杂了"伪善的理性主义"。[30]但在这里，宗教也变得越来越重要。尽管他们对启蒙运动寄予厚望，可即便是这些顽固的实证主义者也不得不承认，单靠科学理性难以维持社会秩序。同星期日社团一样，到了战争后期，道德复兴成为伽利略圈子内部的首要关注点。机构改革是必要的，"但英国人会说：最重要的事情不是手段，而在于，我们需要的是人，各异的、更好的、更完美的人"。[31]贾希及其追随者的政治立场普遍表现出威尔逊主义。波兰尼跟随着贾希，同时还给他出主意。[32]

1917年至1919年间，一系列突然的政治动荡的发生使两个派系——星期日社团的列宁主义者和以贾希为核心的威尔逊主义者——接近掌权。1918年10月，贾希的激进党联合另外两个左翼政党以组建匈牙利国民议会。总统为米哈里·卡罗里（Mihaly Károlyi），但贾希才是议会的知识和道德的灵魂所在。[33]议会无视哈布斯堡王朝，将自身视为匈牙利民族的真正代表，实际上它是一个革命机构。当月晚些时候，街头群众进行了三日的密谋达到了顶点，曾鼓吹战争并反对扩大选举权的前总理伊斯特万·蒂查遭到了暗杀，其结果是，卡尔一世——最后一位匈牙利国王——任命卡罗里为总理。匈牙利与哈布斯堡王朝的纽带迅速消解。1918年11月16日"匈牙利人民共和国"宣布成立。贾希接受了部长职位，然而他在一个月后，因政府无力推进土地改革而引咎辞职。卡罗里政府的稳定性即刻因匈牙利共产党越来越受群众欢迎而遭到动摇。在目睹了墙上的文字口号后，波兰尼仍然参与的伽利略圈子的月刊《自由思想》将1918年12月那一期献给了布尔什维克主义。同月，格奥尔格·卢卡奇加入了共产党。人们相信，在对前哈布斯堡王朝的遗产做战后分配的议题上，政府并未能保护匈牙利的领土完整，因而卡罗里的国民议会失去了权力，并于1919年3月被推翻。卡罗里政府内的社会主义分子与共产党人联合宣布成立苏维埃共和国。卢卡奇出任公共教育代理人民委员。他着手将布达佩斯大学进行彻底的改组，其设定的目标在于，对文化加以综合以克服异化，将个人彼此相连；政治是"手段"，"文化"是"目标"。[34]但苏维埃专政却是一场政治失败。因为拒绝罗马尼亚军队穿越议定的停战边界，共和国与罗马尼亚陷入了军事对抗，并以灾难性后果告终。威尔逊主义和列宁主义派别都未能获得民族主义者的支持。到了1919年8月，苏维埃共和国反过来被前奥匈帝国海军上将霍尔蒂·米克洛什纠集的反革命势力所推翻。到了1919年底，贾希和卢卡奇派系中最杰出的成员因对匈牙利政治的绝望和对遭受报复的担忧而逃离布达佩斯赶赴维也纳。

在维也纳，贾希及其同伴很快就不得不踏上寻求新思想的历程。哈布斯堡王朝放弃权力之后，威尔逊主义的"手段"却对稳定匈牙利没起什么作用。威尔逊的十四点原则并没有告诉自由主义者如何去塑造"各异的、更好的、更完美的人"。威尔逊主义的所有原则通过匈牙利知识分子的实践所达成的，不过是动员了反动的民族主义者，将霍尔蒂扶上宝座的那些人获得权力，并逼迫进步人士流亡。而另一种选择——布尔什维克主义——对于贾希及其追随者来说，已经因匈牙利苏维埃共和国的悲惨命运变得不可接受。贾希对卢卡奇为教育改革付出的努力表示出适当的赞赏，但如果他跟卢卡奇抱有同样的目标——道德复兴，克服原子化或者说异化——他就会对布尔什维克的做法表示谴责。威尔逊主义的自由主义破坏了社会稳定。列宁主义的阶级专政不合情理。那么，还有另一种选择吗？这正是英国多元主义者和社会主义者，在德国学者的带领下，自1900年以来一直在问的同一个问题的另一版本。实践证明，个人主义是不稳定的；集体主义危及自由。人们是否有可能超越这个二元选择？

卡尔·波兰尼在他离开匈牙利之前动荡不安的那几年里，都困居于病床之上。他没有直接加入卡罗里的政府。到苏维埃共和国宣告成立时，他的病情已有所好转，并在社会生产人民委员会谋得了职位。三个月后，他满怀着沮丧辞去职务。这一直接作为官僚机构的一部分并得以掌控指令经济的经历，有助于解释为何之后他一移居维也纳就对替代生产集中化的其他社会主义选项产生了浓厚的兴趣。但更有意思的是，波兰尼在何处发现诸选项的。在他抵达维也纳后的三年里，波兰尼成了G. D. H. 科尔著作的热心读者和行会社会主义的拥护者。"英国社会主义者的实践证实了我工作方向的价值所在，"他在1921年给其弟的信中这样写道，"以基督教的视角来讨论社会问题——这就是我的社会主义。"[35]

贾希等人也被波兰尼说服了，相信"英国社会主义实践"的发展所带来的好处。[36]到1923年，在给迈克尔的信中，卡尔·波兰尼写道，自己已加入了与英国同仁一道探索如何走出19世纪自由主义带给欧洲的危机所制造的困境的任务。波兰尼这么写道，无论是对国家的批评还是对利益动机的批评，都走错了方向。

> 我们即国家，我们即资本——但我们以什么形式成为这二者？在我们弄清这一问题之前，我们都只能权充资本和国家的仆役。然而，当我们创造出能使我们的视野超出这些符号的生活形式时，我们就能够理解这一问题了。但我们如何才能创造这类生活的形式呢？这才是问题！我认为创建这类形式需要借助于受基督教精神浸润的生活。[37]

在上一章，我们看到，科尔的视野超出了当代关于国家和团体的"本质"的争论，他开始思考"使得人们参与社会行动的动机和冲动"，以及使得人们通过"作为孤立或私人个体行动相应的补充完善的团体来行动时"，驱动他们的"意志"。科尔的方法受到其时代的社会心理学家罗伯特·米歇尔斯和格雷厄姆·沃拉斯以及18世纪的批评家让—雅克·卢梭的启发。在他待在维也纳的那段时间里，在阅读科尔的作品之后，波兰尼既已发现，威尔逊主义和列宁主义的制度蓝图都不是构想出一个人在当代危机中得以安身立命的方式的可靠手段，他开始着手从事与科尔之探索相类似的事业。波兰尼同样参阅了同时代的社会心理学家、人类学家和社会史学家的作品。他也阅读卢梭，但他后来将因卢梭的一个同时代人而更加受益，那个人就是亚当·斯密。

红色维也纳

我们不清楚，准确来说波兰尼是以什么方式接触到行会社会主义思想的。许多20世纪早期的匈牙利政治家和知识分子都是亲英派，这是英国支持1848年匈牙利革命带来的遗产。[38]伽利略圈子阅读H. G. 威尔斯著作的事迹，也只是匈牙利知识分子与英国作家和评论家之间一系列长期的重要际遇中最近的一个片段。被暗杀的总理伊斯特万·蒂萨在抵制人们支持选举权和土地改革的上升浪潮时，也模仿着格拉斯顿时代的英国自由主义。而如我们前面所见，大战期间，展望着道德复兴的知识分子们也从不知名的英国人那里寻得其口号："人，不是手段。"[39]但是，如果说波兰尼对行会社会主义的认识远远超过了英国思想对他耳濡目染所能达到的程度，那这之后所隐含着的原因，几乎可以肯定地说，同他与战后抵达维也纳的众多英国救援人员之间的联系有关。

匈牙利难民于1919年和1920年出现在维也纳，当时城市因引入了帮助解决战后物资短缺和难民流离失所的人道主义救济者而人员充沛。许多救济者都是英国人，大多数是学生基督教运动的成员——管理救济计划的联盟组织"欧洲学生救济"的英国分部。1920年，波兰尼前往当时为欧洲学生救济代表所在地的维也纳大学——为未来的妻子伊洛娜·杜钦斯卡寻求帮助。接待他的工作人员是个苏格兰人，名叫唐纳德·格兰特，毕业于爱丁堡大学，成长于一个富裕的长老会家庭，大战期间因反对战争而被监禁，他携新任妻子艾琳来到了维也纳，帮助当地人整理他一点也不想参与其中的战争造成的一团糟的局面。[40]格兰特一家都是社会主义者，但吸引他们的是科尔和托尼的社会主义，而不是费边社的。

如果波兰尼确实是通过唐纳德·格兰特和艾琳·格兰特才熟识了行会社会主义的，那么这也是伊洛娜·杜钦斯卡为他的生活带来的一系列改变中的一份记录。李·康登（Lee Congdon）写道，杜钦斯卡"在波兰尼的心中创造了奇迹"，1905年波兰尼的父亲去世后，他的世界就已经失去了情感活力和感情关系，而杜钦斯卡在一定程度上将他失去的东西重建了。[41]波兰尼后来描述自己的处境时说，他从一战战场回到家后，就陷入了哈姆雷特式的忧郁和犹豫不决的状态。他无法下决心去生活，去承担他对这一堕落世界应有的责任。在1954年刊载在《耶鲁评论》上的一篇关于莎士比亚戏剧的袒露真情的批判反思文章中，波兰尼将"道德敏感"、"智力极高"和"气质不稳定"建构为能解释哈姆雷特惰性的"内在行为障碍"，并将他出现被证明是无法克服的惰性时刻同"（哈姆雷特）爆发出'健康冲动'，男子气概人格残余的正常行为时期"做了比较。[42]杜钦斯卡帮助波兰尼找到了足以克服自己内心障碍的力量。

杜钦斯卡出生于布达佩斯，是匈牙利人和波兰－奥地利贵族通婚的后代。她的波兰裔父亲在年轻时逝于美国，她对她家族的匈牙利士绅（她母亲一侧，他们并不赞同这场婚姻）怀有不满，因为他们一生都没有给其父亲机会。据说杜钦斯卡"为自己生来是女性而诅咒自己"。[43]身为青少年的她认为自己就是屠格涅夫笔下的巴扎罗夫。她首先是把希望寄托在她表弟——诗人菲伦茨·贝卡希（Ferenc Békássy）身上，他曾在剑桥修读历史，并被选入剑桥大学的秘密组织使徒会（Apostle），但却于1915年在大战中丧生。其后她又把希望放在了鼓动她从事密谋活动，并让她与伽利略圈子取得联系的激进分子埃尔文·萨博（Ervin Szabó）身上。1915年，杜钦斯卡前往苏黎世联邦理工学院学习工程学。在苏黎世，她学会了使用武器，并与密谋阻挠帝国主义的战争企图的社会主义流亡者建立了联系。

她后来一直牢记她目睹列宁在图书馆里工作的一幕。[44]她于1917年春回到布达佩斯，然后就开始策划暗杀蒂萨（保守派总理，第二年将被不明势力杀害）。[45]她与伽利略圈子建立联系（波兰尼此时缺席）也不过是她密谋的一部分，这样，她就不会在暗杀事件成功后，被误认为敌国特工。在她发觉圈子里的政治意识平庸沉寂后，她组建了属于自己的"革命的社会主义"派。但在1918年的前几个月，她就被逮捕并入狱了。当年的晚些时候，卡罗里掌权，其后就释放了她。库恩·贝拉带领的共产党上台后，共产党派杜钦斯卡前往苏黎世，为他们的事业与瑞士报纸编辑——两次世界大战间欧洲强大的舆论制造者——争辩。1920年，她离开瑞士赶赴俄国为共产国际工作，在那里待了四个月，然后前往维也纳，与流亡的匈牙利共产党共事。

波兰尼与杜钦斯卡相遇于维也纳。他们于1922年结婚。之后波兰尼的思想变得更加坚定和世俗化，也开始更频繁地写作和发表。1922年，他在《社会科学和社会政策档案》（*Archiv für Sozialwissenschaft und Sozialpolitik*）上发表文章以发展行会社会主义思想。[46]路德维希·冯·米瑟斯在同一刊物上与他辩论，而F. A. 哈耶克后来把波兰尼的文章视为社会主义者在价格计算论战中做出的关键贡献之一。[47]变化不仅仅显现于波兰尼一人。在波兰尼的影响下，杜钦斯卡撰文批判指责匈牙利当局军国主义、不道德和腐败。她被指责为"卢森堡主义离经叛道"而遭正式开除。[48]此后，波兰尼夫妇双双加入了奥地利社会民主党，并为奥斯卡·贾希主编的《维也纳匈牙利周刊》杂志撰稿。

与杜钦斯卡相爱在一定程度上有助于波兰尼找回自己的活力。在红色维也纳的生活则更进一步地为他的恢复赋予了灵感。1922年，根据奥地利两年前颁行的联邦宪法，维也纳宣布成为自治州。社会民主党现在失去了在整个奥地利联邦的权力，于是开始着手进行一场复兴道德的激进实验。

税收改革使尚处襁褓之中的自治州能够利用城市的财富来为新的教育和福利计划提供资金。在战前基督教民主党领导之下所做出的发展的基础上，怀揣着与卢卡奇在1919年担任匈牙利教育人民委员时相类似的雄心壮志，维也纳的社会民主党领袖出于一种综合了"社会责任的意识"的态度，建立了医院、托儿所、学校，尤其是建造了住房。[49]波兰尼和杜钦斯卡搬进了一个破败的工人区，住进了一幢"古老而肮脏的房子"里的一间公寓。[50]目睹了红色维也纳的转变，使得波兰尼相信，超越威尔逊主义和列宁主义社会秩序原则的替代方案是可能存在的。实打实的改革正在巩固日益强烈的社会团结精神。此外，这一不断成长的社会空间不受任何社会政治暴力的污染，也不需要为人们的团结统一而付出额外的社会代价。社会前进的动力既非个人主义的，也不是集体主义的。波兰尼后来用"西方文明的至高点之一"来形容他在红色维也纳度过的这12年。[51]

并不是只有波兰尼一家有这样的想法。战后前来援助的英国人多次往返于两国之间，赞美该城市在接下来十年中的成就。波兰尼同他们建立了些许联系网络。网络的关键节点仍然在艾琳·格兰特和唐纳德·格兰特二人身上。他们从维也纳向英国写信，为波兰尼同约翰·麦慕理（1935年托尼在《新政治家周刊》上发表的评论中对这位道德哲学家的思想同波兰尼的思想进行了一并讨论）建立了联系，并于1933年将麦慕理及其妻子贝蒂带到了这座被围困的城市，以便与波兰尼面谈。20世纪30年代早期，时值奥地利联邦政府中的农民党和极端民族主义政党的成员正计划将社会主义者赶出维也纳，格兰特一家住回了伦敦，他们组织起一个非正式的游说团，以"唤起英国公众舆论对奥地利民主的同情"。[52]在1933年和1934年，格兰特一家先后两次为波兰尼弄到了向查塔姆研究所描述维也纳问题的邀请函。[53]他们家在格德斯绿地，空出了一间房子供意气相投的游客光顾，并因其热情好客而为"维也纳的一些圈子"所津津乐道。[54]

1923年，贾希面向流亡者的杂志《维也纳匈牙利周刊》因财务压力而倒闭。波兰尼接受了为《奥地利国民经济》撰写文章的工作，其领域是国际事务。但如何面对法西斯主义的威胁很快就成为他的当务之急。奥地利最初的法西斯势力（在20世纪20年代后期开始发迹）一开始倾心于墨索里尼的意大利。但波兰尼对意大利法西斯主义（相对原始、无教条，不过是机会主义者在衰败的弱国中夺权分赃而干出来的好事）并不怎么在意，却对德国国家社会主义迫在眉睫的威胁感到警觉。贾希于1924年移居美国，在俄亥俄州奥伯林学院担任教学工作，他确信，当代欧洲没有"他曾为之奋斗了三十年"的民主、自由和联邦政治生长的余地。[55]掌管红色维也纳的社会民主党人在同陶尔斐斯率领的极端民族主义者进行对抗的道路上疾驰，而这是一场社会民主党必输的对抗，波兰尼也因此开始对欧洲大陆的民主感到绝望。（杜钦斯卡的希望还没这么快消散。维也纳的社会主义者因内战迫在眉睫而组成了准军事团体"护卫队"（Schutzbund）以保卫这座城市，杜钦斯卡则同护卫队的同伴们一起拿起了武器。）[56]波兰尼不得不考虑又一次出现的财务困难。同贾希的《维也纳匈牙利周刊》一样，《奥地利国民经济》在20世纪30年代初也面临着巨大的压力。波兰尼是怀着对大陆民主的政治希望，而对在维也纳谋得生计抱有希望的，这一希望却正在急剧消退。在绝望开始萌生的情况下，波兰尼加深了对英国民主的爱慕之情。[57]

到了1933年春天，波兰尼正考虑离开维也纳赶赴伦敦。[58]其弟迈克尔则建议他不要做任何仓促的决定。卡尔忽视了他的建议，在卡尔到达英国后的那一年里，两人之间剑拔弩张，使得卡尔终日"黑着"脸，这在一定程度上堪比他父亲的死带给他的负面影响。[59]迈克尔——凌厉、活泼同时也很浮躁——因哥哥长久难于克服他的"内在障碍"而感到不耐烦。迈克尔得了忧郁症，这是卡尔在同他于1934年间发生的种种事情中，为数不多能够理解的阻隔在他俩之间的事情之一。[60]此外他们还有政治分歧。迈克尔一直是星期日社团的成员，而星期日社团是战时布达佩斯的两个小集团中更为形而上学的那一个，其中许多成员一开始赞颂陀思妥耶夫斯基，其后倒向列宁，期待着列宁从东方发起能促进全欧洲的道德复兴运动。但迈克尔·波兰尼与布尔什维克主义没有什么往来。[61]卡尔·波兰尼从未称赞过列宁，但他比他的兄弟更加尊敬苏联在社会主义实践中所取得的成就。

在1933年6月和11月的试探性访问期间，波兰尼为他和G. D. H. 科尔收获了一位共同读者，隶属工党的新生代经济学家埃文·杜宾，他是R. H. 托尼的门徒，还是《经济学人》的编辑。他原本希望见到托尼和约翰·梅纳德·凯恩斯，但结果却令他失望。[62]波兰尼也与休·盖茨克（Hugh Gaitskell）结为好友，盖茨克是杜宾的朋友也是其同辈人，同样也受托尼的照料，当时他因洛克菲勒资助的交换项目而来到维也纳在大学讲课，期限为1933年的整个秋天。[63]他同格兰特一家一同住在格德斯绿地，并开始在英国学生基督教运动中结识新朋友，或者说，他结识的都是在学生基督教运动的成人附属团体中的成员，而格兰特一家正是其活跃成员。

直到1933年12月，波兰尼才决定移民。[64]他的计划是在英国找份"恰当的工作，例如在工人学院等当经济学讲师"。[65]但事实证明这很困难。因为移民援助计划，可用的大学职位正不断被德国人所填补，行将耗尽，而显然波兰尼并不符合这一资格。事实上，在1934年和1935年，他收入的主要来源地不是英国，而是美国：通过做一系列横贯美国中西部的令人精疲力竭的讲座，波兰尼补上了因放弃在《奥地利国民经济》的职位所损失的收入。[66]他的妻子和女儿起初留在维也纳。在1934年晚些时候他的女儿搬了过来，而杜钦斯卡直到1936年才离开。恰恰好是在1936年，波兰尼才在成人教育领域找到了稳定的教学工作。

法西斯主义

波兰尼待在英国的第一年实属艰难。他曾设想，他的兄弟（通过曼彻斯特大学和曼彻斯特文学和哲学学会，迈克尔几乎一到英国就立即被增补进了一个富有影响力的人际网络，其中包括历史学家劳伦斯·哈蒙德、芭芭拉·哈蒙德以及刘易斯·纳米尔）会将自己的怨恨抛在一边，而"尽他所能地帮助我在英国立足"。[67]但卡尔错了。迈克尔保持了冷漠。[68]相比之下，格兰特一家还有麦慕理继续为他的利益而做出了不折不挠的努力。麦慕理提出的一项倡议变得尤为重要。1933年，麦慕理开始与汉学家、圣公会平信徒李约瑟以及神学家查尔斯·拉文合作编写将以"基督教和社会革命"为题出版的著作的最后一卷——托尼将于1935年11月在《新政治家》周刊中提及的那册书。1934年2月，在波兰尼抵达英国前夕，该卷本来定好的编辑生病了。于是麦慕理提名波兰尼来代替他，在推荐理由中提到了他在《奥地利国民经济》的编辑经验，他还主动让艾琳·格兰特为他提供帮助，以扶助这位"外国人"更快地适应其岗位。[69]

对于波兰尼来说，与被列为该卷的编辑相比，较为不重要的是，他自己的贡献引发了人们对他的注意。用他自己的话说，他的文章——《法西斯主义的本质》——"引发了不小的震动"。[70]在1935年，英国的社会和政治思想还没有包含精确的法西斯主义概念。[71]墨索里尼治下的意大利赢得了相当的公众同情，奥斯瓦尔德·莫斯利的英国法西斯联盟则试图利用这种同情。1933年以后，"法西斯主义"越来越成为"纳粹主义"的代名词，这急剧限制了它的吸引力。对希特勒的态度受到了人们早先对抗"普鲁士主义"的回忆的影响。但在高涨的反德情绪之外，反法西斯主义仍留待理论化。之前，波兰尼曾着手分析意大利与德国法西斯运动之间的不同。在他为《奥地利国民经济》写的对欧洲发展的分析中，我们可以看到，思考20世纪20年代后期影响德国国家社会主义的社会哲学的发展成了他的主要关注点。波兰尼的分析促使（托尼在《新政治家》周刊上发表的评论表明）人们发现，那种认为纳粹法西斯主义与布尔什维克主义会在大战中相互陷入两败俱伤的困境，以使英国可以保持观望距离的想法，不过是空想。托尼对波兰尼的想法加以转述，并解释说，纳粹法西斯主义者在决心碾压共产主义时，同时也发现，"有必要尝试去消灭基督教"，同时要将作为"巨大的差错"的"两千年欧洲历史加以否认"。[72]《基督教和社会革命》通过证明包括来自纳粹的敌意在内的基督教与共产主义间的众多共同之处，有助于巩固和澄清埋藏在英国左派心中的那一日益成长的想法，即不可能与希特勒妥协。[73]

更具体地说，《法西斯主义的本质》以与他在20世纪20年代创建的资本主义批判相称的术语，描述了属于希特勒德国的社会哲学（这就是使托尼开始特别在意波兰尼的原因）。此外，我们很容易看出，波兰尼关于法西斯主义的文章，是试图超越个人主义与集体主义之间的二元选择的尝试——因此我们也能辨认出他对英国既有的但不稳定的社会秩序的替代选择的讨论，而这正是为托尼对资本主义的批判所激发的。

正如我在第一章提到的，一连串英国社会和政治理论家，从多元主义到行会社会主义，再到托尼的基督教社会主义，一直试图将他们的读者和追随者从某种似乎只把个人主义或集体主义当作唯一选择的范式中解脱出来。在这种范式中，不断加剧的"社会问题"的言下之意即，自由资本主义必须去服从某种形式的"上帝－国家"的集体主义。托尼和科尔在其中发挥了重要作用的知识运动的目标就在于，通过与秩序的其他可替代原则进行衔接，来超越这种二元的范式。多元主义者转向了基尔克的合作社原则以其为彻底改造英国法理学的手段，但他们的做法最终流产了。科尔对社会行动的"冲动"和"意志"极有兴趣，他援引了当代社会心理学中的话语以及这些话语在18世纪的特定样式。托尼则通过引用新教神学，赋予了行会社会主义方法（受到从威廉·莫里斯和约翰·拉斯金那里继承下来的对"伙伴关系"的审美幻想的启发，强调社会生活中的个人所"召唤"出的"人类品格"）更大的动力。

德国法西斯主义的出现凸显了实现这一思想发展的紧迫性。波兰尼揭示了法西斯主义社会哲学的实质，即一种为人们在面临个人主义秩序原则的衰弱时寻求集体主义解决方案的必然性做巩固加强和辩护的企图。波兰尼还点明了，法西斯主义理论家们为了使他们的运动在易受影响的当代人面前留下好印象，而顽固地坚持认为二元选择实际上是无法避免的；而这种二元论是英国社会和政治理论家（从多元主义到行会社会主义再到托尼的基督教社会主义）一直试图使他们的读者和追随者摆脱出来的。

在波兰尼对法西斯主义社会哲学的阐述中（他将其与希特勒的德国相联系，而非墨索里尼的意大利），他以维也纳大学哲学家奥特马尔·施潘（Othmar Spann）为这一社会哲学的代表。20世纪20年代早期，施潘作为维也纳大学的讲师一夜之间轰动全城，主要是因为他带领他的学生到城市外的树林进行"仲夏冥想"，而冥想中对世界的直觉印象要由在炽热的煤炭上行走来引发。[74]施潘的思想转向了对个人主义的批判。波兰尼将施潘的主张加以释义道，"个人主义，必然将人类视为在精神上'自我独立'的自足实体"。[75]而这种所谓的个人性是非真的。"其精神专制只不过是处于幻想中。它的存在说到底不过是种虚构。"[76]这是对第一次世界大战末期，常见于中欧知识分子身上的原子化或异化的批判。施潘（波兰尼挑出来的法西斯主义代表）进一步批判了资本主义个人性，他坚持认为"人类作为在精神上'自我独立'的自足实体"的概念同等地影响了社会主义（特别是布尔什维克主义）和社会主义产生之前19世纪欧洲的民主。资本主义、社会主义和民主都建立在个人主义原则之上。他们都把个人视为自足的实体。而对施潘来说，基督教使"精神专制"成为不同序列的理论中关于人类处境之观念的温床。施潘不喜欢建立在对自我与社会之间关系的错误理解基础上的各色有缺陷的哲学，他转而称颂Ganzheitslehre的社会哲学，翻译成英语即"普遍主义"或"极权主义"。[77]个人主义创造了一种使个人过于自我的世界。而在煤炭上完成的惊险动作旨在帮助学生发现那些被自我所遗忘的美德。法西斯主义将创造一个世界，而在这个世界里，先前的"自足实体"将丢掉所有对他们自己独特身份的感知。

波兰尼欣然承认，施潘对个人主义的批评有值得辩护的地方。他承认，施潘如此构想出来的反个人主义的论点——其"精神专制"是"处于幻想中的"，其"存在只不过是种虚构"——"确实"是"令人信服的"。[78]但他否认资本主义、民主和社会主义都能适用于施潘的谬论。他还否认了施潘所攻击的个人主义形式与基督教"人和社会总体的观念"有吻合之处。[79]波兰尼辩称道，施潘试图用陀思妥耶夫斯基在其小说中攻击资本主义文明时用过的同样的那把刷子，来抹黑民主和社会主义。施潘用以为法西斯极权主义做辩护而充作借口的个人主义思想不是社会主义或民主意义上的个人主义。他所说的个人主义更像是陀思妥耶夫斯基《群魔》一书中基里洛夫的个人主义。那么区别何在？一言以蔽之，在于上帝。施潘攻击的无神论的个人主义，是只出现在人们假设上帝不存在的地方的个人主义：如果上帝不存在，那么我，基里洛夫，就是上帝。[80]相比之下，社会主义和民主实际蕴含的个人主义，在定位上却是"基督教"式的。

人们如果正确理解了民主和社会主义，就会知道它们受到了神学的启发。在这方面，社会主义和民主确实是相互一致的：两者奠基于"基督教个人主义"原则之上。这种"基督教个人主义"同施潘试图用来完全涵盖资本主义、社会主义和民主三者的"无神论个人主义"简直南辕北辙。

准确地说，基督教个人主义的来源正好与绝对者处于相反的关系。"人格之所以有无限价值，是因为有上帝。"[81]

无神论个人主义并没有减损个人的价值。更可能的是，它通过将个人塑造为"上帝"，来使其价值增值。这两个原则之间的差异，不如说是它们对个人的价值来源的基础的认定不同。在无神论个人主义下，个人之所以拥有价值，是因为"上帝不存在"。而根据基督教个人主义，"相反"的关系则普世通用。个人之所以具有无限的价值，是因为"上帝存在"。但那并非完整的解释。这两种价值都建立在为个人带来蕴含着有关个人与社会之间关系的不同隐喻的价值之上。在无神论个人主义下，个人对社会毫无用处，用施潘的批判术语来讲，即他或她是"自足的"。但基督教个人主义包含了自我与社会之间两种可能的不同关系序列。正如托尼在《宗教与资本主义的兴起》一书中谈到的那样，人们可以以不同的方式来想象人类个体同基督教上帝之间的关系。有种看法（对托尼来说，这就是宗教改革的源头）认为人们可以在没有社会的条件下获得救赎，救赎是"单独（Solus cum solo）实现的，是处于心中的并且只在心中的一种声音"。[82]基督徒个体信守着一种观点，即他或她与上帝的关系维持了他或她与社会的关系，而这种与社会的关系实际上可以与无神论者所持有的看法相比较。他或她不需要通过社会来获得自己的救赎。当然也还存在着其他关于基督徒个体即他或她同社会之间的关系的看法。而托尼将这一看法同中世纪联系了起来，并且希望能够在现代性中将之培育，因为这种看法坚称个人处在"人所建立的社会制度"之中并通过"人类建立的社会制度"而与上帝相关联。[83]波兰尼详细阐述的正是后一种看法。他在于1935年写就的文章中为这种看法正名时使用的明确的术语，正是神学的。这是"全人类手足情谊的教义"的一种内涵。

手足情谊的教义告诉我们，在共同体之外并不存在真实的人格。共同体的实在性就是人与人之间的关系。正是上帝的意志告诉了我们共同体是真实的。[84]

正如我们将在下一节进行讨论的那样，我们需要认真对待波兰尼在这些年表现出的对神学术语和基督教教义的依赖性。比起神学信条，波兰尼信守的更多的是自然神论和历史性的根基，他在对自我与社会之间关系的思考上坚信的是后两者。但无论他的根基何在，毫无疑问这就是波兰尼自己的看法。在未来，他将花近20年的时间研究英国社会和经济史以及古代文化的经济，其后他如此写道："亚里士多德是对的，人不是什么经济的存在，而是社会的动物。"[85]

民主主义与社会主义通过与基督教共有的历史联系而具有的共同特征在于关于人格的思想。它们在谴责继承自19世纪的个人主义的特定形式上，与法西斯主义者是同路的。但是，法西斯主义将这种谴责作为反个人主义社会哲学的基础，而这种社会哲学则敦促个人放弃自己，使自己从属于社会整体的幻象。而社会主义者和民主主义者（波兰尼说明道），能一直认清自己的真实立场正介于这两个极端之间，即不需要与社会产生关系的"精神专制"同完全消除自我的极权主义之间。

因有着基督教共同历史基础而统一起来的民主主义者和社会主义者，一致同意"关于人类最重要的事实"即在于他们的"人性"。[86]他们将人类个体视为"有着自己的能力的存在者，当他使用能力时，他将其用在自治和承担责任上"，而不是"作为机器或奴隶"。[87]正如托尼在他回复波兰尼的文章中写道，这些信条同法西斯主义之间的论战，更多地在于"对亨利·杜布那乱糟糟的灵魂的价值所做的不同评价之间（他提到了一部大受欢迎的美国卡通片，其中讽刺了工人的老实轻信），而不是在政治和经济组织的不同形式之间"。[88]但这并不是说，在那些同意"关于人类最重要的事实"就是他们的"人性"这样的老生常谈的人当中，只存在着足以召集论战的"充分一致的基础"。在托尼点评了《基督教与社会革命》一书后，紧接着的就是托尼同波兰尼间的一系列交流。而其结果并不是他们就所有事情达成一致，而是他们达成了足够的一致意见，以使他们的分歧更具启发性。

"超越耶稣"

基督徒和社会主义者共有着"关于人格的思想"。这一"思想"为他们的政治增添了道德和伦理的维度，同时在引发人们对纳粹法西斯主义的敌意（而且也是在为他们的反抗正名）的时候，并没有强迫政治组织从多元迈向统一。但到了1934年时，波兰尼到底是哪一种人——基督徒还是社会主义者？与1931年的教皇通谕的意思相反，这不一定是只能成为一者的问题。人们可以同时成为基督徒和社会主义者。还在布达佩斯的时候，人们尚有可能对这个问题保持模棱两可的态度。在诸如星期日社团这样的团体中，宗教形而上学被列为启发道德原则的来源，作为知识精英用以综合出一种新的社会哲学，而可以无视人们对其信条之忠实度的东西；而正是依借其信条，这些道德原则得以在相应背景下流行。波兰尼本人于1913年就已经承认了，"《新约》的天启具有社会主义色彩"。[89]在英国，情况有些微妙的不同。波兰尼到达英国时，英国基督教正处于普世教会主义大行其道时刻。[90]英国国教与不信奉国教者之间的争论缄默了，但却没有被完全弃置。[91]爱尔兰问题的临时解决缓和了其与天主教徒的紧张关系。[92]反犹主义声音微乎其微。大规模的移民仍在不断涌入，这使英国具有了多信仰的政治形态。但我们仍然要强调，在特定背景下，确定一个人到底是借用基督教的道德戒律的社会主义者，还是倡导社会主义的基督徒，是极为重要的。而波兰尼刚刚来到英国的时候，选择将自己表现为后者。

波兰尼的家人都是犹太人。在波兰尼那一代，皈依基督教的犹太人并不少见，这部分是因为犹太人资助了1848年反抗哈布斯堡统治的起义，于是其后的马扎尔政权为他们在公共生活中创造了空间，而他们也就被吸纳进了这一政权。〔波兰尼的父亲出生时名为波拉瑟（Pollascek），但同大多数人一样，他在自己孩子年幼的时候将自己的名字马扎尔化了，显然这不是出于恐惧而是出于自豪。〕迈克尔·波兰尼于第一次世界大战后皈依了天主教。但我们几乎能确定，他这样做更多是出于行政和婚姻的方便，而不是其信仰的表现。[93]1918年后，卡尔开始依靠《新约》的道德戒律来设想欧洲公共生活的重新道德化。但是就他而言，能表明其正式皈依基督教的证据则少得可怜。[94]历史学家通常将他描述为托尔斯泰式的"社会主义基督教"拥护者或者说"神学自由主义"的支持者。[95]

"人格之所以有无限价值，是因为有一位上帝。"这是波兰尼1935年的文章《法西斯主义的本质》的关键线索之一。[96]这也是托尼在过去的十年里，对资本主义进行批判的核心主张，托尼通过直接援引道成肉身的教义来为这一戒律正名，而正如我们所见，这一点在19世纪末20世纪初也是英国新教发展的中心。在布达佩斯，直到第一次世界大战末期，对源自基督教的某些道德戒律的重申，已经被知识分子视为实现他们正努力为之奋斗的道德复兴的可能手段。支持这些主张的，不是基督教信仰，而是某种自然神学的形式。[97]但在英国，道成肉身主义担保了"人类品格"的"价值"。在20世纪初的英国，道成肉身的教义成了"无可争辩的基督教原则"，而这规约了普世和解的限度。[98]波兰尼抵达英国后不久，就受邀以这些原则来公开承认其信仰，而在这种情况下，如果他不那样做，可能会对其前途不利。于是他决定那样做了。

当波兰尼初来英国时，他主要联系的对象都是热衷于社会主义思想的基督徒。格兰特一家都是基督徒，而他们在波兰尼于1934年抵达英国后，向他介绍的圈子中就有（如果我们不说大多数都是的话）许多是基督教。他们活动主要的讨论集会场所在学生基督教运动的成人附属团体之中，格兰特一家是其活跃成员。学生基督教运动名义上是一个基督徒组织，他们反对寂静主义或向往来世的宗教信仰，并决心为他们的信仰做积极的见证。[99]但在20世纪30年代，许多人认为该运动在通过积极活动为信仰做见证的方面做得不够。在波兰尼于1934年抵达英国后不久，以格兰特一家、麦慕理一家还有波兰尼为核心，他们在"附团"（我们以此来称呼学生基督教运动的成人附属团体）中组建了一个富有活力的小组，试图引导其团体变得活跃并直接地介入英国的"政党政治"。他们的依据是，在那危机深化的时刻，基督徒要是疏远这类活动的话，可以说是昧良心的。[100]但"附团"内部强烈反对这项倡议，尤其是因为该团体的计划是明确的左翼导向。它称自己为基督教左派。[101]而许多"附团"的成员在政治和神学方面都更为保守。不久之后，一个敌对派系突然出现，以反对来自基督教左派的挑战。由于基督教左派同情苏联的"社会主义实践"，而布尔什维克主义是无神论的，团体内部很快就开始质疑基督教左派思想的正统性。

1936年7月，基督教左派出版了第一期《新闻纪要》，在其行文中，其成员深信，有必要"在继续"关于"我们可能异于'附团'的那些主流信念"的讨论之前，"重申我们同其他基督徒所共同拥有的基督徒信仰"。[102]其行文继续列举了他们对"上帝是在自己所创造的世界中无处不在的超然存在"的信仰，对"个人救赎的需要"的信仰，对"原罪的真实性"的信仰，对"宽恕他人的需要"的信仰。该文继续声称，"我们相信由耶稣的生与死而达成的世界的救赎"。

我们赞成基督教关于上帝道成肉身于耶稣基督的教义。[103]

在某种程度上，有一种正统将两次世界大战之间的基督教运动结合在了一起，那即是道成肉身的教义。托尼和高瑞当然将其视为"无可争辩"的基督教原则。[104]这也是1936年基督教左派思想所接受的教义问答的基调。基督教左派的成员觉得，最需要重申的，恰恰是这一特别的教义，以此他们才能战胜"质疑其信念的宗教性质的'附团'右翼"。[105]波兰尼的名字赫然出现于宣言的签署者之列。

基督教左派显然并未强制要求其成员同意这一文件。约翰·麦慕理（他和波兰尼同为该组织的主要知识启迪源泉；他受基督教的影响，却厌恶教会；他在晚年是贵格派信徒）却没有签署宣言。当时麦慕理的情况与波兰尼不同，他在伦敦大学学院有道德哲学的教职。他能使自己置身于这类争议之外。即使在基督教左派中，成员们信仰的教义分布范围也相当广阔。（其成员包括英国高派教会的教徒肯尼斯·英格拉姆，还有至少一名活跃的共产主义者。）[106]正如我将很快讲到的，该团体的当务之急很快成了找到除新教神学之外的手段来维持现有的对资本主义的道德批判。不过《新闻纪要》是对外公开发行的刊物，在"附团"之中，正统大体上只在非常有限的意义上起作用。波兰尼来到这个国家还不到两年，还没有找到稳定的工作，并且深深地依赖于他人的帮助才能做出自己的成就（尽管他写的《法西斯主义的本质》是其一项成就），他依赖于格兰茨一家，依赖于基督教左派和"附团"的众多成员。波兰尼只得同意道成肉身的教条，因为他担心要是不这么做的话会削弱他的地位——在基督教左派中的地位，但大体来说他更在意的是在"附团"中的地位。[107]我们可以通过参考其弟迈克尔于10年后写的文字来弄清卡尔的情况，迈克尔·波兰尼出于方便而皈依了天主教，随后他在外出时总会随身携带一本《公祷书》，并自

20世纪40年代中期起，开始参加一个名为"集会"的平信徒组织的圣公会讨论组。在1948年的小组会议上，当成员们的讨论趋向神学化时，迈克尔意识到自己不能赞同对基督神性的普遍信仰。他写信给小组的会议召集人J. H. 奥尔德姆，告诉他，基于这一事实，他不得不认为自己是个"局外人"。[108]卡尔·波兰尼在1936年遭遇的情况与此相似，但他不能冒承认这一点所带来的风险。

如果他的理论没有新教徒神学的基础，那么是什么支撑了波兰尼对人类品格具有无限价值的主张？这对于麦慕理来说，也是一个问题。波兰尼和麦慕理在马克思的早期著作中找到了一个答案。托尼于1935年为评论《基督教和社会革命》而挑选了另一篇文章，其中麦慕理解释了"马克思早期思想的发展"，他通过指出"关于人的本质和可能性的概念"启示了马克思的"社会发展理论"，揭穿了所谓的"唯物主义者"对马克思滑稽可笑的模仿。这篇文章是波兰尼和麦慕理在未来四年内将继续在基督教左派的会议上合力坚持的早期合作成果。[109]

在20世纪的前25年，对资本主义的道德批判围绕着具有无限价值的人类品格这一戒律而得以发展。正如我们在此章和前一章所看见，把个性放在第一位并不是要维系19世纪的"自由主义个人主义"。个性是一种只能在社会中存在并且只能通过社会来实现的品质。伙伴关系就是生活，因为我们只有通过伙伴关系，才能发现每个人与其他人的区别之所在，发现他或她的个性；我们要认识上帝，最接近的途径就是人类的品格。个人主义那被拒斥的原则和当代社会和政治思想所倾心的集体主义替代选项都没有包含这种批评所设想的团结形式。个人主义，缺乏伙伴关系；而集体主义，则没有多元化。试图在现代法学范式中插入早先的观念（基尔克的合作社）来提取出社会和政治思想中的新原则的做法，最后也一事无成。而有些人则借助当代的社会心理学及其18世纪的先辈来寻求其他可能性——

G. D. H. 科尔开启了这一征程，并帮助托尼在道德批判上取得了成果。

托尼所开创的批判如何能够在没有上帝的情况下得到可与之比拟的道德力量的支撑？这就是基督教左派开始着手回答的问题。波兰尼在为1937年工人教育协会开设的讲座的课程大纲中写道，欧洲民主的"哲学根源"即"从《新约》中获得效力的人类品格的概念"。[110]但是，尽管英国高派教会的教徒也出席了基督教左派的讨论，但与托尼不同的是，波兰尼和麦慕理在他们的个人著作中以及在任何的基督教左派的通告中，都没有把道成肉身的教义看作人类品格的价值基础。实际上，他们在讨论中明确地将耶稣称作先知，而非上帝的化身。[111]在他们于20世纪30年代末为基督教左派写就的作品中，波兰尼和麦慕理以后来的先知，卡尔·马克思的见解取代了耶稣（记录于《新约》之中）的预言，而马克思的预言则记录在一系列刚刚以德语出版的早期著作中。[112]

我们不难确定，威廉·莫里斯称之为"伙伴关系"的东西，对马克思来说起着关键性作用。事实上，基督教左派声称马克思已经"超越耶稣"和《新约》中的友爱教条的基础就在于，马克思对现代工业条件下伙伴关系的重要性有着更为精确的把握。基督教左派将耶稣教义的权威性局限于前工业社会。他们表示，在对托尼关于使"传统的社会学说"适应现代经济和社会条件的问题的回应上——"谁是我的邻居？我到底怎样才能使我对他的爱实际生效？"——《新约》没法给我们任何回答。[113]在工业化现代性的特定条件下，"阐明""人的宗教状况"所需要的学说远远超出基督教教义之外。[114]

耶稣并不把社会视作人类自由和共同体在其中得以实现的必要框架。在他的时代，社会的历史发展并没有达到必须在工业社会的社会组织之内，通过这一社会组织来解决人类自由问题的程度。而马克思生活在复杂的工业社会得到发展的时代，他承认在面对个人和社会的利益时，我们必须超越社会。[115]

在一份不同的通告中，基督教左派的成员断言，"耶稣所发现的，关于人类生活的基本真理"即是"人只有在与他的同胞交往时，才能发现其真实本性"。[116]

要从马克思那里提炼出能与基督教概念相等价的关于人类品格的无限价值的想法要来得更加困难。正如托尼在他对波兰尼和麦慕理《基督教和社会革命》中的文章所做的评论解释的那样，马克思的早期著作概述了"关于人的本质和可能性的概念"。但马克思也曾描述了他对这种本质的否定和对这些可能性的失望，因而没有提供任何关于人格的肯定概念。马克思的早期著作都从"非个人"的维度来看待"异化"或者说"离异化"——不是从个人心理意义的维度来说，而是就其客观条件这一方面而言，这一维度不指向发生于某人身上的事情，而是指向发生于所有人身上的事情。[117]劳动分工使个人与其劳动成果发生了异化或者说离异化，而其劳动成果正是他们生活意义的主要来源。就这些段落而言，在波兰尼看来，马克思似乎试图坚定地阐明"一种明确的个人概念"，"他在文段的许多页中挣扎着试图表达其本质"。因为马克思对个人的描述是这样的，"一个存在者即一个想以某种激情的方式将自己的激情传达出去的人"。他还解释说，"激情因而是试图强烈地接触其客体的人的本质"。不过，马克思对个人的定义仍然是"复杂的且不确定的"。[118]

在道成肉身的理论下，人类品格显得非常重要，这是因为它是我们为了认识上帝而所能达到的最近点。波兰尼、麦慕理同基督教左派在阅读马克思时，最终也发现了一种类似的主张：我们在我们的同辈和我们自己的人类品格上认识到的，并不是上帝，而是"完美事物的保证"，克服了自我异化现象后的社会"理念"。一旦人认识到了自我异化这一事实,"根据其本质",他就会抵制这一自我异化;"不接受作恶之现实"。换句话说,就是未经改良的资本主义,"在那一现实之下,只会有人自己反对自己"。此外,该本能反应在促成可能会产生新生活方式的转折关头,发挥了至关重要的作用。事实上,人们的这一反应受到了社会生活的理念的启发,而这一理念只有通过拒绝"接受作恶之现实"才能得以实现。"人类自身早已有着对完美之物的保证",这里所说的保证指的就是这一为劳动分工所丰富而又不会受困于自我异化问题的社会的理念。[119]道成肉身主义的基督徒在每一个作为个体的人身上都发现了上帝。对马克思的早期著作形成了自我解读的基督教左派,则相反,在每个人身上都发现了"完美之物"的"理念"——超越自我异化的社会。E. P. 汤普森后来借用威廉·莫里斯的话,称之为"超越变化的变化"。在为他们于1937年创建的学习小组写的第二份公报中,波兰尼将马克思主义描述为"富有先见之明的教诲——自耶稣以来最重要的——对历史上栩栩如生的真理的揭示"。

> 人的真实本质是反抗资本主义的。人际关系才是社会的现实。尽管存在着劳动分工,人与人之间的关系也必须是直接的,即亲身体验的。生产资料必须归共同体掌握。人类社会将会是真实的,这是因为它会是人道的:它会是人与人之间关系的总和。[120]

在波兰尼对自我异化得以被克服的辩证过程的阐述中,通过认清这一离异化("作恶的现实",而"人的本性"注定要反抗之),波兰尼重申了马克思对客观动力的重要性的强调:

> 马克思说,仅仅将理念推向现实是不够的;现实本身必须推动理念的达成。[121]

格奥尔格·卢卡奇于1922年写就的《历史与阶级意识》启发了基督教左派对早期马克思的解读，通过借用卢卡奇的术语，波兰尼找到了足以证明反抗资本主义并迫切要求实现不同的人类品格概念的人们存在的正当理由。[122]人的神学概念因经文的真实性、教会的权威以及个人信仰和共同的信仰的热情而获得了其根据。马克思给出的关于人类品格的神学概念的世俗替代选项需要有一些别的检验方法。而波兰尼将在历史中为其找到明证。

基督教左派的第二次公报（这是1937年12月一周研究和静修的产物，在这一周里，他们将时间主要花在了研究马克思的早期作品上）在另一个方面，从历史角度关注了"英国工人阶级意识"。当时，波兰尼已经完成了将于1944年出版的《大转型》一书的大纲和部分初稿。在该书中，波兰尼将试图捍卫其主张，即基督教左派有关早期马克思的通告中以概括性术语描述的英国社会转型，自19世纪30年代以来就一直在进行。"人的真实本质是反抗资本主义的"的陈述，以及人们将在这一反抗中遭遇的关于"完美之物"、非异化个性的"理念"，成了基督徒左派声称人类品格至关重要的主张依据。而对这一理念真切地存在于每个人身上的保证，并不存在于经文或教会教义中，而是存在于历史之中。在波兰尼的作品中，人类品格所持有的无限价值的基础不是某种宗教教条，而是一个历史命题。

对波兰尼来说，20世纪的前25年于英国发展起来的对资本主义的道德批判是很有道理的。在见证了哈布斯堡王朝的崩溃和威尔逊自由主义原则对清理随之而来的混乱的无力之后，他看到了个人主义难以获得成效的结果。他放弃了早年的经验主义，并开始相信，某种程度的道德复兴——将感情和意义重新投入到原子化的社会生活之中——是极为必要的。同许多他在布达佩斯和维也纳时混迹其中的圈子里的人一样，波兰尼倾向于把基督教视为道德戒律的来源。这一倾向在20世纪20年代初期有所强化，因为他越来越谙熟于科尔尤其是托尼的社会主义。与此同时，在匈牙利苏维埃共和国的失败中，但更戏剧性的是在20世纪20年代中期法西斯主义意识形态的威胁在维也纳出现的征兆中，波兰尼发现了曾经困扰其英国同行的从个人主义向集体主义转变的倾向。他在行会社会主义的"工业的自我治理"理念中，发现了某种处于雏形的替代方案，某种逃脱了在个人主义和集体主义之间做二元选择的方法。他在见证红色维也纳的成功之后，开始认为这些替代方案能够奏效。而在他抵达英国时，已经对由托尼所阐述的对资本主义的道德批判感到由衷的赞同，而其阐述可谓是多元主义者自世纪之交开辟的这一新生事物在当下的发展支柱。波兰尼于1935年发表的文章《法西斯主义的本质》，既宣告了他在英国的登场，也证明了他与道德批判的立场一致。

尽管波兰尼自己最初表现为一个基督教社会主义者，一个道成肉身的信徒，对他来说，人类品格正因其是一种认识上帝的手段而具有无限的价值，但他对基督教的"皈依"实际上并未走远。他接受了其道德准则，而非其高高在上的教典。他的信仰是自然神学的。他发现某种社会冲动遍及各地，而需要有一种用以理解它的术语。虽然他一开始接受的是基督教社会主义的术语，但他是为了方便而非出于信念才如此。同时他还为人类品格具有无限价值的主张寻找可支撑的世俗基础，以与托尼对资本主义的批判的道德力量相匹配。他在马克思的早期著作中找到了作为替代的基础。新教神学重视个体性，因为我们是通过个性来认识上帝的。马克思（就波兰尼的解读而言）认为个体性很重要，因为通过个体性，我们才能找到"对完美之物的保证"，才能发掘出摆脱异化后的关于理想社会的理念。

对这一支撑人类品格的价值或重要性的基础的改变并没有改变托尼所发展出来的对资本主义道德批判的根本要义。伙伴关系仍然意味着生活，因为人们通过伙伴关系才得以辨识出人类品格。即使是在新的基础上，人的品格仍然是至关重要的。资本主义既不道德也不稳定，因为它阻碍了伙伴关系，又贬低了人类品格。而在现存的社会和政治思想的限制范围内，试图对不道德和不稳定进行补救——用国家取代市场，用集体主义取代个人主义——则催生了虚假的团结形式，并危及多元性。所有这些托尼在其批判中提出的命题都在波兰尼的作品中重现，这是因为他有着（我们很快就会看到）在充满传统、习俗和惯例的非正式的制度中寻找替代方案的倾向。

但是，使人道的马克思主义而不是道成肉身的神学成为人类品格价值基础的做法，也使波兰尼的批判同托尼的批判产生了显著的差异。托尼将他对资本主义的批判写成历史。可托尼不需要在历史中为他关于品格的价值的戒律和伙伴关系的重要性寻求什么保证。神学为他提供了这类保证。《宗教与资本主义的兴起》通过将东伦敦的生活与托尼在北方发现的团结形式之间的差异夸张化，与大多数读者的当代经历拉开了距离，从而明确表明我们今日的生活并非一直如此，甚至可能极为不同。但是我们所见到的是，到了20世纪30年代后期，许多托尼作品的阅读者（尤其是那些开始阅读马克思的人）抱怨托尼没有在他所描述的两个社会（当下暴躁的、原子化的社会同过去和未来处于和谐秩序的社会）之间建立"桥梁"。波兰尼坚持同样的道德戒律，但他的坚持不是建立在神学基础之上，而是在早期马克思的历史人类学之上的。一方面他要回应近人对托尼的方法的批评，另一方面，因为他需要捍卫他那关于"完美之物"（即在《大转型》之后诞生的社会）的观念是人类品格不可或缺的一部分的命题，波兰尼把托尼在《宗教与资本主义的兴起》中描绘的衰退书写得更为新近。他还把产生于旧的团结形式的消亡之中的新的团结形式描绘得更加清晰。《大转型》的主旨并非在于阐明可能性，而是要描述现实并解释现实中发生了什么。它必然要表明人类在本性上就是确实"反抗资本主义"的。通过确立现实本身就在"推动达成"这一理念的这一点，它必然要彰显，超越自我异化的社会的理念确实是内在于人类品格之中的。这些必然性（这与托尼的概念相违）使得波兰尼对资本主义历史的描述与托尼的观点产生了差异，将《大转型》（尽管此书受到了《宗教与资本主义的兴起》的启发）塑造为一本相当不同的书。

《大转型》

《大转型》在其论证结构上可同托尼的《宗教与资本主义的兴起》相比拟。它叙述了在自由资本主义政治经济的渗透下，对经济生活充满限制的中世纪英格兰家长制组织形式的解体。而书中如此描述的前提在于，那一取代了旧组织形式的自由资本主义范式现在本身处于危机之中。正因为他于40年代早期写就此作品，他才能更生动地再现这种危机感，他对国际金融体系崩溃的关注更为其对发源于19世纪的自由资本主义到当时（1944年）已经终结的肯定做了着重强调。

然而，如果要对两本书进行比较，它们各自结构之间的根本差异就能显而易见地浮出水面。正如拉斯基的评论所言，托尼写的历史就某些读者看来，似乎是在构想两个社会——有缺陷的现在和可取的过去——而未传达出任何关于如何实现一个充满希望的未来的观点。对波兰尼来说，没有这般可用的结构，因为，尽管波兰尼的社会主义的人道主义在关键术语上与托尼的基督教社会主义几乎完全相同，但对托尼和波兰尼来说，赋予这些术语以实质性的东西并不相同。对于托尼来说，所有这一切都源于对上帝的信仰，更具体地说，是道成肉身的教义。但波兰尼并不认为耶稣是上帝的化身，而认为他只是个先知。波兰尼坚持认为，耶稣的预言性教导需要通过后来的先知卡尔·马克思的作品来阐明。波兰尼所理解的是，在马克思的术语里，人类品格之所以带有"无限价值"，并不是出于神圣的相似性，而是因为"人类自身早已有着对'完美之物'的保证……的理念"。而我们对于这个"完美之物"确实内在于人类中的保证又何在？就在于现实已经开始"推动"这一理念的达成这一事实。托尼书写历史来描述现存的团结形式，但他并不需要将其阐述清楚。波兰尼则必须以更明确的术语来发掘这些出现在当代社会生活中、灌注了独特的许诺的新的团结形式。任何不是有眼无珠的人都已经能辨认出这一嵌入每个人心中的内在理念所承诺的转变正在具象化：这是波兰尼此书的前提。波兰尼并未把其对人类品格的捍卫奠基于对上帝的信仰之上，而是奠基于对历史的信仰。

为了证明转型实际已经箭在弦上，波兰尼推迟了对资本主义的过渡的描画，把对这一过程的高潮的描述推到了"反向运动"准备彻底充分之后。[123]对托尼来说，资本主义的兴起发生在1540年至1640年间。自由政治经济的"精神失明"特征早在1836年约翰·斯图亚特·密尔将政治经济学定义为接近"仅仅作为渴望占有财富存在"，并由"对每一个人的激情或动机做的总体抽象"所完善的科学之前，就已经存在了几个世纪。[124]相反，对于波兰尼来说，用极端还原论的唯物主义术语来重新描述人类不过是19世纪早期的新奇产物：一直到1834年新济贫法的出台（在波兰尼的描绘下，伴随着这一法案的出台而来的，是全国劳动力市场的创建，从而完成了从16世纪的圈地运动开始的，使更本质上讲作为人类资源的土地和劳动力的商品化的过程），关于人类道德意义的早先观念的解体才得以完成。此外，在波兰尼对资本主义的批判中，在当代的危机下，资本主义将屈从于一种新制度，这并未呈现为一种不确定的前景，反倒是自然而然的现实。如果说托尼展现了关于两种不同社会的愿景，却不在其间搭建桥梁的话，那么在波兰尼的叙事中，不久之后，资本主义就将最终取代中世纪的组织形式，崭新的团结形式也就出现在旧的碎片之中。

波兰尼叙事的核心是其著名的"双向运动"设想。中世纪组织形式的最后残余被——摧毁，在受大卫·李嘉图及其同时代人的政治经济学激发的运动中，"社会的自我保护也产生了"："工厂法和社会立法，以及一场政治性的和产业性的工人阶级运动开始形成"，避开了自由资本主义最恶劣的恣意妄为，尤其还确保了自由资本主义将经济从更广泛的社会规范中脱离出来的"乌托邦"式目标从未完全实现。[125]

波兰尼依赖于对1795年在英国部分地区引进的所谓斯品汉姆兰工资补贴体制的意义的重新阐释来支持其设想。[126]该体制以伯克郡的一个村庄的名字命名，当地的一些地方治安官组织了一场会谈并设计了一种工资补贴的滑准计算法，以减轻谷物价格高造成的困难。波兰尼将斯品汉姆兰展现为对经济生活组织的中世纪式的道德顾虑之解体尚未完成的证明。在《大转型》中，斯品汉姆兰被描述为一种防止劳动力商品化的"徒劳的尝试"，其思想基础是即将失效的人道主义。在波兰尼的解释下，只有当新济贫法废除了斯宾汉姆兰法令，"市场体系的逻辑"[127]才最终在英国得到规定。反过来，这一议案对波兰尼的"双向运动"的设想来说也至关重要，因为它有效地困住了自由资本主义的全部力量，直到实质性的"反向运动"的显现成为可能。

他为其作品而咨询的历史学家没有一位接受波兰尼对斯品汉姆兰的解释。他们拒斥他把这一措施描绘为关于道德或人道主义顾虑的问题。他们坚持认为他夸大了系统的重要性。G. D. H. 科尔提出了最尖锐的批评。科尔认为，波兰尼对斯品汉姆兰在1834年之前有效地排除了竞争性劳动力市场的形成的断言，是一种"可怕的夸张"。[128]他反驳了波兰尼对工资补贴在适用于工业之外还适用于农业劳动力的断言。他发现波兰尼对斯品汉姆兰法令的地理覆盖范围的感知"完全不来自制图"。[129]他还认为波兰尼对斯品汉姆兰法令实施的动机的解释"恰恰是错误的"。[130]波兰尼和科尔随即相互通信，波兰尼答应修改他的论点以顺从科尔的批评。但是，在该书的英文版于1945年发表后的一次谈话中，科尔又重申了他的批评。[131]在波兰尼的建议下，潜在的出版商找到了托尼，而托尼也阅读了波兰尼手稿的部分内容——虽然不是关于当时未完成的斯品汉姆兰法令和济贫法改革的章节。[132]托尼随后同意评论这些章节，可波兰尼决定在这些相关点上放弃托尼"最有价值的建议"。[133]波兰尼对托尼将如何解读他对斯品汉姆兰的描述感到担忧，他这样做不无道理。托尼早已在别处表述了他对斯品汉姆兰法令的著名观点，而这与波兰尼的观点截然相反：波兰尼视为坚持至最后的人道主义的事物，被托尼形容为"可憎政策"的"紧迫发作"。[134]在他写给出版商的信中，托尼将波兰尼写就的历史阐释描述为"外行的"，并建议出版社谨慎行事。[135]

波兰尼写道，斯品汉姆兰得以被"重新发现"，并且被表述为"是社会史而不是经济史"的一部分，主要得归功于哈蒙德一家，但他们对该措施的刻画也是同托尼的刻画相一致的。[136]迈克尔·波兰尼在曼彻斯特与劳伦斯·哈蒙德成为朋友，并许诺他会让卡尔给他写一份《大转型》的概要。但是当他在1943年12月对哈蒙德详述卡尔·波兰尼对斯品汉姆兰的阐释的时候，哈蒙德的回应（这是因为他对这项法令没留下什么印象，是他的妻子芭芭拉完成了大部分的工作，而且是"30年前"）是让迈克尔去看看卡尔的手稿，坚持认为他的论点显然"以提纲形式是不足以呈现的"。[137]亚瑟·雷德福（Arthur Redford，另一位住在曼彻斯特的历史学家，波兰尼与他还是通过其兄弟建立起联系的，他曾像托尼一样，是经济历史学家乔治·昂温的学生）问迈克尔："你兄弟有证据证明当时人们心中有这些考虑吗？"[138]波兰尼承认他没有。"我认为，"他回信给他的兄弟，"到现在为止，我还有没有在所有方面都找到足够的证据来令自己满意。"[139]波兰尼承认，他并不是真的在用心寻找雷德福所追求的那种证据。

> 我并不指望人们会以这些想法的现代形式来考量这些想法本身。如果有人这样想了，我反而惊讶。对我而言，同我相关的只是他们的实际想法是否可以在我的方法下得到合理的解释。[140]

历史学同行们总体上对《大转型》一书充满了怀疑。J. H. 赫克斯特在《美国历史评论》中写的话，通过对波兰尼下定论的方式概括了来自历史学界的裁决，即波兰尼其书：

> 将18世纪的历史扭曲得形态都无法辨认，作者的做法是声称18世纪是一个"干预主义"时期，并且……假称都铎时代社会立法的古老遗物为自由市场的运作设置了真正的障碍，而不仅仅是外围的妨害。[141]

到了20世纪40年代早期，英国历史已经同维多利亚时代的先人粗陋的好古癖相去甚远。[142]史学不再被理解为关于过去的"事实"的博学式累积。将这些事实融入连贯的叙事的尝试现在也被认为是历史学家技艺不可或缺的一部分。而事实本身在被人们发现的过程中也就与原来显得不一样了，这一点也开始得到学界的承认。但与此同时，经验证据（虽然经常被证明为是碎片化的、难以捉摸的和模棱两可的）仍然是不可或缺的。即便是那些对自由资本主义的原子化衰退趋势的倾向最为敏感的，同时也是对要在当代社会中整合出新的统一性下了最大决心的人（在英国，历史在这一整合中占主导地位）继续坚持证据的严谨性。"我从托尼那里学到的东西，"劳伦斯·斯通在1989年出版的回忆录中写道，"就是早期现代史的文献保存得足够多，足以让历史学家探索行动者本人的想法。"[143]托尼同样也坚持那种做法——也就是，"探索行动者本人的想法"，正如凯思·托马斯在1960年所指出的："这位极有影响力的历史学家的建议并没有怎么被人所忽视。"[144]

波兰尼以似乎得到了经验证实的形式提出了他的论证。

> 我们发现，我们自己对"双向运动"的解释是更符合事实的。因为如果像我们所坚持的那样，市场经济确实是对社会组织中的人性因素和自然因素的威胁，那么除了预期各类人群被激发起来要求某种保护之外，我们还可能预期什么呢？这正是我们所发现的。同样可以预期的是，这种寻求保护的行动并不以任何理论上和智识上的前见为先导，也与他们对作为市场经济之基础的那些原则的态度无关。再强调一下，这种预期与事实相符。[145]

为了使《大转型》可让人放心阅读，波兰尼请一位朋友来预读，这位朋友描述说，此书"由证据掌控，而不是由任何理论所掌控"——这可能反映了波兰尼将其意义寄托于大众对其书奠基于历史事实的一般评价上。[146]但知情的读者却能认识到其证据的缺陷。实际上，他们很难认同波兰尼的书是一部历史作品。道德哲学家和贝利奥尔学院出身的硕士A. D.林赛给他寄了一封热情洋溢的信，但波兰尼刚因林赛的回应而感到的愉悦，旋即就因为林赛认为他的作品是"欧陆风格的"所带来的不安而消逝得无影无踪。"我认可你说我的作品是欧陆风格的，可这仅仅在方法上是如此，"波兰尼抗议道，"但我觉得，在精神上，我并不是欧陆的。"波兰尼承认了他一直在"尝试将一些来自各种社会科学的近期成果整合起来"，他决心向历史学家索取一席之地，使自己能与坎宁安、汤因比和哈蒙德并列。[147]托尼回应了来自波兰尼的主动示好，对于波兰尼所关心的问题——基于《大转型》一书已经付梓，他有多大的可能性受任命而获得某科系的教职——托尼预测"能够接纳他的同社会科学有关的职位会有所增加",但未提及他在历史学上的前途。[148]

政治经济学的历史

托尼同波兰尼之间交换的信件所显露出来的分歧首先是方法论性质的和说明性的,是有关历史学争论和实践的问题。但是,托尼和波兰尼间的差异并不仅限于他们各自的历史编纂方法上。如我们所见,这些差异的成因在于两者得以坚持其道德戒律的基础不一致,而他们各自的道德戒律对他们的资本主义批判来说都是处于中心位置的。对托尼来说,这些戒律因神学而自成合理。而对波兰尼来说,他的对象还有待历史证实。二者以不同的方式出于不同的目的而写下了各自的历史。但他们在论证和实践方法上的差别也不仅限于历史学上。他们在有效的政治行动和政治辩护等问题上也各自持有不同的观念,尤其是在作家和评论家应如何参与政治这一问题上。

1936年2月,基督教左派(那个波兰尼帮助创立的企图使学生基督教运动的成人附属团体走向激进化的派系)设法与托尼会面,以求得他对其运动的祝福。基督教左派的确切关注点在于理清宗教与政治之间的联系,并以此作为鼓励"附团"成员积极参与左翼政党政治的手段。约翰·麦慕理解释道,许多加入了学生基督教运动的人都会问:"我怎么可能因我的宗教而与政治扯上关系?"基督教左派的回答是:"只要人们不再使宗教与政治保持分离。"[149]托尼对这一目标深有同感。在《宗教与资本主义的兴起》中,他将"资本主义社会秩序的本质"描述为"一种二元论,它不把生活中世俗的层面和宗教的层面当作一个大的整体中前后相继的阶段,而是当作平行的、独立的领域。它们受到不同规律的统治,运用不同的判断标准，服从不同的权威"。[150]托尼笔下的"精神失明"正开始于社会生活被人为划分成不同区隔的那一时刻。基督教左派所挑起的激进念头，即是对打破人为划分的隔间的关切。

基督教左派打算通过使自己人被指派为"附团"的委员，以更广泛地在"附团"内培育这种关切态度。他们设想要接管委员会，并利用其社交清单、出版社，以及其在更广泛的学生基督教运动中的影响力来敦促学生基督教运动的成员采取政治行动。成为基督教左派成员的一个条件是申请者也要加入一个政党。基督教左派在"附团"内的夺权，其目的在于扩大这种要求的范围。但基督教左派运动基本上是一个知识分子运动。在公开发行的宣传品上，他们对他们策划好了的活动做了如下的描述："寻求与政治左派的政党和团体合作""带着对基督教左派的神学立场的构想，以如此看法展开研究"，以及同"在'附团'运动之外"的同情团体"保持联系"，"朝着左翼基督徒的统一战线努力前进"。[151]但事实上，学习和讨论才是他们的当务之急。

这一富有活力的团体试图在"附团"之内以及通过"附团"来向更广泛的大众进行宣传的思想，也是托尼大体上所同情的，但他们开始日益扩展宣传这一现象却令托尼感到不快。他决定站在反对基督教左派计划的立场上。他认为建立一个"社会主义的基督教团体"更能使局面改观。事实上，他甚至认为这样一个团体会不可避免地出现："当人们形成了强烈的信念时，其多数人自然会希望与做出了同样决定的人汇集在一起，以为其信仰进一步奋斗。"[152]但他"并不认为'附团'本身该成为这类社会主义的基督教团体"。托尼不信任所谓的集体改宗或"水管之下的洗礼"。他青睐的政治行动模式更为渐进："一个有坚定信仰的团体应该一个一个地吸收其信徒。"[153]

托尼的疑虑部分是出于策略考虑。托尼告诉波兰尼和麦慕理，他认为基督教左派的存在"根本无须妨碍一种基督教政治团体的形成，因为这一团体将来自各政党的、愿意思考本时代政治和经济问题背后的精神问题的人聚集在一起，并达成其共同的决定"。[154]渴望矫正资本主义的精神失明特质的人远远超出了左派的范围，我们将在下一个章节进一步讨论这一话题。

但是，托尼对基督教左派计划的不满同样也是对该团体内驱力怀疑的结果，因为这一团体的驱动力同我们在第一章提到的后期多元主义者（特别是厄奈斯特·巴克）身上的驱动力极为相似。在与年轻同僚埃文·杜宾的交谈中，托尼表示他强烈反感"因认同于某个群体而产生的满足感，尤其是那种在陌生或敌对的环境和不寻常的压力下群体意识得以加强而滋生出的满足感"。[155]尽管许多人察觉到，"被融合进并迷失在某个群体中"是种"痛苦"的体验，可许多人却都渴求着这种体验。"我认为，这种体验对很多人来说是令人兴奋的。"

> 这是一种极为非理性的感觉，而日常生活给世人提供的机会却鲜能使人切身感受这种感觉。在初民社会中，这很可能还是人们生存的条件。而在战争被强加于人们的生活方式之上的时候，这类非理性的感觉会更加盛行。当我听到愚人谈论他们曾"享受"战争，我相信通常他们都在无意识地回忆战争给他们带来的无条件的、未经质疑的团结在情感上带来的满足。[156]

有迹象表明，波兰尼同格兰特一家还有麦慕理的通信以及在20世纪30年代后期基督教左派的会议和讨论记录，都反映了这种心理动态对该群体成员的影响。他们对危机的解释属于千年至福派的观点，在一个敌视他们理想的世界里，将自身构建为"可受救赎的幸存者"。[157]这让托尼颇感不快。人们对集体主义驱力的厌恶存在着不同的等级。而托尼的厌恶情绪要比波兰尼强得多。

可以认为，历史学家对波兰尼的冷漠态度能够例证佩里·安德森和加雷斯·斯特曼·琼斯很久以前就对本章所研究的这一时期的英国文化提出的控诉——英国对总体性理论家来说是贫瘠的土壤，英国缺乏任何能与在20世纪之交的德国、意大利和法国发展起来的古典社会学相提并论的学问，而这明证了英国文化中"自由主义的个人主义"的"坚韧强力"。[158]当然，波兰尼明确表达了他想要将社会包含于一个整体之中，并希望能克服将经济学视为一件事，将政治视为另一件事的根深蒂固的倾向。他希望其在成人教育领域的学生和他的读者能够"赞赏社会的制度性统一"，以便他们能够认清，看似不相关的议题和疑问（例如，国家是否应该干预规定工资）无法在不宣扬"古老而又被人所遗忘的处于社会之中的人类本性的问题"的情况下，得到适当的处理或回答。[159]

但是在这个问题上，波兰尼跟随的是科尔和托尼的脚步。准确来说，他们是通过对古典的政治理论予以弃置才转到关注"被人所遗忘的处于社会之中的人类本性的问题"上来的。他们的做法是聚焦于驱动社会行动的冲动和意志，而非制度的本质。波兰尼的方法则较为（用他的话说）"奇特"。他的奇特不在于观念而在其实行。他试图做与他之前的科尔和托尼相同的事情。多元主义为摆脱英国社会和政治思想中无法避免的在个人主义和集体主义之间作二元选择的困境而努力，但却半途而废了，波兰尼等人就是要超越多元主义的成果。此外，他在做如此尝试的时候，用的还是本质上相同的术语，将继承自自由资本主义的个体原子化概念替换为离开伙伴关系就难以想象的关于人类品格的概念，并且还为论证人类品格（并且这样一来，伙伴关系仅仅通过这一基础，就能为人所理解和辨识）的无限价值寻得了一个基础。但是波兰尼的做法同先前托尼的做法间存在着微妙的差别。波兰尼没有求助于新教神学，而是转向了马克思的作品，以其思想作为他眼中来自人类品格的价值的基础。这意味着他是以不同的方式来书写历史。可最终，波兰尼还是无法说服英国历史学家，这不是因为他以不同的方式来书写历史，而是因为他没能很好地写历史。我们将在后文里看到，E. P. 汤普森在波兰尼失败的地方取得了成功，其差别在于汤普森的历史学技艺带给他的优势。

波兰尼聚焦于19世纪早期历史，是为了证实从马克思的早期著作中提取出来的人类品格概念的必要性，而托尼书写的历史则与17世纪有关。[160]读完马克思，波兰尼打包票说，"完美事物"的"理念"（既有劳动分工及其带来的所有物质馈赠，但又没有自我异化现象的社会）内在于每个人身上：这正是波兰尼对托尼的批判进行重构过程中提出的每一"人类品格"都有"无限价值"的世俗基础。为了证明这一命题，波兰尼需要指出能够证明这一内在理念得以被"现实所推动"的证据。19世纪初的大众运动是他所能提供的最早的反资本主义骚动。[161]他坚持认为，这些骚动既代表了反对资本主义的"反向运动"的实现，也代表了每个人内在的社会理念的实现，但他的论点同时也包括了坚持认为资本主义的成熟在18世纪30年代才得以实现的看法。我们已经看到了既有的史学权威是如何断然反对这一主张的。波兰尼最终在经济学家威廉·坎宁安（William Cunningham）于1881年写的一本书中，因他就斯品汉姆兰法令一带而过的评论而获得了一些保证。波兰尼觉得并不只有他一个人对斯品汉姆兰持有那种看法，因而他对18世纪的解释也非完全乖僻特殊。[162]但是，面对着科尔和其他人的批评，波兰尼一会儿保证修改但一会儿又不肯妥协的部分原因在于，《大转型》付梓以后，他对有关资本主义滞后成熟的确信更少奠基在当时的社会政治历史之上，其信念的基础更多地来自于当时的思想史。在撰写《大转型》时，波兰尼的立场已经经历了微妙的迁移。他起初主张展现人类品格的无限价值可由世俗的基础来支撑，此时他参考的是马克思的早期著作。但在写这本书的时候，他更少地关注马克思本人，更多地关注那些为马克思的早期作品所援引的作者。在《大转型》中，关键的人道主义人物并不是马克思，而是亚当·斯密。[163]

托尼将人类品格的无限价值归因于基督教的教义，波兰尼则力图使他对这一早已过气的神学基础的背离合法化。基督教社会伦理只属于人类历史的早期阶段。资本主义产生的时刻制造了一个全新的起始点，"爱你的邻居"这一戒律的相关性和实用性开始变得不确定：在这一时期，早期人类历史的循环模式屈从于持续增长的线性轨迹；商业社会的规模取代了旧的政治和社会原则，因为这些原则不再能获得它们所依赖的来自人际间关系的动力。非连续性的面对面交往被具有无限性的匿名交易所取代。"谁是我的邻居？我到底怎样才能使我对他的爱实际生效？"托尼已经认识到了，如果不在基督教社会伦理之中做一番创新，这些问题也就无法回答了。而基督教未能做出这些创新的史实，有助于解释从17世纪开始，教士权威对经济生活的控制力逐渐被边缘化的原因。但是，托尼仍然认为在基督教社会伦理中做这样的创新是可能的，在他的时代，对道成肉身的强调被编排为一种反击功利主义理性的手段，这点是有目共睹的。波兰尼则坚持认为，必要的创新必须出自基督教传统之外。在20世纪30年代后期，他指认马克思的早期著作为这一必要的"阐释"的来源。但是，如果说青年马克思还怀有可与托尼对人类品格的无限重要性的基督徒式的强调相比拟的关于人类的概念，到了后来，马克思对政治经济学的最终批判却将早期的人道主义彻底扫除了。波兰尼相信，这是因为马克思已经被他的好辩对手的基本前提所同化了，以致他无法跳出这个前提，并在外部对其进行思考。马克思的目的在于质疑伦理和经济间存在的隔阂。但马克思"太过执着于坚持李嘉图和自由主义经济学的传统"的做法，却又妨害了他的这一努力。[164]

于是波兰尼再次进行了思考。想要使道德考量拐弯抹角地渗透进1830年之后确立的社会和政治思想范式似乎是不可能的。因而与之相反，波兰尼开始聚焦于理解道德考量最初是如何被排挤出这些思考范式的。他开始重写政治经济学的历史。马克思无法摆脱李嘉图及其同时代人在政治经济学中设定的前提。但这些前提并非是永恒的。它们不过在特定时刻才被固定下来。如今人们对这些前提的挑战是要找到一条途径，使目光回到功利主义理性开始显得无情的那一时刻之前。波兰尼为寻求被取代的人道主义而沿着知识史一直上溯，乃至上溯到马克思之前。这一路径一直领着他回到了亚当·斯密。

斯密确实是经济科学的创始人。[165]同样确实的是，他关于"早期人类心理"的假设（即"易互通有无、物物交换、互相交易的秉性"对任何时间、任何地点的人来说都不言自明）是欠考虑的，就同卢梭"对蒙昧人政治心理的假设"一样。[166]但在波兰尼的解读下，斯密总是"在一种既定的政治框架内"接近他的主题——国家的财富，"'人民所组成的巨大总体'的物质福利"。[167]对于斯密来说，经济问题只能在"部分由从前的政治机体所构造的道德世界"之中被询问和回答。只有在斯密之后，以T. R. 马尔萨斯的《人口原理》为首的一系列作品产生之后，政治经济学的诸"人文基础"才受到了侵蚀。正是从斯密的《国富论》（1776年）出版之后，到托马斯·马尔萨斯和大卫·李嘉图开始活跃的19世纪早期这一段时间里，政治经济学才变成了我们今天所看到的样子，成为被托尼所攻讦的，将经济学置于"道德规则"以外的准则的合集。"分水岭大致是在1780年左右。"[168]在此之前，经济问题只产生于"部分由从前的政治机体所构造的道德世界"的范围之内：

> 并没有无形之手试图以自利原则的名义强加信我们自相残杀的

习俗。人的尊严是他作为一个道德存在者的尊严，他是家庭、国家和"人类的大社会"的公民秩序的一个成员。理性和人性给计件工作设定了限制，竞争和营利也必须给前两者让路。[169]

在那一分水岭之后，人们对自然主义的沉溺（人的生物本质而非其独特的人性特征得到了重新关注，这表现为关注自然界给国家财富设定界限的预设，比如食物的供应量就可以限制人口的增长）也就使经济学独立于世。

波兰尼以令人赞叹的精确性识别出了该新自然主义得以被政治经济学所同化的源头。其关键文件即约瑟夫·汤森的《论济贫法》（*A Dissertation on the Poor Laws*）（1786年）。[170]汤森的小册子（此文是对英国济贫法的攻击，汤森认为这些法律不过是拖延了他们本应解决的"贫困和悲惨"的问题）围绕着一个编造的故事展开。南方海域有个胡安·费尔南德斯岛，人们将一对山羊送上了海岛，以为海员供应食物。山羊开始繁殖，但它们的食物供应很快短缺起来，瘦弱的山羊就饿死了，但一种均衡及时建立了起来，使种群的大小随食物的可获得性调节。不久，西班牙当局开始担心山羊会成为掠夺船只的私掠者的食物。他们将一对灰狗送上了海岛，以消灭山羊。狗饱食之后，也开始繁殖，直到最强壮的山羊也撤退到了岩石山峰之前，山羊的数量都在下降，之后狗也就无法靠近它们，只能择其弱者食之，以至于饥不择食。这也就建立了新的平衡点。大自然有的是办法来解决稀缺问题，而在人类事务上，也应该放任其发挥功用，就如同这座胡安·费尔南德斯岛上的山羊和狗一样：汤森的言下之意即如此。

这篇文章将一次又一次地被19世纪早期的社会和政治思想家所引用，尤其是马尔萨斯和其后的达尔文。[171]他们所描绘的训诫都是，解决社会问题最好的方法就是任其自然。贫穷是由济贫法制造出来并加以维持的问题；济贫法的废除，通过纵容饥饿和稀缺发挥其冷酷作用，将能使人口数量被限制在国家可以维持的水平上，提高劳动穷人的生活水平。这——对波兰尼而言——正是自由放任的社会哲学的开始。

> 胡安·费尔南德斯岛上，既没有政府也没有法律；然而在山羊和狗之间却有平衡……不需要政府去保持这种平衡。一方面是饥饿的折磨，另一方面是食物的缺乏，两者结合即重获平衡。霍布斯已经论证过社会需要暴君，因为人看起来像野兽；汤森则坚持说人类实际上就是野兽，并且恰恰是由于这个原因，只需要最小的政府。[172]

正是在这一时刻，为19世纪和20世纪初的人所熟知的政治经济学——托尼正要攻讦的那一者——得以孕育了。

> 人的生物本性在这里成为社会的既定基础，而这个社会的秩序并非政治性的。因此，目前开始出现的情况是，经济学家放弃了亚当·斯密的人道主义基础，而去与汤森的那些基础相结合。[173]

到了19世纪初，在托尼眼中已经是"一个世纪的习惯"的"精神失明"，实际上不过（波兰尼基于其政治经济学而如此认为）是18世纪晚期的产物。

在波兰尼深入探寻政治经济学史的过程中，其议程在一个微妙但极有意义的方面发生了变动。在马克思那里，波兰尼早先寻求的是一种世俗的现代基础，以与托尼将人类品格的无限价值归之于其上的神学基础相等价。但在斯密那里，他找到了另一种解决问题的方法。读过斯密后，波兰尼不再需要寻找其他超出基督教和马克思之外的更令人信服的人类品格概念。相反，他开始质疑是否真的有必要去构想这种概念来挑战功利主义正统。对托尼而言，功利主义的无所不在使得提出人类品格具有无限价值以对功利主义正统进行直接而有力的挑战的做法成为必要，并因此而与功利主义计算绝不相容。在马克思之后的批评家那里，波兰尼找不到既有的手段来维持与关于人类品格的超越价值相同的主张。但是，波兰尼并不询问他在哪里才可能找到对于基督教有关人类概念的世俗替代选项，而是开始问他为什么需要这样一种概念。显然，同把人类还原为没有区别的商业物件的还原论做斗争，还要对准确来说什么才是真正的人类做些戏剧化的主张，并不一直是必须要做的事情。波兰尼书写的政治经济学史的言下之意即，在汤森杜撰出有着山羊和狗的岛屿的故事之前，人们无须坚持认为人类品格具有无限价值，也无须替这一价值为何存在做解释。在汤森有关胡安·费尔南德斯岛的谬论产生之前，没有人表示，社会事务可以模仿自然界的规律，人类的存在与动物生活相当。托尼援引基督教神学，而波兰尼本人则借用马克思的早期著作以试图阐明的关于人类品格的理念，不过都是应对政治经济学中这一自然主义转向所产生的一种方式。而波兰尼此时暗示我们，通过斯密，通过将"人文基础"重新纳入政治经济学，我们可能得以回归到一种不需要关于人类品格的强概念的范式——人类的状态与自然界物种极度不同这一点将不进入讨论。

波兰尼此时要在不可与托尼从神学中得到的规定性或确定性条件相比拟的情况下构思人类品格。波兰尼并不对什么才能被称为人类持有强概念，而是回归到更温和的主张——人类不是动物，我们的生活和需求击败了自然界的规律。在对人与人之间形成的关系以及人们在日常互动中实现的多种团结形式进行概念化时，他同样也没有遵从惯例。在20世纪30年代那段时间里，波兰尼的思想在揭露出功利主义政治经济学的方法论和个人主义的谎言的同时，也为某种人与人之间的强大的共同纽带的形象化做出了贡献。这一实验进程一度使他与托尼产生了争执，而托尼对基督教左派将学生基督教运动的附属团体重塑为革命性先锋队的计划充满怀疑。但到了20世纪40年代中期，波兰尼对"社会团结"的概念化已经同其对"人类品格"概念的修正相一致了。此时，他以与他一贯谴责极权主义时所用的基本相同的话语来拒斥那种表面上富有同情心的集体主义形式。他那更保守的兄弟在1943年写的一封信中试图迫使波兰尼修正自己的想法以与斐迪南·滕尼斯的礼俗社会（Gemeinschaft）或梅因爵士（Sir Maine）的"地位"观念相一致，但波兰尼拒绝了。[174]波兰尼解释道，如果他试图"给出关于社会的明确定义"，肯定会用到"风俗"和"习惯"还有（他会援引来自于20世纪三四十年代日益盛行的人类学作品中的术语）"行为模式"这些术语。[175]但是，对于波兰尼来说，纵使以这些最微不足道的术语来言说，也会使讨论的问题更麻烦，"只会产生一种条顿怪物，而不带任何附加的澄清以补偿读者所遭受的困扰"。[176]我们完全不需要——波兰尼总结道——让问题变得麻烦。他不需要说明商业社会中人与人之间形成的人际关系的确切本质。他只需要展示它不是什么。他所需要确立的一切——正如他所见——都在于证明功利主义者的错误，因为他们对社会生活的理解排除了除获得金钱的嗜好之外，所有的激情和动机。波兰尼相信，他需要做的任何事，都只是在"证明社会生活所要包含的内容，必须远超出以物易物和交换的契约关系"。[177]正如他将自己关于人类品格的概念调整至挫败功利主义所必需的最小形式一样，他同时也剥了人类特有的团结形式之上的光环，使之呈现为更为朴素且平淡无奇的素材——足以戳穿功利主义的谎言，但却仅此而已。

波兰尼把斯密解读为政治经济学中最后一位人道主义者，其作品记录了创造出19世纪功利主义理性的自然主义转向发生之前那一时期的情况，而托尼则在20世纪领导了对这一理性的反叛。波兰尼着手以世俗化的替代方案，来取代托尼将人类品格的无限价值归之于其上的神学基础。但他所得到的并不是关于人类品格的独特概念。更不如说，他找到了一种回避这个问题的方法，托尼的人类品格概念曾经是该问题的一种解决方案。波兰尼在阅读斯密的作品时发现了一个要点，而根据波兰尼从中得出的分析（在有关胡安·费尔南德斯岛的训诫被人们广为传习之前），它可以作为将人类从功利主义理性中拯救出来的一个更为平凡的基础，这即是关于人类事务同自然世界的规律只有最浅薄的相似性的主张。尽管人类的需要和欲求似乎看起来同山羊和狗的食欲一样可以测量，但波兰尼的论点在于，人类事务的多样性如此丰富，而功利主义的计算远远不足以涵盖。这种关于人类品格的道德概念可以在托尼所开创的对资本主义批判中发挥整合性作用，就同托尼自己的神学观念以及波兰尼从马克思那里寻得的等价物曾经发挥过的作用一样。但如果我们做些更为细致的分析，我们就会看到，波兰尼回到斯密的做法是一项更具戏剧性的创新。如果人们可以在政治经济学之内重新发现人文基础，那么描述托尼、波兰尼和汤普森在兰开夏郡、约克郡以及其他地方所看到的团结形式的任务，将不再是将所有被经济学所抛开的因素进行理论化的问题。重新构建起来的政治经济学，实际上很可能就是他们毕生所追求的能够描述这些团结形式，能够将既不被个人主义也不被集体主义包含在内的社会领域予以理论化的那一手段。

注释

1. R.H.Tawney, "Christianity and the Social Revolution," *New Statesman and Nation*, November 9 ,1935, 682-684, reprinted in Tawney, *The Attack*, 157-166.

2. 关于20世纪20年代英国的马克思主义，见Stuart MacIntyre, *A Proletarian Science: Marxism in Britain 1917-1933* (Cambridge: Cambridge University Press, 1980)。要了解20世纪30年代英国的马克思主义，见Gary Werskey, *The Visible College* (London: Allen Lane, 1978)。在Tim Shenk处同样可以看到对其的阐释性视角，见Tim Shenk, *Maurice Dobb: Political Economist* (Basingstoke: Palgrave Macmillan, 2013), ch. 4。

3. Tawney, "Christianity and the Social Revolution," 161.

4. 同上。

5. Charles Raven在其为1935年版写的导言中更生动形象地表达了这一点，见Charles Raven, "Introduction," in J. Lewis et al., eds., *Christianity and Social Revolution* (London: Victor Gollancz, 1935), 15-30, 24。

6. Pius XII, *Quadragesimo Anno* [Encyclical Letter on Reconstruction of Social Order], 2016年4月13日起可读到，见http://w2.vatican.va/content/pius-xi/en/encyclicals/documents/hf_p-xi_enc_19310515_quadragesimo-anno.html。

7. Tawney, "Christianity and Social Revolution," 163.

8. 同上，161。

9. 同上。

10. 同上。

11. 同上；Karl Polanyi, "The Essence of Fascism," in Lewis, ed., *Christianity and Social Revolution*, 359-394, 365。

12. Karl Polanyi to Irene Grant et al., "Xmas 1933," Michael Polanyi Papers, Special Collections Research Center, University of Chicago Library (MPP), 17/4.

13. 关于提前宣告了内战来临和奥地利法西斯联邦（Standestaat）的诞生的知识分子对叛乱的反击，见Janek Wasserman, *Black Vienna: The Radical Right in the Red City, 1918-1938* (Ithaca and London: Cornell University Press, 2014)。

14. Charles P. Kindleberger, "*The Great Transformation by Karl Polanyi*," Daedelus 103 (1974): 45-52.

15. 侨居奥地利的苏格兰社会学家Robert MacIver是波兰尼在美国的主要支持者，他为《大转型》写了前言，并在1947年为波兰尼在哥伦比亚大学经济学部找到了一份教授历史的临时工作。关于后者的生涯，见Gareth Dale, *Karl Polanyi: A Life on the Left* (New York: Columbia University Press, 2016), 202-203。

16. Anderson, "Components of the National Culture."

17. Karl Polanyi, "Adult Education and the Working Class Outlook," *Tutors' Bulletin for Adult Education* (November 1946): 8-11, 10.

18. 关于托尼这一代的历史学家保留了19世纪"坚韧的"个人主义的说法，来自Gareth Stedman Jones，佩里·安德森经许可将之引用在自己1968年写的文章里。见Perry Anderson, "The Pathology of English History," *New Left Review* 46 (November-December 1967): 29-43。

19. Karl Marx, *Der historische Materialismus: die Frühschriften*, ed. J. P. Mayer and S. Landshut (Leipzig: Alfred Kröner, 1932).

20. F.A.Hayek, "History and Politics," in F.A.Hayek and T. S. Ashton , eds., *Capitalism and the Historians* (London: Routledge, 1954), 3-30, 4.

21. 例如，可参考Fred Block and Margaret Somers, "The Return of Karl Polanyi," *Dissent* (2014)，2016年11月9日起可见于http://www.dissentmagazine.org/article/the-return-of-Karl-Polanyi。有一个合集收录了Block和Somers就波兰尼而写的一系列文章，同时还包括近期发现的对波兰尼在当代恶名不断增加进行深入证实的一卷新材料，见：Fred Block and Margaret Somers, *The Power of Market Fundamentalism: Karl Polanyi' s Critique* (Cambridge: Harvard University Press, 2015)。另一件暗示了波兰尼名声的事件是，新近凸显的英语界对Wolfgang Streeck的争论，而此人广泛地援引了波兰尼的作品。见如，Wolfgang Streeck, *How Will Capitalism End? Essays on a Failing System* (London: Verso Books, 2016)。

22. 卡尔·波兰尼：《大转型：我们时代的政治与经济起源》，冯钢、刘阳译，浙江人民出版社，2007年，108。

23. 功利主义一词并未被列入《大转型》一书的索引，尽管波兰尼用这一词来描绘他反复反对的政治经济学的倾向；对他来说，更为典型的术语是"经济自由主义"。见如波兰尼：《大转型》，第119—120页。但功利主义确实是波兰尼批判的中心焦点，而这也是他之前的托尼及他之后的汤普森的焦点，波兰尼的中心焦点被20世纪50年代中期他的一个学生同他的一次对话所证实（他的传记作者抓住了这一点）："在一封信件中，尽管非典型，在他之前的一个学生面前，波兰尼对一个实证主义者猛掷了一堆居高临下并且是毫不留情的咒骂，'你对再分配的回护……不仅仅是交换论的，而且也是边沁学说一个变种：功利主义'。被刺伤的新人回复道，该信使他觉得'自己就像一个收到了教皇诏书的异端分子，诏书上告诉他他被开除出真正教会宗教团体的教籍了'。" Dale, *Karl Polanyi*,

219。

24. Karl Polanyi to Michael Polanyi, March 4, 1961, Karl Polanyi Papers, Concordia University Press, Montreal (KPP), 57/08.

25. Karl Polanyi to Michael Polanyi, January 21, 1957, KPP, 57/08.

26. Karl Polanyi to Michael Polanyi, March 4, 1961, KPP, 57/8；卡尔·波兰尼致迈克尔·波兰尼，October 26, 1943, MPP, 17/10.

27. 英文著作中，对此环境做得最好的解释来自Lee Congdon, *Exile and Social Thought: Hungarian Intellectuals in Germany and Austria, 1919-1933* (Princeton: Princeton University Press, 1992)。Gareth Dale最近为卡尔·波兰尼写的思想传记则是另一丰富的来源，它既联系到波兰尼个人，又联系到波兰尼搬到布达佩斯之后参与的圈子：Dale, *Karl Polanyi*, ch.1。关于迈克尔·波兰尼和卡尔·曼海姆的思想传记则记载了一些更有意思的事情：Mary Jo Nye, *Michael Polanyi and His Generation* (Chicago and London: University of Chicago Press, 2011), ch. 1; David Loader, *The Intellectual Development of Karl Mannheim: Culture, Politics and Planning* (Cambridge: Cambridge University Press, 1985)。

28. Congdon, *Exile and Social Thought*, 9.

29. 同上，10。

30. 对贾希梗概的介绍见Congdon, *Exile and Social Thought*, 213-217。

31. 同上，19。

32. 关于波兰尼同贾希的关系，见Dale, *Karl Polanyi*, 74-75; Nye, *Michael Polanyi*, 174-175; Congdon, *Exile and Social Thought*, 217-226。

33. Congdon, *Exile and Social Thought*, 17.

34. 同上，37。

35. Nye, *Michael Polanyi*, 149-151.

36. Congdon, *Exile and Social Thought*, 215; Nye, *Michael Polanyi*, 149-151.

37. Congdon, *Exile and Social Thought*, 221.

38. 波兰尼之父也深受此事影响，这一亲英性看起来似乎还是遗传的：Dale, *Polanyi*, 16, 110。关于对欧洲范围内亲英症的启发性讨论，见Ian Buruma, Voltaire's Coconuts or Anglomania in Europe (London: Phoenix Books, 2000)。

39. Congdon, *Exile and Social Thought*, 19.

40. 卡尔·波兰尼与莱维特对艾琳·格兰特的采访的抄本，KPP, 30/3, 11。

41. Congdon, *Exile and Social Thought*, 219.

42. Karl Polanyi, "Hamlet," *Yale Review* (Spring 1954): 336-350, 337; Congdon, *Exile and Social Thought*, 219.

43. Kenneth McRobbie, "Under the Sign of the Pendulum: Childhood Experience as Determining Revolutionary Consciousness. Ilona Duczynska Polanyi," *Canadian Journal of History* 41 (2006): 263-298, 268.

44. Congdon, *Exile and Social Thought*, 19.

45. 因而，无论如何，她都会回忆起这些经历。英语著作中对流亡知识分子的活动最为全面的重构——见Lee Congdon, *Exile and Social Thought*——广泛地援引了这些出版于20世纪70年代的回忆录。我们对其可信度存疑。但近期的来源使得杜钦斯卡后来的声称显得似乎更为可信。一个大概于20世纪30年代后期认识波兰尼夫妇的学生回忆道，波兰尼在谈及"当匈牙利农民希望改换政府时，会'把镰刀弄直'"，从而牵扯到杜钦斯卡的时候，脸上都会阴晴不定：Stephen Mummery to Irene Grant, June 13, 1964, KPP, 56/16。

46. Karl Polanyi, "Sozialistische Rechnungslegung," *Archiv fur Sozialwissenschaft und Sozialpolitik*, 49 (1922): 377-420.

47. Ludwig Mises, "Neue Beiträge zum Problem der sozialistischen Wirtschaftsrechtnung", *Archiv fur Sozialwissenschaft und Sozialpolitik*, 51 (1924): 448-500; F.A.Hayek, ed., Collectivist Economic Planning (London: George Routledge &Sons, 1935), cited in Congdon, *Exile and Social Thought*, 223, 229.

48. Congdon, *Exile and Social Thought*, 220.

49. 同上，228。

50. Peter F. Drucker, *Adventures of a Bystander* (New York: Harper & Row, 1978), 126, cited in Congdon, *Exile and Social Thought*, 227. Drucker是一位先驱性的管理学理论家，在商学院备受崇敬但在学院之外几乎无名，关于波兰尼同Drucker的关系，见Daniel Immerwahr, "Polanyi in the United States: Peter Drucker, Karl Polanyi, and the Mid-century Critique of Economic Society," *Journal of the History of Ideas* 70 (2009): 445-466。

51. Nye, *Michael Polanyi*, 146.

52. Donald and Irene Grant, "Letter to the Editor," *New Statesman*, July 11, 1934.

53. Karl Polanyi, "Austrian Developments," June 18, 1933, Royal Institute for International Affairs (RIIA) Transcripts, 8/280; Karl Polanyi, "The Struggle in Austria," February 19, 1934, RIIA Transcripts, 8/315.

54. Karl Polanyi to Irene Grant, undated, MPP, 17/4.

55. Congdon, *Exile and Social Thought*, 217.

56. 关于这层关系，见Ilona Duczynska, *Workers in Arms: The Austrian Schutzbund and the Civil War of 1934* (London: Monthly Review Press, 1974)。

57. Karl Polanyi, "Conflicting Philosophies in Europe," undated, KPP, 16/10，同样可见Gareth Dale所引用的一篇文章里的段落，其中我们可以看到波兰尼赞美"盎格鲁－撒克逊"的宗教宽容、政治民主以及自由人道的传统，而这一传统是"普遍和平与秩序共同储备下"被"无限珍藏的"财富: Dale, *Polanyi*, 110。

58. Karl Polanyi to Michael Polanyi, April 11, 1933, MPP, 17/4.

59. Karl Polanyi to Michael Polanyi, January 21, 1957, KPP, 57/8. 对兄弟之间的疏离的深度阐明，见Dale, *Polanyi*, 139-143。

60. Karl Polanyi to Michael Polanyi, January 21, 1957.

61. 迈克尔·波兰尼就悉尼·韦伯对苏联的研究写了篇咒骂的评论 (Sidney Webb and Beatrice Webb, *Soviet Communism: A New Civilisation*? [London: Longmans, Green, 1935])，但他不情愿将之公布于众，因为他担心外国人会被允许其介入国内争议的限度范围所限。见如，John Jewkes to Michael Polanyi, February 11, 1936, MPP, 3/6; Michael Polanyi to Sidney Webb, February 25, 1937, MPP, 3/8。

62. Karl Polanyi to Irene Grant, October 13, 1933, MPP, 17/4.

63. Philip M. William, *Hugh Gaitskell: A Political Biography* (Oxford and London: Oxford University Press, 1976), 61.

64. Karl Polanyi to Irene Grant et al., "Xmas 1933," MPP, 17/4.

65. Karl Polanyi to Michael Polanyi, April 11, 1933, MPP, 17/4.

66. William T. Scott and Martin Moleski, *Michael Polanyi: Scientist and Philosopher* (Oxford: Oxford University Press, 2005), 154.

67. Karl Polanyi to Irene Grant et al., "Xmas 1933," MPP, 17/4.

68. 见如，Karl Polanyi to Michael Polanyi, November 17, 1934, MPP, 17/5。"你现在到底在做些什么？"卡尔为自己的一些朋友安排迈克尔与

一位读者接洽，但迈克尔却与读者刻意保持距离。"我已经安排好Canon Tissington Tatlow（学生基督教运动的领袖）与你见面。这真是太荒唐了，我现在不得不改变我的安排。"

69. John Macmurray to Joseph Needham, January 23, 1934, Joseph Needham Paper, Cambridge University Library, Cambridge (JNP), F. 177.在这一事件中，大部分的编辑工作都是波兰尼还在美国做巡回讲演的时候完成的。其编辑工作似乎仅限于列出来自大陆的"作品的名字，而这些作品应当在其合集书中被提及"，甚至包括了许多"大英博物馆都还不知晓"的著作，尤其是Paul Tillich和Henri de Man的。当那一卷问世时，波兰尼和他所顶替的人被列为合作编辑，而John Lewis则因为编纂了序言而承担首要职责：Karl Polanyi, "Memorandum for Writers for Christianity and the Social Revolution in the West," JNP, F.177; Karl Polanyi, "Third Memorandum for Writers in Christianity and Social Revolution," JNP, F.177。

70. Karl Polanyi to "Gordon", May 7, 1943, KPP, 47/3。该书卖了大约12000本，许多都是左翼图书俱乐部发行的精装版：Victor Gollancz Ltd Papers, Modern Records Centre, University of Warwick, MSS. 318/2/1/10。

71. 关于产生自两次大战之间的不列颠的法西斯主义的概念，见Richard Griffths, *Fellow Travellers of the Right: British Enthusiasts for Nazi Germany, 1933-9* (Oxford: Oxford University Press), ch.1; Martin Pugh, "*Hurrah for the Blackshirts!* " *Fascists and Fascism in Britain Between the Wars* (London: Jonathan Cape, 2005); Nigel Copsey and Andrzej Lecchnowicz, *Varieties of Anti-Fascism in Interwar Britain* (Basingstoke: Palgrave Macmillan, 2010)，尤其要归功于Julia Stapleton和Philip Williamson。

72. Tawney, "Christianity and Social Revolution," 161.

73. 对德国法西斯主义现象中近乎同一进程的单独阐释，围绕着将德国的国家社会主义视为对个性的一种威胁的看法而展开，见Michael Bentley, *The Life and Thought of Herbert Butterfield: History, Science, God* (Cambridge: Cambridge University Press, 2011), ch.5。

74. Bruce Caldwell, *Hayek's Challenge: An Intellectual Biography of F. A. Hayek* (Chicago: University of Chicago Press, 2004), 138-139。施潘本人最终在1938年德奥合并后因反对反犹主义而遭纳粹迫害。

75. Polanyi,"Essence of Fascism," 368.

76. 同上。

77. 同上，364。

78. 同上，368。

79. 同上，370。

80. 同上，368。

81. 同上，369。

82. R. H. 托尼：《宗教与资本主义的兴起》，第58页。

83. 同上。

84. Polanyi, "Essence of Fascism," 370.

85. Karl Polanyi, *Primitive, Archaic and Modern Economies: Essays*, ed. George Dalton (Garden City, NY: Doubleday, 1968), 65.

86. Tawney, "Christianity and Social Revolution," 161.

87. 同上。

88. 同上，163。

89. Congdon, *Exile and Social Thought*, 223.

90. 欲了解两次大战间的英国出现的崭新的普世教会主义，见Adrian Hastings, *History of English Christianity, 1920-1990* (London: SCM Press, 1991), 86-99, 302-308; Norman, *Church and Society in England*, ch.6; Green,

Passing of Protestant England, 158ff。

91. 该状态的一项标志即清教徒的救赎的产生，见Stapleton, *Englishness and the Study of Politics*, 126-127, quoting H.A.L. Fisher, "The Whig Historians," *Proceedings of the British Academy* (1928), 317。值得注意的是，麦考莱将清教徒置于辉格进步史之外，而他的后继者却拥抱清教徒的精神。如果Barker的生涯从一个方面点明了这一发展的意义，那么克莱门特·艾德礼的经历以及身为清教徒一员的奥利弗·克伦威尔在清教徒内部的短期风行也从反面为此提供了启示: Bew, *Citizen Clem*, chs.8, 9。

92. 关于突然被弃置的爱尔兰问题，见Mo Moulton, *Ireland and the Irish in Interwar Britain* (Cambridge: Cambridge University Press, 2014)。

93. Nye, *Michael Polanyi*, ch.1.

94. 波兰尼的女儿卡丽（Kari）一出生就受洗（1923年），她的受洗证明使其父亲跻身"改革派宗教"的拥护者之列: Dale, *Karl Polanyi*, 293。

95. Nye, *Michael Polanyi*, 148-149, citing Endre J. Nagy, "After Brotherhood's Golden Age: Karl and Michael Polanyi," in K. McRobbie ,ed., *Humanity, Society and Commitment: On Karl Polanyi* (Montreal: Black Rose Books, 1994), 81-112。深入探讨请见Congdon, *Exile and Social Thought*, 223; Dale, *Karl Polanyi*, ch.2。Victor Gollancz是《基督教与社会革命》1935年版的出版商，他带给了波兰尼使其得以立足的起点，他本人则有着可与波兰尼相比较的立场。他生于东正教家庭，却认为自己"内心是个犹太教徒""他因而成为基督的追随者，相信'人间'急切地渴盼着基督教的存在"。见David Ormrod, "The Christian Left and the Beginnings of Christian-Marxist Dialogue, 1935-1945," in Jim Obelkevich, Lyndal Ropal and Raphael Samuel, eds., *Disciplines of Faith: Studies in Religion, Politics and Patriarchy* (London:

Routledge, 1987), 435-449, 442, citing Victor Gollancz, *More for Timothy* (London: Victor Gollancz, 1953), 433。

96. Polanyi, "Christianity and Social Revolution," 369.

97. Congdon, *Exile and Social Thought*, 223.

98. Gore, *Christianity Applied*, 25-26.

99. 见Hastings, *History of English Christianity*, 86-91; Roger Lloyd, *The Church of England*, 1900-1965 (London: SCM Press, 1966), 171-177, 196-200, 296-299。

100. 关于当代相似的争论，见Norman, *Church and Society*, ch.8。

101. 唯一对该团体的组成和活动作了历史性对待的是Ormrod, "The Christian Left and the Beginning of Christian-Marxist Dialogue"。

102. Helen Cam et al., "The Christian Task," *News Sheet of the Auxiliary Christian Left*, July 1, 1936, 2-3, 2.

103. 同上，2。

104. Gore, *Christianity Applied*, 25-26.

105. "Towards a Christian Left," *News Sheet of the Auxiliary Christian Left*, July 1, 1936, 1.

106. 卡尔·波兰尼与莱维特对艾琳·格兰特采访的抄本，KPP, 30/3.

107. 关于波兰尼认为"附团"的成员对他的前景来说更为重要，见 Karl Polanyi to Irene Grant, October 13, 1933, MPP, 17/4，他盘算着附团的总助理，Zoe Fairfield "可能约定好要与我见面了"，而他如果不犯错，这一约定就不会被"取消"了。

108. Michael Polanyi to Karl Mannheim, April 14, 1944, MPP, 4/11; Michael Polanyi to J. H. Oldham, May 31, 1948, MPP, 15/4; Nye, *Michael Polanyi*, 10, 274-275.

109. John Macmurray, "The Early Development of Marx's Thought," in Lewis, ed., *Christianity and Social Revolution*, 209-236.

110. Polanyi, "Conflicting Philosophies in Europe," 5.

111. 无标题未标页的笔记本，KPP, 7/3, 30-61。

112. Karl Marx, *Der historische Materialismus: Die Frühschriften* ,ed. J. P. Mayer and S. Landshut (Leipzig: Alfred Kröner, 1932).

113. R.H.托尼：《宗教与资本主义的兴起》，第110页。

114. 无标题的残页，"基督教左派的出发点是人的宗教状况……"，KPP, 21/21。

115. Karl Polanyi, "Christian Left Group: Bulletin 2—Notes of a Week's Study on the Early Writings of Karl Marx," January 1,1938, KPP, 20/12, 13.

116. "Outline Notes for Speakers Explaining the Christian Left Position to Auxiliary Groups," KPP, 21/21. 所有的通告都没有署名，尽管艾琳·格兰特后来证实，波兰尼在其中发挥了根本作用，并且亲自就青年马克思问题写了第二份通告：Fred Block, "Karl Polanyi and The Writing of *The Great Transformation*," *Theory and Society* 32 (2003): 275-306, n 12。

117. Polanyi, "Bulletin 2," 10.

118. 同上，10，13。

119. 同上，6。

120. Polanyi, "Essence of Fascism," 375.

121. Polanyi, "Bulletin 2," 18。波兰尼此处并未给出明确的引用源，但可以看出他在引用马克思的《黑格尔法哲学批判》(1834/4)，而这一文也包含在Landshut和Meyer版的马克思早期作品选，而波兰尼和麦慕理对此下了很多功夫。

122. Polanyi, "Bulletin 2," 19. 引用了格奥尔格·卢卡奇的Geschichte

und Klasenbewusstsein (Berlin: Malik Verlag, 1922)，同时还有附文，"就我们所知，作者至少会一定程度上拒斥"波兰尼设下的立场。参看Georg Lukacs, "What is Orthodox Marxism?" 收录于格奥尔格·卢卡奇的《历史与阶级意识》(London: Merlin Press, 1971), 1-26, 2。

123.《大转型》全书贯穿了对"反向运动"或者说"双向运动"的概念的展开，比如可参考几个说明性的例子，原书第79—80页，第136—137页。

124. Mill, "Definition of Political Economy."

125. 卡尔·波兰尼：《大转型：我们时代的政治与经济起源》，第73页。

126. 波兰尼的阐释所展现的关于斯品汉姆兰法令的文论以及该文论本身的断裂，可以在以下作品中核对相关细节。对斯品汉姆兰体系做了最具综合性的处理的作品出自Mark Blaug, "The Myth of the Old Poor Law and the Making of the New," *Journal of Economic History* 23 (1963): 151-184。Blaug 更关心系统带来的影响，而非其实施的动机。关于波兰尼在关于斯品汉姆兰法令的文论的发展中扮演的角色，见Fred Block and Margaret Somers, "In the Shadow of Speenhamland: Social Policy and the Old Poor Law," *Politics and Society* 31 (2003): 283-323。Block和Somers同样还表述了政治家和政论家在关于战后美国就福利政策的论战中乞助于波兰尼的讨论，见Block and Somers, "Shadow of Speenhamland," 283-285。如欲了解为什么解决稀缺和劳动性贫困的问题在20世纪七八十年代的美国成为中心议题，见Himmelfarb, *The Idea of Poverty*（对斯品汉姆兰的讨论见第154—155页）。在公共政策问题上，对斯品汉姆兰法令的历史意义的争论一直延续到20世纪80年代末：见Peter Mandler, "The Making of the New Poor Law Redivivus," *Past and Present* 117 (1987): 131-157。

127. 卡尔·波兰尼：《大转型：我们时代的政治与经济起源》，第73页。

128. Cole to Polanyi, November 5, 1943, KPP, 19-6。科尔对波兰尼对斯品汉姆兰法令的演绎的批评预示了如今经济史学家用以和波兰尼的思想拉开距离的手段，可见Gareth Austin, *Land, Labour and Capital in Ghana: From Slavery to Free Labour in Asante, 1807-1956* (Rochester: University of Rochester Press, 2005), 7。对他来说，波兰尼坚持对前资本主义经济和资本主义经济做明确区分的做法，是站不住脚的。

129. Cole to Polanyi, November 5, 1943.

130. 科尔认为斯品汉姆兰法令"根本上是一种战时措施"：Cole to Polanyi, November 5, 1943, KPP, 19/6。

131. G.D.H. Cole to Karl Polanyi, February 11, 1946, KPP, 48/1.

132. 托尼的读者报告如今已经不存。而关于其内容的讨论，见Karl Polanyi to John A. Kouwenhoven, September 12, 1942; John A. Kouwenhoven to Karl Polanyi, September 11, 1942, KPP, 47/12。

133. Karl Polanyi to R.H.Tawney, September 12, 1942, KPP, 47/12; Karl Polanyi to R.H.Tawney, undated, KPP, 54/5.

134. Tawney, *Agrarian Problem*, 316; Polanyi to Tawney, September 12, 1942, KPP, 47/12. 波兰尼试图并也找到了途径来将其关于济贫法的章节寄给托尼，但他并没有选择这样做：Polanyi to Tawney, September 12, 1942; Tawney to Polanyi, September 16, 1942, KPP, 47/12；Polanyi to Tawney，1944年5月22日，KPP, 54/6。

135. Karl Polanyi to John A. Kouwenhoven, September 12, 1942; John A. Kouwenhoven to Karl Polanyi, September 11, 1942, KPP, 47/12.

136. 卡尔·波兰尼：《大转型：我们时代的政治与经济起源》，

第240页；J. L. & B. Hammond, *The Village Labourer* (London: Longmans, Green & Co: 1911), 137-149.同样可参看Sidney Webb, English Local Government: English Poor Law History; Part I (London, 1927), 176-182。韦伯写道："在完全不受监管的乡下，躲藏在一把熊熊燃烧的火炬就能轻易点燃的草垛和谷仓中，劳动者可不会安生地挨饿等死。"波兰尼还引用了阿诺德·汤因比将斯品汉姆兰法令的实施归因自"托利党社会主义"的做法，但汤因比的解释更接近于哈蒙德和韦伯的而非波兰尼的：汤因比笔下的地主"恐惧法国革命"，还有他们"通过收买使人们顺从"。Arnold Toynbee, *Lectures on the Industrial Revolution in England* (Cambridge: Cambridge University Press, 2011), 103-104。

137. Michael Polanyi to Karl Polanyi, October 19, 1943; Michael Polanyi to Karl Polanyi, December 17, 1943; KPP, 57/5.

138. Michael Polanyi to Karl Polanyi, December 18, 1943; KPP, 57/5.

139. Karl Polanyi to Michael Polanyi, October 19, 1943.

140. 同上。

141. J. H. Hexter, "Review," *American Historical Review* 50 (1945): 501-504, 502. 在某些地区，《大转型》，尤其是波兰尼对斯品汉姆兰体系的解读更被人所乐意接受。尽管社会学家T. H. Marshall承认许多他的读者会认为他的做法令人惊讶，他还是在斯品汉姆兰议题上接纳了波兰尼的路线；在这一新的编年框架下，Marshall得以就波兰尼提出的"反向运动"建立自己富有影响力的编年组合，而根据他的编年组合，贯穿了19和20世纪的"社会权利"的出现有力地对冲了市场资本主义。T. H. Marshall, "Citizenship and Social Class" (1949)，in T. H. Marshall, *Citizenship and Social Class, and Other Essays* (Cambridge: Cambridge University Press, 1950), 83。其时代另一位读过并思考过波兰尼的论点（但他同他后来的汤普森一样没有引用过波兰尼的话）的重要人物是莫里斯·多布，见Maurice Dobb, *Studies in the Development of Capitalism* (Cambridge: Cambridge University Press, 1946), 169。

142. 关于这一时期英国历史编纂学的倾向，见Michael Bentley, *Modernising England's Past: English Historiography in the Age of Modernism, 1870-1970* (Cambridge: Cambridge University Press, 2005), ch.5。同样可见Tawney, "The Study of Economic History"。

143. Lawrence Stone, "Lawrence Stone—as Seen by Himself," in A. L. Beier, David Cannadine and James M. Rosenheim ,eds., *The First Modern Society* (Cambridge: Cambridge University Press, 1989), 575-595, 579.

144. Keith Thomas, "History and Anthropology," *Past and Present* 24 (1960): 3-24, 3.

145. 卡尔·波兰尼：《大转型：我们时代的政治与经济起源》，第128页。

146. Undated letter, P. I. Painter to Karl Polanyi, KPP, 54-6.

147. Karl Polanyi to A. D. Lindsay, July 15, 1944, KPP, 47/13.

148. R.H.Tawney to Karl Polanyi, August 19, 1944, KPP, 47/13.

149. John Macmurray, "The Religious Task of the Christian Left," *News Sheet of the Auxiliary Christian Left*, March 20, 1937, 3-4.

150. R. H. 托尼：《宗教与资本主义的兴起》，第168页。

151. 例如可见，"Resolutions Submitted by the Auxiliary Christian Left to the Annual General Meeting at Cambridge, Easter, 1937," *News Sheet of the Auxiliary Christian Left*, March 20, 1937, 5-8, 6。

152. "Notes on a Talk with Dr. Tawney," February 12, 1936, KPP, 21-21.

153. 在1931年访问中国期间，托尼见到了"基督将军"冯玉祥，"他为他手下的皈依者，主要是他军队里的人，用一根水管施洗"；约翰·萨维尔后来回想起，这位大帅成了托尼20世纪30年代所做的席边谈话中的突出形象：Goldman, *Tawney*, 155, citing John Saville, *Memoirs from the Left* (London: Merlin Press, 2003), 4。

154. "Notes on a Talk with Dr. Tawney," February 12, 1936, KPP, 21-21.

155. R.H.Tawney to Evan Durbin, May 24, 1938, Evan Durbin Papers, London School of Economics (EDP), 7/4.

156. Tawney to Durbin, May 24, 1938.

157. Kenneth Muir, "The Heart of the Christian Left Message," undated, Kpp, 21/21, P.11; Karl Polanyi to Irene Grant et al. "Xmas 1933," Mpp, 17/4.

158. Anderson, "Components of the National Culture; " Stedman Jones, "The Pathology of English History," 29-43.

159. Polanyi, "Adult Education and the Working Class Outlook," 10.

160. 关于从另类视角看这一关键时刻的关注焦点从17世纪到19世纪的编年偏移，见Miles Taylor, "The Beginning of Modern British Social History? " *History Workshop Journal* 43 (1997): 155-176; David Cannadine, "The Present and the Past in the English Industrial Revolution 1880-1980," *Past and Present* 103 (1984): 131-172。

161. 如果想要了解被反资本主义的历史学家视为英国的资本主义兴起与大众起义被激发之间的第一次长间歇期的混乱时期，见Eric Hobsbawm, "The General Crisis of the European Economy in the 17th Century," *Past and Present* 5 (1954): 33-53; Eric Hobsbawn, "The Crisis of the 17th Century—II," *Past and Present* 6 (1954): 44-65。我们将在第四章继续探讨这一混乱时期。而事实证明，霍布斯鲍姆提供了对这一混乱是如何被解决的描绘，见Eric Hobsbawn, *Age of Revolution: Europe 1789—1848* (London: Abacus, 1977):

封建主义在19世纪早期的残留对霍布斯鲍姆关于工业革命的决定性意义的论点来说至关重要；波兰尼对斯品汉姆兰体系的阐释在霍布斯鲍姆的讨论中被反复地引用到（例如可见Eric Hobsbawn, *Age of Revolution: Europe 1789—1848*, p.65）——而该书对这一时段的涵盖是非常简略的，这不能不说是一个令人震惊的细节。

162. 卡尔·波兰尼：《大转型：我们时代的政治与经济起源》，第247页。

163. 同上，第96—115页。

164. 同上，第108页。

165. 同上，第96页。

166. 同上，第38页。

167. 同上，第96页。

168. 同上。

169. 同上，第97页。

170. 同上，第96—101页；Joseph Townsend, *A Dissertation on the Poor Laws: By a Well-Wisher to Mankind* (London: printed for C. Dilly, 1786)。关于汤森的专题论文的摘要及人们近期对其的讨论，见Jonathan Sheehan and Dror Wahrman, *Invisible Hands: Self-Organisation and the Eighteenth Century* (Chicago & London: University of Chicago Press, 2015), 225-232; Philip H. Lepenies, "Of Goats and Dogs: Joseph Townsend and the Idealisation of Markets—a Decisive Episode in the History of Economics," *Cambridge Journal of Economics* 38 (2014): 447-457。

171. T.R.Malthus, *An Essay on the Principle of Population* (Cambridge: Cambridge University Press, 1992 [1803; 2nd ed.]), 284. 马尔萨斯第一版《人口原理》没有引用汤森。卡尔·马克思相信马尔萨斯从汤森那里"整页

整页地剽窃"却不写明自己的出处，见*Karl Marx Friedrich Engels Gesamtausgabe* (Berlin: Dietz, 1990) 9: 560。关于马尔萨斯剽窃汤森的这一问题，参考Lepenies, "Of Goats and Dogs"。关于20世纪晚期，美国人在反对提供福利的争论中，摘要性地重述了汤森/马尔萨斯的"自然主义"，见 Block and and Somers, "In the Shadow of Speenhamland"；Himmelfarb, *Idea of Poverty*。

172. 卡尔·波兰尼：《大转型：我们时代的政治与经济起源》，第99页。

173. 同上，第100页。

174. Karl Polanyi to Michael Polanyi, October 23, 1943, KPP, 57/5, Michael Polanyi to Karl Polanyi, October 19, 1943, KPP, 57/5.

175. 同上。

176. Karl Polanyi to Michael Polanyi, October 23, 1943.

177. 同上。

变迁中的资本主义？

1938年，R. H. 托尼所著的《宗教与资本主义的兴起》以平装本发行。在新版序言中，托尼回顾了自这本书在十余年前发行初版以来"资本主义"概念的发展历程。他认为在1926年此书发行初版时，"任何一个友好的评论家都有可能在某份重要期刊中严肃指出：某本历史学著作中'资本主义'这个政治学流行术语的使用暴露了误入歧途的作者的险恶用心"。[1]换言之，在大家都关注着资本主义这一历史分析对象时，托尼是否是在唱反调？而到20世纪30年代后期时，时代又变了。"现今这类无意的错用并不多见，尽管仍有可能发生。"[2]托尼指出，"半个多世纪以来，来自六个不同国家的学者对这一话题的研究"证实了"资本主义"这一概念所描述的"现象"的确存在。并且，资本主义并不因其无历史或因其如麦基洗德*般的永存而"独特于其他人类制度"；相反，它存在着，而且它的发展经得起历史再现的考验。托尼对那些争论这一用词的人很不耐烦：

> 争论用词没有意义。如果有人发现了更妥当的用词，那只管让他用便是。然而，如果他不仅不使用资本主义这一词汇，还忽视了争论用词没有意义这一事实，那么恐怕他对先前3个世纪的欧洲历史本身

---

* 麦基洗德（Melchizedek）是亚伯拉罕时代的祭司。根据《希伯来书》，他好像是永恒的，无始无终。——译者注

不会太过关心。[3]

事实上，到20世纪30年代后期时，托尼认为应立刻将讨论的重心转移到新的争论点上。当时"更重要的问题是判定资本主义的不同类型及各个发展阶段，而非继续花费时间艰难而无果地讨论资本主义是否存在"。[4]

托尼此处的评论站在了两种不同争论的交汇点上。一者是关于历史编纂学方法论的争论。用如此总体化的、划时代的术语来编写历史是否合理？20世纪二三十年代，英国的史学家们带有其先辈传递下来的认识论重负，且这些认识论已经成为其先入之见。[5]那种认为历史学家就要简单地堆砌事实来如实地重建过去的图景的看法，已经难以为继。[6]但把历史学家当作为混乱而破碎的茫茫史料强加意义和共性的替代观点也并不尽如人意。赫伯特·巴特菲尔德对于他所称"进步史"的矛盾心理也体现了这种不确定性。巴特菲尔德既忠实于过往的独异性，也意识到在当下构建共性的需要，可与之等量齐观。他发现自己难以完成任何事情。[7]托尼在新版序言中提到的针对资本主义概念的怀疑论也正是那一时期的产物——这些怀疑论来自他的同行对重新审视他们过去对碎片化史料的钟爱的抗拒，也来自于他们对于以总体化视角阐释历史的不安。

一些以总体化整合的方式编写历史的先行者推测，批判更多见于对他们的努力而对非方法论的小瑕疵，而在人们对总体化整合历史的做法的否定中，不乏先入为主的偏见。[8]以总体性来想象过去的能力是社会批判的有力工具。这种新方法的倡导者和反对者都不难认识到这一点。[9]"如果资本主义并不作为一种历史实体而存在，"经济历史学家莫里斯·多布在他1946年的著作《资本主义发展之研究》中这样写道，"那么那些要求制度变革的批判家对当下经济秩序的批判就成了无的放矢。"[10]正如对托尼过度关注"政治流行术语"进行讽刺的"友好的批判家"所揭示的，对资本主义概念重要性的分歧至少在一定程度上，也是对限制历史作为社会批判工具的力量的辩驳。G. R. 埃尔顿在后来的回忆中说，《宗教与资本主义的兴起》是"两次世界大战之间最有害的书之一"，可见这些革新者们最终还是获胜了。[11]

在托尼呼吁停止讨论资本主义是否是一个值得关注的合理的历史编纂学术语，呼吁转而以剖析资本主义"类型"的"不同种别"、区分"其发展的各个阶段"为重心的同时，他也预见了另一场争论。那就是，英国人在1945年后重建的社会和经济秩序是否曾是"资本主义""类型"的一个"种别"。1945年后，得益于恢复中的欧洲民族国家大量发放可观的救济金，加之国际主义的重生和美国的经济支援，两次大战期间的宪法危机、工人骚乱和失业的戏码，欧洲左右翼的极端暴力风潮的阴影，业已让位于战后秩序的重建。联合政府*巧妙运用财政政策和货币政策来控制有效需求，从而维持了充分就业状态，保障了国内的繁荣稳定。J. A. 霍布森曾于1937年自信地预测道：马克思所预言的资本主义的总危机已经近在眼前了。[12]然而他们预测的总崩溃并没有成为现实。这迫使那些资本主义的批判家重新审视他们的论点。霍华德·布里克把20世纪中叶美国的社会批判描述为一种"超越资本主义"的尝试。[13]到了20世纪40年代后期，一种相似的尝试开始在英国成熟：在整个20世纪四五十年代，托尼于20世纪20年代开创的对资本主义的批判，被人们从一系列不同的角度改写为针对公认的后资本主义时代的批判。

在1938年版的序言中，托尼在认可资本主义这一历史学类型存在不同

---

* 原文为National Government，指丘吉尔在1945年短暂设立的看守政府。National Government既可指由H.H.阿斯奎斯和大卫·劳合·乔治在第一次世界大战期间组建的跨党派联合政府，也可指丘吉尔在第二次世界大战期间的跨党派联合政府，但后世则多称呼为"联合政府"（Coalition Government）。丘吉尔在1945年短暂设立的看守政府在当时也自称为国民政府。——译者注

种别的同时，也承认了重新修正他过去的一些批判的必要性。而到了1950年，托尼更进一步了。"这头怪兽确实比看起来要驯良，"托尼于1950年写道，"比起一个世纪之前社会主义者初次把探照灯打向它时所想象到的样子更驯良。"

> 它的姓名自它在丛林中狂野嚎叫、肆意奔踏时起就未曾改变；但……姓名之未变掩盖了一个事实：它在遭受从头到脚的惩戒性毒打之后，轻微减少了它的非社会化本性，尽管不太情愿。[14]

如何将托尼在此处暗示的这种重建过程及其结果精确地加以概念化，这将成为战后左翼社会政治思想的当务之急之一。即便是在那些对引起极大争论的总体化历史学和社会学实践敞开胸怀的人当中，资本主义概念的意涵和指代也在1945年之后变得多种多样。作为回应，有人削减了资本主义概念中原本相对窄化且固化的经济学定义；有人则彻底抛弃了对资本主义这一概念的使用，转而使用其他的替代词来描述社会经济制度，比如"管理主义"、"国家主义"、"后资本主义"等就是典型的替代词。正如莫里斯·多布在《资本主义发展之研究》中聚焦于劳动力市场，以之为资本主义的"本质"特征那样，把资本主义想象为经济概念的做法正在逐步地使经济史再次同在世纪之交时与之分道扬镳的经济学古典范式的基础趋向一致。而这一倾向正是托尼和卡尔·波兰尼批判莫里斯·多布及其追随者的原因之所在。[15]与此同时，战后社会秩序被想象成完全与资本主义概念无关的东西，或是源于资本主义却又超越了资本主义的变异体，又或是"后资本主义"之类的其他东西的发端。在这类想象中，资本主义所引发的"道德关系"问题不复存在，因而那些在两次大战期间构成的批判面临着被彻底推翻之虞。

资本主义的历史范畴在20世纪40年代晚期变得岌岌可危，这使得道德经济学家在批判中修正由托尼和卡尔·波兰尼所提出的这些术语一事显得格外重要。批判中的另一关键词——人类品格——也变得问题重重。波兰尼替换了托尼的理论中关于人的概念，认为基督教意义上关于人的概念需要经过修正才能更贴近现代世界。波兰尼一开始用的是马克思主义的对等概念来替换托尼理论中的概念。然后他基于亚当·斯密的论述，又提出：我们无须对人类品格做出明确的概念化，否则就会无意中使功利主义变得常规化了。波兰尼尝试回避将人类品格加以概念化的必要性，并以此为中心展开对资本主义的批判。虽然这些批判并没有被广泛接受，但他以世俗的人的概念取代神学的人的概念的尝试则掀起了一波新的浪潮。在接下来的十年里，一系列其他的关于人类品格的现代模型不断涌现，与波兰尼提出的马克思式替代选项并驾齐驱。发源自弗洛伊德之后的心理学家、从南太平洋诸海域归来的人类学家、专注研究官僚主义的社会学家，他们关于人类品格的概念异军突起，突然成了在早先的神学语言和新近的自然神学概念中对人类品格进行定义的对手。

在这一章中，我们将考察两个试图"超越资本主义"的冒险尝试。第一个是作为经济学家和政治家的埃文·杜宾的作品。他是托尼的门徒，是英国工党知识分子在20世纪五六十年代发起的意在将党加以现代化的修正主义运动中的一位影响深远的人物。杜宾吸收了托尼对资本主义的批判，将解决道德关系问题作为自己的当务之急，同时也改造了托尼的批判以适应一种截然不同的资本主义概念。杜宾自己为这一概念提出了一个复杂的名称："国家组织下的私有制垄断资本主义"，这个概念被他的理论接班人安东尼·克罗斯兰简单地称为"后资本主义"。[16]杜宾坚持认为资本主义的这一转型并没有解决托尼所发现的社会问题。但它的确让托尼发现的社会问题变得更易于设想了。杜宾利用托尼未曾使用过的分析工具——两次大战期间人文科学传播发展的成果——来构想出解决这个问题的办法。

杜宾仍然把人类品格放在中心位置，但他并没有使用新教神学的术语来理解人，而是使用了社会科学中发展出来的术语。除了对资本主义和人类品格做了与托尼截然不同的理解之外，杜宾还以某种程度上不同于托尼的方式察觉到托尼提出的"道德关系"问题与经济学学科的联系。从杜宾身上，我们可见托尼所开创的对资本主义的批判是在何处以及如何与两次大战期间的经济理论的发展进行互动的。与之相伴的，是以A. C. 庇古的福利经济学和约翰·梅纳德·凯恩斯的宏观经济学理论的出现为标志的，经济学科内的"反自由放任"的浪潮。

杜宾的程式在托尼于20世纪20年代开创的批判范畴之内成形，他正是站在托尼设立的前提之下，才得以启动其知识旅程的，将自己主旨的提出归功于托尼批判中的关键术语。但这一批判同本章要集中讲述的第二种"后资本主义"冒险间的关联就不那么明显了。这第二种"后资本主义"的冒险尝试则是社会学家卡尔·曼海姆进行的。曼海姆——又一个匈牙利犹太人——在20世纪30年代初，怀揣着一系列与卡尔·波兰尼不同的知识取向来到了英国。在布达佩斯时，他曾经是格奥尔格·卢卡奇的"形而上学"俱乐部的一员，但对奥斯卡·贾希的实证主义团体不感兴趣。[17]他曾离开布达佩斯，途经维也纳到海德堡，与马克斯·韦伯的追随者一同学习社会学，听马丁·海德格尔的演讲。在英国，曼海姆结交了一群更为保守的资本主义批判家。他于1936年出版的《重建时代的人与社会》，在20世纪40年代早期获得了一批保守派议员（以1944年《教育法》的设计者R. A. 巴特勒为首）的短暂支持。与杜宾一样，曼海姆认为资本主义指代的只是一个极为短暂的时期，取而代之的是一个新的范式，在这其中，经济理性受到了一系列试图使被资本主义瓦解的"重要关系"以一种新的后现代形式而得以重建的社会规范或戒律的驯化。在20世纪40年代早期，曼海姆的一个重要对话者是T. S. 艾略特，他也时常订阅关于托尼对资本主义的批判文章。他们之间的辩论有助于曼海姆明确他的后资本主义视角与托尼在20年代所提出的范式之间的冲突之处。[18]与杜宾一样，曼海姆也将人类品格放在中心位置，但他在如此定位人类品格时，援引的却是社会科学，而非神学或哲学。如果说杜宾超越资本主义的尝试有助于我们看清道德经济学家对资本主义的批判是如何与两次大战期间的经济理论相联系的，那么曼海姆同艾略特等人之间的交流则使我们能清晰阐明道德经济学家的批判同20世纪三四十年代关于计划经济的论战之间的某种关联。

　　本书主要关注的托尼的批判的特定发展序列（经由波兰尼和汤普森），并非是这一批判唯一的发展序列：本章即将弄清楚这一点。但本章的目的并不仅限于确定这些讨论的衍生线索。认识到杜宾是托尼的学生，而曼海姆也参与了以托尼为中心的社会思想骚动，并不能产生什么新的知识。但在此重申人们早已熟稔的背景并不是无益的，这提供了更为广阔的对知识的、社会的、政治的大环境的解释，给了尚有疑问的读者以检验我对道德经济学家对资本主义的批判的重要性和集中性的论断的机会。但这还有一个更具体的目的，那就是证实我在此书中首要关注的发展序列：经由波兰尼到汤普森，再到其后来者。本·杰克逊及其他人也认为，托尼的"伦理社会主义"与以杜宾和克罗斯兰为典型的更为技术官僚化或更工具性的社会主义间的交汇点，是极为重要的。他们认为，在这些交汇点上，一份高贵脱俗的事业又一次地与社会政治的现实相妥协。[19]对这些历史学家而言，我们应该从杜宾、克罗斯兰、曼海姆以及与他们思想同源的人身上，找到将托尼的批判加以调整，以适应我们自己的时代的方法。可我个人认为这种创新相对而言是无效的。如今，道德经济学家自经济学科以外发动的对经济学思维的攻击，同试图从内部革兴这一学科的尝试之间，已有富有希望的会聚点。但我们需要有超越杜宾和克罗斯兰的视角，才能找到这一汇合点。不必诉诸威权主义，就能培育出工具性的手段来应对社会协调之失败的充满希望的尝试，的确曾经存在过。而在这些尝试之中，曼海姆的构想并不是最为杰出的。

那么我们应该从何处寻找对道德经济学家的批判来说最有希望的补全呢？有人试图将发展自英国的以人类品格为基础的对资本主义的批判同欧洲大陆的人格主义时期联系起来——近年来，塞缪尔·莫恩和扬－沃纳·穆勒（Jan-Werner Müller）及其他人小心地将这一时期的特点和重要性重构了出来。[20]一些更为深入的研究则试图矫正对天主教社会思想的关注左右了学术界倾向的局面，转而上溯年代，试图考察新教神学在英国、美国、荷兰、德国，是如何在这场更为广阔的骚动中运作的。这些研究很可能会发现在其书中重构的对资本主义的批判与更为广阔的"人格主义"骚动之间的联系。但我在此并没有选择去试图阐明这些联系。我个人认为这些联系比起本书后面将关注的内容来说，只是些次要的东西。关于人的保守的、反极权主义政治在跨越两次世界大战的时间里迅速被分解为一种人权话语。[21]而经世俗左派在20世纪70年代的重新阐释，这种人权话语在20世纪晚期成为推动改革倡议的主导纲领——每一个有抱负的政策制定者都不得不与该运作系统打交道。[22]现在我有理由质疑这一人权霸权是否那么可取。[23]因而我对托尼及其后继者的兴趣部分来自我自己的理解，我注意到他们回避了关于权利的话语，转而青睐于用其他方式来讨论对他们而言是当务之急的自由和团结问题。相应地，我未对道德经济学家同欧洲人格主义之间的联系（后者被认为是20世纪晚期人权理论在跨越两次世界大战时期的鼻祖）进行探索，我更倾向于关注他们观点的发展以及他们的观点是如何引发与人权的主导框架不同的议程的。

我并不打算带着20世纪晚期人权理论的框架，从欧洲人格主义的角度来阐明道德经济学家对资本主义的批判，故而，在接下来的部分，我将试图把此处重构的道德经济学家对资本主义的批判同战后经济的特殊发展联系起来。我在本书后半部分的观点是：我们应该从经济理论自身的一系列特定倡议中寻找对道德经济学家的资本主义批判而言最为可靠的补完。与之相关的发展可以被归类为社会选择理论的前身。这一理论大厦的最初奠基是肯尼斯·阿罗于1951年出版的《社会选择与个人价值》，我们将在结论部分讨论此书。[24]而在社会选择理论的倡议者中，阿玛蒂亚·森是最富创新性和同情心的。正是在这一社会选择理论的战后发展中，道德经济学家对资本主义的批判同其更为工具性或技术性的方法相吻合了。本章将通过介绍森作为对产生于两次大战期间的福利经济学的批评家的身份，以开启本书余下部分有关道德经济学家对资本主义的批判与社会选择理论之间的互补性的讨论。

民主社会主义的政治

一些较小的群体和运动对资本主义的道德主义抗议一直贯穿了20世纪40年代。出庭律师、前自由党议员理查德·阿克兰带领的普济党（The Common Wealth Party）就是其中之一。[25]受阿克兰的文章和平民主义作家 J. B. 普里斯特利的支持鼓舞，普济党提出了"以基督教伦理为基准的社会道德规范"，并阐明了"实践这一规范的政治经济后果"。[26]一些此前曾为波兰尼所属的基督教左派的成员（包括约翰·麦慕理）也与阿克兰相熟识。1945年后，普济党成员被工党大量吸纳，但它的成员继续支援了一些在20世纪四五十年代著名的非政府组织的创立，包括1947年创立的基督教行动（Christian Action）和1958年的核裁军运动（Campaign for Nuclear Disarmament）。[27]还有一个自我标榜为托尼和基于"伙伴关系"的资本主义批判的拥护者的后继组织，即社会主义者联盟（Socialist Union）。它于1951年成立，但在20世纪三四十年代，在反天主教的工业关系专家艾伦·弗兰德斯（Allan Flanders）及其社会主义先锋队的活动中已见前身，社会主义联盟寻求的是"重建'劳工运动早期的强烈伙伴关系感'，重燃后来'在工党的词汇中黯淡下来'的'早年理想'"。[28]他们的行动并不以新教神学或马克思主义为基础，而是含糊地源于在他们与德国的国际社会主义者战斗联盟（Internationaler Sozialitischer Kampfbund）成员之间的通信中诞生的新康德主义原则。[29]

但在其中没有一者是像托尼门徒埃文·杜宾于1940年发表的《民主社会主义的政治》所尝试的冒险那样，紧密地与托尼本人相关联。杜宾生于1906年，成长在德文郡的自由党非国教徒之家。他是浸信会牧师的儿子、杰出的公理会教友的孙子，"上帝和格拉斯顿先生"对他的成长有着最为重要的影响。但他直到成年之前都"不确定""何者更为重要"。[30]到20世纪20年代晚期——在他于牛津大学新学院相继学完生物和政治经济哲学后，而在伦敦大学学院获得经济学研究员职位前——他丧失了对上帝和格拉斯顿先生的信仰。他成了他其后于1937年称之为"好战的温和派"的社会主义的信徒。托尼的影响（这种影响施加于伦敦政治经济学院，杜宾于1930年开始在此担任经济学讲师；这种影响也施加于工党，杜宾在党内的影响力与日俱增；这种影响同样施加于工人教育协会，整个30年代杜宾都在那里发表演讲）是极其显要的。[31]杜宾吸取了托尼对资本主义兴起的解释，也吸纳了托尼对貌似由资本主义引发的政治不稳定的理解和担忧。与托尼一样，杜宾拒斥以经济要素为第一的命题：资本主义兴起的原因在于被更替的"思维习惯"、新的"感性判断"以及一种突然出现的"知识机制"——它解放了曾被习惯所层层束缚的贪婪本性。[32]杜宾追随着托尼的脚步，也试图将市场生产和消费的动力放在更广阔的社会背景下讨论。杜宾（也是跟随着托尼）还认为，经济原因并不是资本主义在当代不稳定的唯一原因，甚至不是主要原因。"事实在于，我们作为人类，"杜宾于

1939年写道，"并不仅仅是经济的存在，我们全都会思考并感知其他事物，也全都会被他人的忠诚打动。"[33]

杜宾同样也全神贯注地关心爱德华七世时代晚期的宪法危机——这是因为，这一事件在马克思式论点中有其对应物，即一切社会的历史都是阶级斗争的历史。工业关系和对"社会问题"的回应使得自由党和保守党大打出手——阶级问题正是战前危机的部分背景。[34]从1912年到1914年，各势力围绕着阿尔斯特施加其策略，在许多人眼中，英国已经到了内战边缘，而这场危机的激化因素正是两党议员间的个人恩怨——或者说，是出于托利党议员因自由党占多数打破其蝉联美梦而受损的自尊心。杜宾在他对阿尔斯特危机的回顾中给以下文字画了下划线："在英国自由党与保守党之间，没有什么阶级问题，没有什么由经济特权引发的严重问题。"[35]战前的危机挑战了马克思的历史变革理论。它反而倾向于维护——对杜宾而言——早先对政治不稳定因素的理解。"威胁着民主的力量，"杜宾解释道，"正是诸种感性力量。"

> 毁灭民主的是人类激情，而根据历史学和人类学证据来看——它也是自然的、正常的激情。民主是一种既难于建立又难以守成的系统，因为能构成国家的感性品格必须留存于广大人民个人身上，而这些品格既难于创造也难于持存。[36]

前文已经提到，托尼对爱德华七世时代晚期的那场危机的批判是为了指出，一种能防止"异议、分歧"演变成"不协调、痛苦和激恨"的"互相理解的背景"在现代英国社会的缺位，同时为了对此予以纠正而要把视野放到"古典政治理论"之外。G. D. H. 柯尔的作品和格雷厄姆·沃拉斯的社会心理学在这个方向上成了他的启蒙读物。杜宾遵循了与他们相似的路径，但却走得更远，找到了更多可资利用的丰富来源。在托尼的时代，心理学的发展还没有比威廉·詹姆斯不成熟的实验高出多少。20年后，杜宾却可以援用已得到初步发展的社会科学中积累的更多的知识储备，尤其是"个体心理学"。[37]"社会科学家，"杜宾极力主张，"必须透过心理学的显微镜看问题；政治家也是一样。"

> 然后他们将会看到他们所一直研究且必须继续研究的真实且肉眼可见的政府机构、财产、党派和革命，瓦解为千万个个人的野心和爱国精神，私密之爱恨和无意识的目的及需求的碎片。[38]

关于国家和组织的本质的"高论"自此被对"冲动和意志"的关注取代了，后者是人们参与"社会行动"的驱动力，其动力是杜宾称之为"感性均衡"的东西，而形成这种均衡后，"稳定的民主习惯"的状态也达成了。[39]

与托尼一样，杜宾也承认国家或"政府"的不可或缺性——对于"以保证群体内部和平为有意识的清晰目的而构建起的暴力装置"而言，国家或"政府"是社会秩序的前提。而杜宾运用的术语比起托尼曾使用的任何一个术语来说都更为确切，他以这些术语架构了"一个首要而且更为根本的问题"："和平是如何在一个既没有政府又没有任何约束斗争的有效机制的群体中产生的？"在查看了大量以行为心理学分析技术的发展为基础的有关动物和儿童的社会互动的早期文献后，杜宾总结道：人类会感受到"快乐……在有其他人类陪伴时"。"社会性，"他还总结道，"是社会存续与稳定的独立原因。"

> 如果说，人类历史上有一条比其他法则都更根本的生存法则，或者一种比其他的行为形式都更为独特的行为形式，那就是协作的法则及其实践，而非那些有害的，甚至有时是创造性的斗争的法则和实

践。我们之所以得以生存，是缘于社会的法则。我们能取得胜利，是
因为我们在实践中结成共同体。[40]

"人类是社会动物，"杜宾强调，"其社会性与智力的结合"是"人
类生存价值的主要来源"。社会性并不是社会秩序存在的充分条件。杜宾
认为"政府的社会机构是对社会的强有力的和平保障，对全人类都有不可
估量的益处"这一"古老且显而易见的政治理论总结"是无可辩驳的；而
政府的不在场也就意味着秩序的不在场。[41]但如果说暴力威胁有时对于控
制侵略性来说是必要的，社会性的某些习惯同样也能够"减轻社群内部的
侵略性带来的压力"。[42]国家是社会秩序的必要框架，但在这一框架内，
协作和共同体的实践得到了发展，而这减少了对强制的需要。

这一对"社群内部的侵略性带来的压力"的减轻，在资本主义制度下
尤为有效，至少在英美是如此。对杜宾而言，问题不在于国家的强制结构
和人类团结的内在倾向是如何无时无刻无地产生相互作用的；问题在于，
这两种动力是如何在特定的"社会"背景中相互作用的，这一背景即英美
是两个"建立在代议制民主政治制度和资本主义经济系统的联合之上的国
家"。[43]这一代议制民主的政治制度和资本主义的经济制度的联合究竟引
起了什么特殊的或者说历史的协作和共同体实践呢？对杜宾来说，英美在
整个资本主义和民主的时期，培育出了"某种个体身上的感性均衡""某
种特定类型的性格"，使"一种品格"与民主的成功联系起来。事实上这
种"感性均衡"，对杜宾而言，是"稳定的民主习惯的终极原因"。[44]

相应地，这一均衡和民主习惯是在经济扩张的动力推动下形成并得以
加强的。古典经济学家曾认为，资本主义下的经济扩张将废除政治，可他
们错了。马克思则期待，作为资本主义扩张逻辑下的一部分阶级矛盾，表
现为无产阶级劳动者的"剩余"价值被剥削、贫富不平等加剧，最终会引

发革命性的危机。杜宾则强调，经济与政治之间的确存在着某种联系，但却要比前述两人的看法来得更为精妙。经济扩张催生了稳定：提高的实际工资能安抚政治，自由放任资本主义的"社会成功"，"毫无疑问"在于"由其产生而且也只能在其之内产生的巨大经济增速"。[45]但在晚近的时代情况就不一样了：在"资本主义秩序的当代变体中"，"物理扩张的步伐"不再是"社会稳定的唯一来源"。可见，资本主义是具有适应性的。杜宾在20世纪30年代晚期写道，他相信，"一种新的变体——一个资本主义的新亚种正在我们眼前出现"。[46]而这一资本主义的新亚种已经适应了社会性的新形式，并为托尼的"道德关系问题"的解决拓展了新的前景。

在《民主社会主义的政治》中，杜宾考察了"资本主义近来的变化"，而证实了他的推断，经济社会系统的新"亚种"正在成形。杜宾给这一正在成形的系统起了"由国家组织的私有制的垄断资本主义"这么个"臃肿而混乱的名字"。[47]使资本主义得以诞生的"思维习惯"——理性和贪得无厌性——"仍然是支配性的，根本的"。但资本主义的其他关键制度——企业自由、财产——正越来越受限制和缩减。工会力量的增长和集体议价方式的传播，肇因于公司财务技术发展的资产阶级内部管理阶层的出现，垄断的增长，以及"物质规划"运动或者说由国家来调控工业，这些都对通过创造更青睐稳定而非变化的"忠诚和利益"，而对"理性和贪得无厌性"的本能的自由发挥施加了限制。[48]对杜宾来说，在这方面尤为重要的，是"社会服务"的增长以及为这一增长提供了资金的财政政策的变化。

当个体在面临人生的重大危机时能得到某种措施上的支援的社会——他在失业、生病或年老时能获得一些收入——要比当个体在遭受不可避免的灾难后，好则受济贫法羞辱，差则饿死街头的社会，来得稳定得多，也因而令人满意得多。[49]

"这头怪兽"——回到托尼对资本主义的这些发展的注解（他在其中提到了杜宾）上来——确实"比……它看起来更驯良"。并且由于整个系统颇能对"从头到脚的惩戒性毒打"起反应，它也比许多人预测的要来得稳定得多。

托尼曾读过《民主社会主义的政治》的手稿。他也为这本书的出版做出了贡献，在该书出版前，托尼就曾私下赞扬过它，出版后则是公开地赞扬。他对杜宾基于新弗洛伊德主义心理学而做出的创新特别感兴趣。最初有人曾多番劝说他，告知他这种方法的好处，而托尼在读过杜宾1937年发表的著作《个人攻击性与战争》（*Personal Aggressiveness and War*）之后承认，起先一种"对这一方法路径的庸俗怀疑"搅扰了他。但现在看来他深受其文的触动：他在于1939年9月给杜宾的信中写道，"确实很不错"。[50]杜宾也沿用了托尼关于社会问题的想法——阻止异见发展为矛盾和不和谐的困境，为实现这一目的而需要超经济的"道德关系"。但就他自己的成果而言，他发现了思考超经济维度的新方式。托尼曾以新教神学的术语来设想得到重塑后的道德关系。杜宾则使用源自对弗洛伊德及其后继者的解读的"感性均衡"这一术语来接近这些维度。尽管两种解决方式在此都再一次运用了同一形式：他们都没有采用与古典政治理论有关的国家或协会理论的形式，而采用了有关社会性的理论。如果说杜宾深受托尼关于现代社会和政治问题的想法的触动的话（关于资本主义的道德真空导致不稳定的方式），那托尼从杜宾身上得到的，则既有对他自己开创的对资本主义的批判的证明，也有对他的批判需要修正的证据。[51]

福利经济学

杜宾的《民主社会主义的政治》本是两卷系列中的第一卷。另一卷名叫《民主社会主义的经济》。如果说这第一卷使托尼心潮澎湃，那么第二卷——如果它问世了的话——可能就不会如此受欢迎了。[52]前文提到，当托尼在费边运动中察觉其朋友悉尼·韦伯和比阿特丽斯·韦伯对血汗劳动的谴责有多么无能为力时，他对资本主义的批判才开始成形。韦伯夫妇的功利主义优先考虑的是大多数人的幸福，他们只对在总效用计算中作为整数的个体感兴趣。如果血汗劳动仅让少数人悲惨却能让多数人更幸福，那它就是值得辩护的。托尼——他深信每一份人类品格都有着无限价值——认为这一态度是昧良心的。对功利主义的敌意对于托尼所开创的批判传统而言是至关重要的。但在20世纪30年代，一些与托尼的批判保持一致的年轻知识分子也开始尝试在忠诚于其做出的批判与某些特定的功利主义范式间做些调和。[53]他们试着重新肯定对人类个体价值的承诺的不同版本，以及经济学"技术化词汇"中伙伴关系（特别是在A. C. 庇古及其他人于20世纪二三十年代开创的"福利经济学"的形式中）的重要性。[54]他们就此脱离了托尼所开创的批判传统——无论如何，这既是20世纪50年代修正派在工党左翼中的知识分子对手所持的观点，也是E. P. 汤普森及其同事在数年后的新左派运动中所持的看法。

在他年轻时，就像他远离了费边主义那样，托尼对阿尔弗雷德·马歇尔的经济理论也产生了敌意。他把经济"科学"中对人类行为的观点当作"蠢话"。[55]他指责同行，因为他在他们身上发现了与韦伯夫妇相同的东西——对功利主义推理的忠诚，在其中，托尼归之于人类品格的无限价值是不被承认的。在介于托尼决定把经济学弃置一边与他在伦敦经济学院将年轻的经济学研究生埃文·杜宾和休·盖兹克纳入麾下的20年间，英国学术界的经济学理论经历了戏剧性的变化。[56]早在托尼的时代，经济学家就已经越来越意识到社会问题的重要性，并认识到国家对社会问题应担负责任，同时他们还明白通过颁布社会政策来解决社会问题的前景使得古典经济理论［在这一理论中，对市场的分配决策制订功能的补续（supervention）似乎对市场运行是有害的］愈发显得落后了。但在20世纪20年代，经济学科内对这些问题的反应增强了。A. C. 庇古于1907年接任阿尔弗雷德·马歇尔在剑桥大学的政治经济学教授席位后，开始列举市场失效的例子，还有经济运行的后果没有被自由市场正确地测算或加以分配的"外部性"的情况。[57]在20世纪20年代中期，理论界将市场在放任自由运行，而就连对其施加最小化的干预也受到指责的状态，命名为"古典的"或"自由放任的"理论。[58]10年后，约翰·梅纳德·凯恩斯撰写的《就业、利息与货币通论》一书引发了一场经济理论的革命，他将特定的市场失效的孤立案例（在其中，国家干预乍一看是值得辩护的）置于次要地位，转而重视包括了政府在需求管理中的完整角色的宏观经济模型。[59]

在"技术化词汇"的作用下，那些与托尼推进的相似的改革主张如今得而问世，有两个因素有助于解释"技术化词汇"对杜宾一代的吸引力。首先是知识界不断增长的对表面上满载事实而实际与价值无涉的分析工具的偏好取向。哲学家对康德认识论之崩溃的回应以及欧洲在20世纪二三十年代"极端的年代"的开端，为在公共话语中消除有争议的形而上学而构建了与之相应的论点。[60]描述了经济理论的新发展的科学词汇比起托尼所使用的明确的道德习语来，要更易于充分表现这种趋势。[61]"经济术语"因而成为对早先提出的"更为复杂的道德命题的勉强代替物"。[62]但对很多与杜宾一同试着从托尼的批判转换到经济学家的技术化词汇的人来说，后者的吸引力与其说在于它价值无涉，倒不如说是因为它能以一种更易于辩护的形式重现其依然保留的对一些特定价值的残余影响。"对我们中那些在英国政治生活的自由民主传统中长大的人来说，"杜宾于1940年写道，"一种特定形式的功利主义是刻骨铭心的，而且到死也不会离开我们。"[63]福利经济学为杜宾及其同辈赋予了一种具有特定形式的迟来的功利主义：在庇古的作品中，可以发现隐藏在功利主义范式中的平等主义潜能，而这正是杜宾及其同辈试图从托尼的道德习语转换到福利经济学语言所依赖的基础。[64]他们因而在主张再分配干预政策时，不再依靠"经济正义"的"大炮"，而是开始借用总效用计算的力量：在其他一切条件都同等的情况下，进了穷人口袋的一英镑会比进了富人口袋的一英镑创造出更多的效用。[65]

吉姆·汤姆林森在回顾这一时期时叹惋道：托尼没有很快地看到他自己的议题与福利经济学家们的议题间的协同作用。[66]汤姆林森坚信，如果托尼在20世纪20年代就尝试过杜宾和其他人于20世纪30年代才完成的东西，工党就有可能集中其力量，避免1931年的灾难的发生。*但是其论点是建立在双重误解之上的：第一重误解，认为托尼对资本主义的批判与功利主义范式是可调和的；第二重误解，认为福利经济学确实可以推进杜宾从托尼那里继承下来的平等主义目标。假设托尼本可以转向庇古的福利经济学，则误解了他对功利主义深切的反感。正如第一章所提到的，这一反感足以使他同作为终身好友的韦伯夫妇产生不和——他们对平等主义目标的更广泛承诺远比剑桥经济学家宣称的要来得显著。这两者之间是不可能妥协的。而认为托尼本该很快看到庇古福利经济学的优点的看法，实在太轻易地接受了庇古及其学生提出的理论确实应享有平等主义声誉这一说法。后来的一代人对剑桥的福利经济学是否确实在对功利主义的某些应用中发现了平等主义的可能性表达了质疑。[67]当穷人得到额外的英镑时，总

---

* 指1931年8月内阁因应付经济危机的政策产生重大分歧，首相、工党党魁拉姆齐·麦克唐纳被迫辞职，工党分裂。——译者注

效用的功利计算就增加了，这种假设过于简单，以至于使这一情境完全不可信。一个蹩脚的推理就能获得可信的外表（阿马蒂亚·森如此论过），这仅仅是因为伦敦政治经济学院的教授、反对反自由放任主义在经济学理论中进行创新的卫道士领袖莱昂内尔·罗宾斯（Lionel Robbins）对其进行了抨击。[68]事实上，功利主义对于推动平等主义价值而言，是极为拙劣的手段：既使不论罗宾斯的抨击，它也完全未包含进行人际间比较的手段，因而不能在定量的分配问题上做任何区分。我们将在结论一章再次回到这一问题上来。

如果福利经济学和道德经济学家对资本主义的批判之间的兼容性是颇可怀疑的，那么更广泛的凯恩斯主义革命又如何呢？杜宾和他的同辈不太确定，凯恩斯的宏观经济理论是不是要比庇古的福利经济学更符合他们的目标。[69]凯恩斯主义的经济刺激方案最终得以应用的主要手段之一是社会支出，而就"社会保障"措施有助于缓解经济不平等以及在更广阔的层面上解决"道德关系问题"而言，道德经济学家的批判与凯恩斯的观点之间存在着潜在的协同作用。但杜宾从不相信社会支出是解决托尼的"道德关系问题"的合适方法。而就凯恩斯而言，道德关系问题以及整个社会问题对他来说都是附属的：他最关心的是解决"经济问题"。[70]就个人而言，凯恩斯与托尼有着共同的批判的中心关切，尤其是对"贪得无厌性"的反感。他期盼（尽管他并非没有恐惧）这样一个时代的来临，其中为满足这些贪得无厌的动机而出现的任何生产目的都已失效——竞争已经变得富有生产性，以至于"绝对"的需求能够得到满足，故而"经济上的需要"不再在人类动机中占有一席之地。但凯恩斯于1930年写道，"这一切"，"还没有到来"。按凯恩斯的计算，经济问题还要"一百年"才能得到解决，而为资本主义制度所悬置的道德关系问题在此期间会不止一次地被提起，又被回答。[71]

资本主义的未来？

1941年6月，安东尼·克罗斯兰尚为一个早熟而默默无闻的年轻人，他正在欧洲大陆以一名伞兵的身份在军中服役。他写信给一位朋友，称他期望在战后创建"应对资本主义未来的杜宾－克罗斯兰联合阵线"。[72]

1948年后，杜宾本人则成了对此无法再发声的伙伴——他为了救女儿而跳入海中，被淹没在康沃尔郡的海岸旁。但是"应对资本主义未来的克罗斯兰－杜宾联合阵线"则在50年代形成了，并席卷了整个工党，使得休·盖茨克取得了议会党的领导权。克罗斯兰从欧洲回到英国后（他曾在牛津圣三一学院获得古典学中等学位），回到母校攻读政治经济哲学，成为牛津大学辩论社的主席，并找到了经济学学监的工作。1949年，他在庇古派经济学家、财务总理休·道尔顿的赞助下，于议会选举预选获胜，并最终当选议员。1952年，克罗斯兰向《新费边社文丛》投稿，稿件名为《变迁后的资本主义》（*The Transition from Capitalism*），呼应的是杜宾1940年的著作第二部分的题目《变迁中的资本主义》（*Capitalism in Transition*）。在1956年出版的《社会主义的未来》一书中，克罗斯兰持着"马克思很少或者说根本没有为当代社会主义者提供什么现成的东西"这一他在战后得出的结论，而将杜宾列为在两次世界大战之间"一小部分"在工人运动中"同马克思主义潮流保持距离"的知识分子之首，以此向其致意。[73]

在英国，使社会民主主义思潮超越《失败的神》（*The God That Failed*，克罗斯兰1949年的著作，论述的是资本主义度过了两次大战之间的危机）关于马克思主义论述之努力的，除了杜宾的事业外，还有很多是"管理主义"（managerialism）或"官僚集体主义"（bureaucratic collectivism）这些跨国性话语的衍生物。资本主义并未让位于社会主义，而是变成了管理主义或是官僚集体主义（法西斯主义、共产主义和自由主义福利国家主义为其不同变体），这样的想法在40年代颇为兴盛。[74]鲁道夫·希法廷及所谓的奥地利马克思主义者提出了垄断资本主义模型；阿道夫·伯利和加德纳·米恩斯分析了公司金融以及所有权与控制权的分离（从而使新的管理阶级上位）；不出名的意大利政治理论家布鲁诺·里奇（Bruno Rizzi）也发表了其作品；法兰克福学派的流亡者弗朗兹·诺依曼则提出了其社会学猜想；马克斯·韦伯论述科层制合理性的作品也有了新的英译本。这一切以不同的方式组合在一起，证明了资本主义已经让位给一种新的社会范式，在其中，是管理者或官僚中的权力精英而非无产阶级或资产阶级掌权。[75]持此见者多半是对旧的社会范式感到幻灭的前共产主义者，其中最著名的是前托洛茨基主义者詹姆斯·伯恩哈姆，他的著作《管理革命》（*The Managerial Revolution*）将这类话题打包成册公开发表。伯恩哈姆的书一定程度上刺激了乔治·奥威尔的反乌托邦作品《1984》的问世。[76]在40年代后期，越来越多的人批评工党政府是管理主义的，例如理查德·阿克兰的普济党的剩余成员和社会主义联盟的奠基性纲领就大大推动了这一批评。[77]在1952年的《新费边文丛》中，R. H. S. 克罗斯曼（又是一个前共产主义者，同时也是1949年富有争议性的《失败的神》一书的编辑）将这一管理主义论题同早期的社会民主党修正主义运动结合在了一起。[78]

克罗斯兰继承杜宾，坚持了一种不同的劳工修正主义方向。[79]他对商业中所有权与控制权分离的意义的解释也高度继承了杜宾的观点：他强调，资产阶级由于内部纷乱而忽视了对管理者的权力保持警醒，将对企业家活动范围的纠正视为对作为整体的系统有着一种稳定性的影响。管理者获得权力——对公司财务按照法律进行改革的产物——是资本主义衰败的一个指标。另一个指标，则是国家作为部分由"充分就业的政治压力而得以维系"的"统筹全国经济生活的独立的权力体"的出现，而且它要"比以往任何时候都更为强大"——这里克罗斯兰又一次重复了杜宾在1940年提出的观点。[80]杜宾对克罗斯兰有着更为深刻的影响，这依然清晰可辨：克罗斯兰经常悲叹英国左派很少客观讨论"美国事务"，此时他心里认定的是"判断会在潜意识作用的巨大投射和移置下沾染偏见"，可以说是复现了杜宾对新弗洛伊德主义术语的依赖。[81]同样，在克罗斯兰的论述中，这一资本主义改革——（这里又回到了托尼的表述）通过"从头到脚的惩戒性毒打……轻微减少了它的非社会化本性"——同时还为社会主义目标的再构造进行了背书。

在减少收入和财富分配的不平等方面，资本主义的社会主义化十分明显。累进税、放弃对储蓄的刺激，以及通过提供社会服务来实现收入再分配（尤其是在健康和住房方面）：所有这些，都使英国朝着劳工运动长期以来所渴望的平等主义状态更进一步。在这个有限的意义上，社会主义已经取得了成功。1940年杜宾断言，对"国家组织下的私有制垄断资本主义"来说，它主要是在这方面才"有许多值得称道的"建树。但如果这种获得成功的手段对一些人来说，会令他们迷惘甚至混乱的话，那么对于其他人（克罗斯兰、他的先驱杜宾乃至更早的托尼这些人）来说，只会使他们的优先关注点更加明确。托尼在间战期开创的对资本主义的批判以及杜宾后继的工作都认定，造成了社会分层的正是不平等，而不平等本身是可以愈合的。社会分层（这本身是对"能使每个人表达其人格"的制度的存在的威胁，其严重性早在爱德华七世晚期的宪法危机时就已经非常鲜明清楚了）是其首要担忧的问题。道德关系与能防止异议、分歧演变成不协调、痛苦和激恨，并能使人表达其人格的"相互理解的背景"，正在资本主义的根本性缺陷下崩坏。

1910年后的三十年间，物质不平等问题成功得到了缓解：持续的经济扩张带来了收入的实际增长，垄断和管理主义限制了企业的败坏行为，国家调控在一定程度上保障了宏观经济稳定、降低了失业率。"向平等前进的大步"已然迈出。[82]克罗斯兰及其先辈杜宾大力欢迎这些将无产阶级拽出赤贫状态的举措。1940年，杜宾写道："繁荣使英国选民更加倾向左翼。不列颠人在一切顺利进行时，显得对改革更加乐观，对变革不再那么害怕。"[83]事实证明，社会服务成为对社会团结的保障，而这一点正是社会服务的前身贫困救济制度——改革后的济贫法案——曾加以抛弃的。杜宾在《社会民主主义的政治》中写道：

> 缺乏应对意外事件的协约性保障将造成惊人的恶果，而一个受到保卫以避免诸恶果产生的社会则必然能享有更多的内在安宁、更深的协作统一意识和更温和的改革念头。社会服务因其种种缺陷，而仅是对人类团结的初步辨认，仅是对"个人兴亡，天下有责"的宏大理念以及"四海之内皆兄弟"的深刻社会真理的草草实现。在美国，这些服务被称为"社会保障"措施。这一命名极为恰当，因为社会服务不仅是为人提供保障，更是社会关系和人类社会秩序的保障举措。[84]

然而，克罗斯兰强调，社会分层问题尚未被解决，"在英国，阶级感和普遍的社会病症仍以令人发指的程度盛行各地"。[85]虽然对经济不平等（仅仅是社会分层的成因之一）的矫正的确已经朝着道德关系问题的解决迈进了不少，但如今事态已经变得更加明晰了：光开出经济上的药方并不足以解决经济问题。

> 社会主义的目标非常简单，即不过是根除阶级感，并树立共同利益感和平等地位。这需要的不仅仅是更多直接关系生活质量和机会平等化的经济层面上的措施，同样也需要在社会心理层面上发挥作用的

举措。[86]

杜宾将"社会心理层面上的举措"视为对减少物质不平等的必要补充，于是他运用新弗洛伊德主义心理学中的社会科学用语来对此加以阐述。克罗斯兰则从杜宾处借用了许多概念（比如"投射"和"移置"），但他的术语词汇主要来自社会学而非心理学。克罗斯兰与杜宾一样，都出生在非国教家庭——他的父母及其祖父母都是普利茅斯兄弟会的成员，这是个与英国国教有着松散联系的福音派社群。克罗斯兰与杜宾一样，对宗教置之不理。新教神学在托尼对资本主义的批判中占据的位置，此时在克罗斯兰和杜宾的主张里，则被社会科学所占据了。

20世纪40年代末和50年代，英国的社会学学科出现了对社会经济改革引发的成败加以权衡的潮流。[87]英国社会学现代学科的创始人对1944年教育法在"消除世袭特权"上的成功特别感兴趣。《巴特勒法案》正式确立的三分的中等教育体制，是否能使英国社会在"机会均等"理想的实现上更进一步？50年代开展的研究得出了一个暂时性的否定结论：在设计上，用以确定学生究竟是该被分配去接受文法教学还是中级现代教学的"11+"测试，给每个人提供了展现其智商水平的机会，可实际上，这些测试总趋于发现，中产阶级有着更高的智商水平，并据此而将接受文法教学的名额分配给他们。[88]通过IQ测试来分配文法教学名额的做法复制了阶级特权，换言之，重申了"中产阶级"与"上层工人阶级"及其他所有人间的差异。事实上，新制度用表面上极为严谨的测验来代替因为出生的偶然性造成的差异，其实是在冒为旧的区分赋予新的合法性和不可动摇性的风险。[89]克罗斯兰于是将他对这一情形的关切合理化，并为他所提倡的解决方案辩护（他主张用一种综合学校体制来取代1944年教育法重建的三分体制），他重申了托尼在"自由英格兰之死"时期就开始构思的，对防止

"异议演变成痛苦和激恨"的"社会成员之间互相理解的背景"之必要性
的关切。克罗斯兰推理道，相同的教育背景能让人们有"共同的语言"，
因而能平和地调解相互间的分歧。[90]

社会学的范畴和概念能在多大程度上取代托尼对资本主义的批判中
所蕴含的神学意义？克罗斯兰的批评家很容易发现，他在《社会主义的
未来》这本书中，就"伙伴关系"问题而提出的有关资本主义的概念，同
他早先的论点不一致。在书中，克罗斯兰相对不那么关注"合作"理想，
因为他觉得这种理念太过含混，以至于不能被包含在对社会主义的严格定
义中。[91]当时许多重组方案试图将伙伴关系的理想加以明确复兴（这在当
权的工党政府的管理主义潮流下却被忽视了），而克罗斯兰的刻意遗漏显
然带有挑衅的意味。将自己列为托尼在大战期间思想衣钵的真正传人的
社会主义联盟成员觉得克罗斯兰的作品"在讨论博爱问题时令人十分困
惑"。[92]但同时许多人也感觉到，左翼对人与人间的伙伴关系还有对互助
的谈论，不过标志着他们对紧急状态下的团结这一战时经历的怀念。[93]许
多在50年代后期才开始参与政治活动的年轻人则有意避开这些为社会主义
联盟所独有的兼具真挚和节制的特征——滴酒不沾、素食主义以及几乎以
苦行僧的态度来节制性欲。[94]克罗斯兰号召人们反对费边主义者阴沉的技
术官僚作风，也就是提出了一种不同的论调：他呼吁人们"要更加强调私
人生活，强调自由和不同政见，强调文化、美、休闲和娱乐"。[95]在下一
章我将提到，许多比克罗斯兰思想更激进的人反而觉得，他讲得太简略
了，但结合时代背景来看，他的发言可谓与托尼对麦慕理的驳斥和波兰尼
加之于学生基督教运动的激进化计划旗鼓相当：这一发言保卫了人们对政
治置之不理的特权，而这一特权是任何可持续的团结形式都必须保全的。

托尼提出了对资本主义的批判，而克罗斯兰及杜宾将同样的关注重
心转移到关于"后资本主义"的假说中，两者间的断裂，则恰恰在于他

们各自关于人类品格概念的分歧。人类品格在修正主义者的作品里仍然很关键，但是解释它为什么关键却变得困难重重。"人类品格的本质就是异见"，杜宾直言不讳道。克罗斯兰则认为，人类的多样性本身就蕴含了反对社会分层的"伦理论断"：这一论断反对任何"建立在极端的不平等基础之上的，只从诸多构成了人类品格的链条的特征中，抽选出特定几项以为孤立标准的极度不公正"的"精英或贵族制度"。

> 为什么独独这一个或一组特质，就能决定成败、贫富、贵贱？为什么圣洁、豁达、慈悲、幽默、美丽、勤勉、自制力或艺术能力就不重要？[96]

《观察家报》1956年的一篇社论认为，综合性学校能培养出一种"对人类品格的各种表现形式加以尊重"的能力。[97]对人类品格的援引不断增加，但其意义从不固着在任何价值的基础之上。[98]托尼曾借用神学以将无限价值归于人类品格之上，但是到了20世纪50年代末，托尼赖以激发读者反响的神学导向，已不再如过去那样行之有效。1960年1月，托尼向一位通信者写道："感谢您将我比作《圣经》，如果我真的像它，那我们之间唯一的相似点就是在今日同样不被相信而已。"[99]浸礼会牧师和普利茅斯弟兄会的儿子们早就去做经济学家和社会学家了。[100]可社会科学却没有办法来填补由于他们放弃了关乎人类品格的神学概念而产生的虚空。杜宾和修正主义者仍在使用这种他们继承自托尼的语言。但是他们借这一语言而欲表达的意义（这一语言提到的"无限价值"的基础是什么？这一语言为何重要？）却正变得极为不确定。

为自由而计划

约翰·梅纳德·凯恩斯于1926年宣布了"自由放任的终结"。[101]在本章的前半部分，我们已经提到了当时涌现出的就政府干预的必要性而达成的共识，使经济理论发生了革命性的变化，特别在于它催生了庇古的福利经济学和凯恩斯的宏观经济理论。埃文·杜宾及其同辈则站在经济学发展同托尼于20世纪20年代开创的对资本主义的批判的交汇点上。在20世纪20年代末，人们相信，与"自由英格兰"相挂钩的经济学正统已经过气，而学院经济学家朝这些新近涌现的共识的转向，则正体现了这一信念之广度和深度。在20世纪30年代早期，经济学正统的财政和货币支柱（在时人眼中，只有自由贸易和"稳健货币"方能维系金本位）业已崩塌。[102]确切地说，政府和各联合体该如何来协调自由市场以及为何要进行协调的问题，已成了舆论领袖眼中的当务之急。

在这一时期，许多左派人士都把苏联的指令型经济视为值得效仿的模式。但是左翼并未独占关于经济计划的讨论。1931年一些保守派和自由党人士创立了智囊团"政治与经济规划"，其依据在于，"让工党独自掌控一项计划政策将会是一场不幸和政治失误"。[103]保守党与左派计划主义者不同，他们想的并不是以政府作为关键的协调机构的苏联式指令型经济。1932年，未来的首相、现保守党人哈罗德·麦克米伦指出，"计划"异常频繁地"被当作一种官僚主义规制体系"。麦克米伦的设想则"完全相反"——产业不需要来自政府的管控，它们将自行其是，组成一个"工业自治"的系统。麦克米伦认为，"适合替代个人的，不是国家，而是运作中的团体，它可以用全行业的能动性来代替个人的能动性"。[104]麦克米兰相信，它能够以"英国发展起来的真正传统"来代表"属于个人主义与集体主义社会观相对立的主张间的合理妥协"。[105]有些人攻击他的社团主义提案，称其为"一种从意大利进口的法西斯主义"。麦克米伦则反驳那些人道，"那样的话，中世纪的英国行会也想必是种法西斯主义机构了"，他还乞援于早在20年前就开始兴盛的行会理念。[106]行会社会主义（G. D. H. 科尔领导下的国家行会联盟中的"左翼"）准确来说，也是因为人们将其与法西斯主义相类比所带来的压力而衰败的，而麦克米伦恰恰试图担负起这一压力。

可麦克米伦最终也将抛弃其工业自治模式，而采取一种更为传统的，介于个人主义和集体主义中间的路线，即一种由公共或半公共的服务行业同主要工业部门"自主控制"的私营企业及"'莱昂内尔·罗宾斯的私营企业'的外部边缘——真正的私营企业"相结合的混合经济。[107]在20世纪30年代，科尔（他曾在对苏联模式与对更为均衡的模型的热情之间摇摆不定）成了倡导政府计划经济的主要左派人士之一。1936年，麦克米伦和科尔走到了一起——他们一起倡议组成"人民战线"（people's front）*来反对法西斯主义（在此时，法西斯主义不再被视为墨索里尼的恐吓，而是希特勒对失业者所怀不满的残暴利用），并共同拟定了能使左翼和右翼联合在一起的计划原则。他们一致认为，对政府干预的首要授权，应该在于解决失业问题。他们采纳了约翰·梅纳德·凯恩斯的理论，并以之为可行的妥协的基础。双方——尤其是科尔——都不认为"纯粹的凯恩斯派"能够走得多远，他们都希望获得比凯恩斯所提供的"物质性计划"（即与货币和财政政策截然不同的产业政策）更为充分的依据。两者既不认为凯恩斯的理论是"对经济问题的最终回答"，也不认为凯恩斯的理论可能是解决

---

* 1935年7月20日共产国际七大召开，决定政策彻底转向，在各国推动"反法西斯反战人民阵线"（The People's Front Against Fascism and War）。但实际上在当时各国建立起来的统一战线组织更多地被称为"人民阵线"（The Popular Front），作者在书中同时采用了两个名词，故此处将"The People's Front"译为"人民战线"，"The Popular Front"译为"人民阵线"以示区分。——译者注

计划者之间冲突的"永久解决方案"。两人都认为这些理论"为短期的战术性妥协"提供了"基础"，"是双方得以暂时共享而不必在任何一个特定方向上做出任何承诺的思想桥梁"。[108]

科尔和麦克米伦的反法西斯人民战线由于其对失业这一普遍问题的首要关心而增强了力量。但根据凯恩斯的理论，宏观经济学的稳定措施，即使辅之以物质性计划或产业政策，也不过是种一方面创造或保留岗位，另一方面则剔除某些人的工作，使之靠救济金维生乃至无家可归的手段。在整个20世纪20年代，报告上的英国全国失业率始终在10%上下浮动。到1932年，总体数字已逼近20%，在萧条地区则更高。在这些年失去工作的人很多都难以复业。新的凯恩斯主义共识所设想的对经济活动的协调到底能给苦难者带来何种救济，这对失业者们来说仍然是个未知数。

20世纪30年代初，解决长期失业的困境成了威廉·坦普尔（托尼在牛津大学的同辈，也是他的朋友，未来将成为坎特伯雷大主教）的当务之急。1933年，坦普尔召集了一个由英国国教牧师和平信徒组成的非正式委员会来考虑这一问题。其成员包括贝利奥尔学院院长A. D. 林赛，哲学家、曼彻斯特大学名誉副校长、大学专项拨款委员会长期主席（long-serving chairman）沃尔特·莫伯利爵士，奇切斯特主教乔治·贝尔，从印度归来的苏格兰传教士、精力充沛的普世教会主义者——"一个有组织才能的传教士"——J. H. 奥尔德姆，还有担任委员会秘书的艾莉诺拉·艾尔黛尔。[109]坦普尔要求汤姆·琼斯——前内阁副书记，托尼的著作曾经由其办公室转呈高级部长，现在他隶属于资金充沛的朝圣者信托基金会（Pilgrim Trust）——资助对这一问题的调查。朝圣者信托基金会则委派坦普尔的委员会递交一份报告。温彻斯特公学的校长、后来的伦敦圣保罗学校校长沃尔特·奥克肖特，政治经济规划局执行官之一的A. D. K. 欧文，还有约翰·梅纳德·凯恩斯的研究生H. W. 辛格都应募前来调查。托尼也为此提供了非正式的建议。[110]

这次调查的最终报告（于1938年出版的《没有工作的人》）批判称，"失业救济金"是一种瓦解性力量。马修·格里姆利写道，在接下来的整个调查中，"调查者假设，失业的一大罪恶在于脱离共同体给个人品格带来的异化性影响，并据此进行了预测"。[111]失业诱使"个人最终只能封闭于自身"。

> 难道事实就是，在人类一族里，我们所谓"不爱交际"的人有如此之多吗？毫无疑问很多人的确是这种性格的；但也有可能是失业使得许多另外的人变得不爱交际了，因为失业使已有的害羞或羞怯的倾向加重乃至使人变得非社会化了。[112]

不愿被人看见心神潦倒的样子的想法，驱使这些人走出工作岗位以使自己保持"不见光"状态，并加剧了自我封闭的倾向。[113]这降低了人们重返工作的期望：在酒吧中建立的友谊纽带或者社交关系本可以帮助他们找到就业机会，而自闭在家的倾向却使人更耽于无所事事。社交能力下降有助于解释为什么有些人长期保持无业。而国家福利并不是解决这一社会问题的长久之计。总之，它们延长了这种孤立状态，使问题变得更加严重了。长期的失业使人与社会隔绝，剥夺了个体"发展其人格"的机会，而这种剥夺是失业救济金所不能够补偿的。[114]

坦普尔委员会的论点是：与其说人们是因自我实现的目的而需要工作，不如说是人们不应该仅仅依赖工作来构建社会互动，这样做会使他们的人格被异化抽走了。他们的调查覆盖了六个不同的地区：伦敦德普特福德自治市、莱斯特、利物浦、布莱克本、杜伦的克鲁克，以及威尔士的容泽谷。在一些地区（尤其是曾经的采煤区容泽谷）某种"社会精神"从经济衰退中幸存了下来，并使失业的男男女女融入了当地的共同体。但从某种程度上说，这一恢复力不过是集体困苦的结果：在容泽，整个共同体都惨遭损失；在像德普特福德和莱斯特这样繁华的地区，长期失业的人们则被排挤到了当地充满活力的协作生活的边缘地带。《没有工作的人》并没有忽视这一问题的经济维度：它注意到，在强大的"社会精神"流行的地方，早在19世纪后期持续的"相对繁荣"时期，这一精神就得以形成了；"伙伴关系"并不会无中生有。但该报告也坚称，在这一与失业相关的"道德"问题上，单用金钱（即便有金山银山）是不能解决的。私人资助的"失业俱乐部"也不一定能够解决问题。在很多地区，失业者滋生的不满发展成了反社会情绪，乃至以可与威胁欧洲大陆的激进组织相提并论的方式破坏了社会团结。[115]要帮助人们"培养"其"人格"，就需要给他们以一种社会生活，使其完成在工作和家庭中的角色。但必须将正确的"社会精神"注入作为这种生活的组成部分的诸俱乐部和组织中：集体的成员身份，必须由更普遍的归属感和义务感所补充，以及由更加弥漫四周的团结感所补充。

沃尔特·奥克肖特在后来的回忆中认为，《没有工作的人》对威廉·坦普尔所作的公开声明具有转折性的意义：1938年以后，坦普尔不再"对人类品格的价值做毫无意义的一般性评论"，而是开始用更具体的术语去描述这种"价值"是如何在当代英国遭到损害的，以及人们应该如何应对这一问题。[116]下文很快就会提到，从出版《没有工作的人》到他于1944年早逝的这一段时间里，坦普尔将教育作为其集中努力的改革领域之一。受坦普尔之召前来写《没有工作的人》的委员会成员接着又主持了一个名为"集会"（"the Moot"）的讨论组。在他们的构思里，"集会"——得名于古英语中一个表示"会议"的词——是一个为"基督教复兴"而存在的论坛，一个"为我们这一时代的社会和政治斗争"做贡献的"基督教见证和服务"的"基层组织"，其运作则基于"必须从内部和所有方面将社会制度加以改变"的原则。[117]但在构思里，它也不仅仅是一个英国圣公会平信徒的清谈之所。天主教批判家克里斯托弗·道森也被邀请参加。但除此之外，一些难民也同样得到了入会邀请，他们主要是莫伯利在曼彻斯特大学认识的人。经济学家阿道夫·洛（Adolph Löwe）应邀参加，并且通过洛，匈牙利的社会学家卡尔·曼海姆很快也加入了讨论。

曼海姆于1893年生于匈牙利，他同英国基督教社会主义思想的关系与卡尔·波兰尼极为相似。在布达佩斯的时候（他相继于柏林、巴黎和海德堡求学，又于战时居于此），曼海姆曾是星期日社团的一员。虽然曼海姆曾拒绝跟随卢卡奇走向列宁主义，但他接受了苏维埃政权授予他的重建后的大学职位。在霍尔蒂统治时期，他无法看到自己的未来。[118]曼海姆于1919年离开布达佩斯，他最初也去了维也纳。但与卡尔·波兰尼不同的是，曼海姆很快就开始怀疑那里是否有他的未来。他主要的资历是一篇1918年在布达佩斯大学答辩通过的关于认识论的博士论文。但他的具体想法不太可能在维也纳获得称赞。在两次大战期间，维也纳成了逻辑经验主义（1945年后横扫英美的分析哲学范式的前身）发展的重要舞台。[119]哲学家们继续完善其对认识论施加的约束，试图将知识简化到最基本、最自然的"原素"，从而构建一种完全没有争议性形而上学主张的哲学。[120]在前文可见，在大战期间的布达佩斯，任何实现这种实证主义乌托邦的期望都被人们所抛弃了。在卢卡奇的星期日社团，只有那些有"形而上学倾向"的人才会受欢迎。甚至更偏向实证主义的伽利略圈子也已经远离了波兰尼后来称之为"伪善的理性主义"的东西。对包括曼海姆在内的星期日社团的讨论者而言，社会秩序是通过已达成共识的关于世界和人类地位的本体论概念而得到稳定的，这一命题不证自明。但两次大战期间的维也纳并非是可以继续探讨这一假想的地方。

曼海姆仅在维也纳停留了几个星期，之后他就看向了离战场更远的地方。他搬到了德国的弗莱堡，在那里，他把他的博士论文译成了德文。随后他前往更北的地方，从弗莱堡到了海德堡。在那里，在由马克斯·韦伯的遗孀玛丽安娜所运营的沙龙里，曼海姆受到了欢迎——他凭借着曾加入布达佩斯的卢卡奇星期日社团这一经历而受到了礼遇。[121]在海德堡，曼海姆聆听了马丁·海德格尔的讲座，他在其中找到了维持对形而上学的兴趣的进一步保证，以及足以效仿的榜样。[122]在玛丽安娜·韦伯家中，他遇到了阿尔弗雷德·韦伯，阿尔弗雷德论述"文化社会学"的文章在这些年一直是曼海姆写作的支柱。[123]他去了柏林，听了恩斯特·特勒尔奇的讲座。这些思想家用发现先验的社会规律的愿望取代了实证主义的热情，他们致力于弄清"人类本质上是历史的"这一点。文化形式是易变的，也是偶然的。曼海姆在德国的对话者有着与曼海姆一样的对这些形而上学形式的厌恶，他们还与他一样，厌恶着他们如今不得不参与的为卢卡奇所诉诸的政治生活，而且同维也纳的逻辑经验主义者一样，他们也对这一命题表示了拒斥，即社会世界有一个真正的本体性秩序。但与维也纳的逻辑经验主义者相反，那些"历史主义"思想家坚持认为，没有对本体性的共识和承担，就没有社会。

到了20世纪30年代，曼海姆开始对计划主义者试图加以解决的问题的道德维度颇感兴趣。《没有工作的人》的作者们现在与曼海姆一同在"集会"内部的讨论中继续他们的调查。在研讨之中，曼海姆开始用比关于经济计划的辩论所包含的要更为宽广的术语来构思失业及其相关的问题。"过去的20年，"1943年，曼海姆如此写道，"所揭示的不仅仅是经济自由放任会产生结构性失调，比如大规模失业，而是几乎社会生活的每一个领域都可能产生其自己的混乱"；因而"仅仅与那些有着计划头脑的经济学家一起说'我们只要把经济领域搞好，社会生活的其他方面是会自己照看好自己的'这样的话，是完全不够的。"[124]曼海姆承认，"当然，如果经济以外的一切都能由集体生活自发的自我调节能力来加以统筹的话，那也会是相当令人满意的"。但既然事实并非如此，那么"对精神生活的"某些"干预"也就是不可避免的。[125]曼海姆的想法立即触动了那些人脉广阔的"集会"成员，这使得曼海姆的影响力倍增。用不了不久，他的"为自由而计划"的概念就将帮助战时政府制定重建议程。

1944年教育法

当温斯顿·丘吉尔于1941年夏天任命R. A. 巴特勒为教育委员会主席时，他预感到巴特勒会感到失望。这的确是个内阁职位（巴特勒的第一个内阁职位），但国内改革并"不在战争的主流范围之内"，而此前巴特勒也曾担任过副外交大臣。[126]巴特勒并没有失望。他认为教育是现代英国政府"亟待解决"的"两个（主要）问题"之一。[127]巴特勒到任时，人们对教育改革的呼声很小。但巴特勒从中看到了能让自己脱颖而出的机会。在接下来的四年里，他创造了他所需的改革动力，并创造了一场重大改革并且赢得了支持，这一改革旨在提高离校年限，并将在前两轮立法改革（1870年的福斯特法案和1902年的巴尔福法案）中遭忽视或被破坏的英格兰和威尔士中小学教育行政实践纳入法典。后来的历史学家对巴特勒的成就嗤之以鼻，并且对巴特勒法案获得的赞誉感到困惑，因为与后来对教育的平等主义期望相比，这一法案看上去很令人失望。[128]但在其时代，人们却对其有着压倒性的积极评价。不久，人们"一提及巴特勒法案就要习惯性地顶礼膜拜"。[129]

巴特勒"在这一时期的保守派政治家中，显得很不寻常，这些政治家相信思想在政治生活中的重要性，而他们的保守主义哲学既不过于神秘，也不会陈腐到不允许连贯一致的规划出现的地步"。[130]在接下来的十年里，他在让一种格外明显的保守主义政治意识形态变得更合时宜的尝试中发挥了重要作用。1945年，他推动保守党政治中心的建立，该中心的设立目的在于充当“我们当代最杰出的头脑的喉舌，并吸引一部分需要此知识基础来构建其政治信仰的战后一代人”。[131]在1945年11月，他被任命为他口中的作为托利党的“思考机器”的保守党研究部的领导者，其后他发起了一系列政策研究，其中就有1947年的《工业宪章》（*The Industrial Charter*）。[132]巴特勒相信，英国的问题只有部分源自经济问题。1942年，他如此写道，“政治利益正在转变”，“它正从人的灵魂转向其经济地位上，而这一切看起来很不健康”。[133]必须把“唯物论的势力”“控制在合适的位置上”。[134]

巴特勒对1940年春夏发生的一连串事件感到尤为震惊。战前，他曾经主张与希特勒进行公务谈判。而纳粹的闪电战席卷了法国和低地国家，这促使人们重新判断局势的严重性。巴特勒身体里没有一点好战的本能（童年时的一次骑车事故使他变成残疾），而有些人就认为他的腼腆是他政治上的累赘。但巴特勒很快将注意力转向国内重建事务。[135]卡尔·曼海姆就是巴特勒召集参与讨论的人之一。曼海姆的作品《重建时代的人与社会》（最初于1936年在德国出版）在那年夏天由社会学家爱德华·谢尔斯翻译成英文。[136]但更为重要的是，有几个巴特勒任命参与保守党教育重建小组委员会的人，是“集会”的成员。在一系列谈话中，巴特勒和曼海姆“为计划领域的明确行动扫清了障碍”，发现他们对重建的看法“完全一致”。[137]在那年晚些时候，曼海姆一篇题为“为自由而计划”（Planning for Freedom）的文章（本质上就是《重建时代的人与社会》的一份摘录）经保守党研究部之手而得以传播开来。[138]

在最初的那几次会面后，R. A. 巴特勒对曼海姆产生了一些保留意见。他理解曼海姆将“疏离的、冷峻的、没有人情味的国家”视为重要角色的想法，但巴特勒自己更偏向于谈论"社区"或"我们的岛屿民族共同体"。他解释道，"不知为何"，"国家"这个词"散发着不太对劲的气息"。[139]可曼海姆也并没有特别着重强调国家的角色。虽然国家将会是"协调精神生活"的关键机构，但它至多可能充当"自发"的社会力量的附属物：在政府按照凯恩斯的规则管控市场（主要通过需求的"社会化"）以消除贸易周期的波动的同时，国家也将承担起增强或刺激被削弱的社会团结的角色（这是曼海姆的看法）。曼海姆在其描述"新精神的问题"的《时代诊断》一书中写道："我们无法令某种为我所喜的趋势占上风，只有当它已经起作用时，我们才能对那些趋势予以加强。"[140]"为自由而计划"不是要去制定社会生活的"一般规则"，而是要构建一个"社会发展的弹性铸模"。[141]

　　事情还要来得更为错综复杂。巴特勒对曼海姆计划的第一印象是，它在方向上是"基督教的"，其原因不难想象，[142]正是"集会"这个基督教基层组织使巴特勒注意到了曼海姆。可曼海姆却又并不是基督徒。他的文章频繁提及"人类品格"。[143]这部分解释了为什么巴特勒曾错把曼海姆的观点当成一种"社团基督教"（corporate Christian）保守主义形式。但与波兰尼一样，曼海姆也在寻找能把托尼等人归为"人类品格"的神学意涵替换为世俗意义的替代词。而且，曼海姆与杜宾和克罗斯兰一样，并非从自然伦理中而是从社会科学中寻找替代词。1938年，曼海姆于牛津大学曼彻斯特学院开设了题为"计划的社会和关于人类品格的问题"的一系列讲座。[144]在这些讲座中，曼海姆将"建设"、"陶冶"、"发展"、"增长"及"品格"之"调整"描述为民主社会的第一要务。但对曼海姆而言，要为"我们对人格的理解"给出个精确的定义并不那么简单。[145]他告诉他的听众，"为了让你们领会人格定义的难度"，"我只想指出这么一点，最近刚就此主题发表作品的社会心理学家弗洛伊德·奥尔波特

（Floyd Allport）在其作品中区分了这个词在当今科学使用中的五十种意涵！"[146]一旦他们开始参阅起这些美国人类学家和新弗洛伊德主义心理学家的作品时，他们会发现这也的确无疑是事实。[147]但到最近为止，英国的相关讨论一直对这种人格的多义性充耳不闻。尽管曼海姆自称关心人格，但他所指的人格也并不是深受新教神学启迪的英国作家和评论家所要表达的意思。前文提到，卡尔·波兰尼用人类品格概念的附加意涵及其在青年卡尔·马克思的文章里找到的相似词汇来渗入基督教社会主义中的人类品格概念。此处，我们又看到，曼海姆也参与进了类似的再描述工作。

1940年，曼海姆的一篇篇幅更长的题为"一个社会学家对基督教思想家的挑战"（"A Challenge to Christian Thinkers by A Sociologist"）的文章，在保守党人中广为流传。[148]在两次大战期间的英国，"社会学"是一个模糊的术语。这一时期的很多基督教作家和批评家（尤其是那些与T. S. 艾略特*也曾参与过的基督教团体有关者）把他们自己的观点描述为是"社会学的"。[149]更早之前，这一术语曾被与新自由主义相关的知识分子用于描述对"社会问题"更大范围的关注以及国家干预社会经济生活来解决诸问题的必要性。[150]在战后，社会学呈现出更令人熟识的"面相"，它继承了19世纪末欧洲的马克斯·韦伯、维弗雷多·帕累托和埃米尔·涂尔干的传统，还受到了美国创新的激励，却在英国仍然饱受质疑。[151]提到韦伯、帕累托和涂尔干，令我们离曼海姆借这一名称所欲表达的东西颇为接近了，但这仍然没有捕捉到其精确意涵。曼海姆把自己的作品视为"知识社会学"的最初实践。后文将会提到，曼海姆在这里实践的社会学同韦伯、帕累托或是涂尔干的社会学没有太大关联，而更多应该来自德国历史法学派，尤其是来自法学家弗雷德里希·卡尔·冯·萨维尼。

＊ T.S.艾略特于1927年皈依英国国教，并成为英国国教高派教会结社"殉道者查理王社团"（Society of King Charles the Martyr）的终身成员。——译者注

在曼海姆成为"为自由而计划"的倡导者之前，他曾是研究资本主义的历史学者，或者说至少是研究对资本主义的保守主义批判的历史学者。他在这一领域的研究将他引向了与杜宾类似的结论——"超越资本主义"的过程已经就绪。与其说曼海姆的这一结论是以经济或政治的发展为基础的（工业的垄断主义趋势、公司金融的结构转变、为经理人赋权、国家承担新的协调功能），倒不如说是以意识形态方面的发展为基础。曼海姆的思想基础（在这方面可与马克思相比较）是社会学。1789年以来的欧洲社会政治思想的特征是革命意识形态与反革命意识形态的冲突，这是物质利益分歧的结果：一者是崛起中的中产阶级，另一者是古老的贵族阶级以及他们为了达到某种目的而拉拢联合的无产阶级化的工人。对曼海姆来说，资本主义经济理性是"新兴资本主义资产阶级"的物质利益的一种意识形态表达。[152]随着"商品生产取代了自给自足经济"，随着"人们对事物的态度"和"对自然的思考"相应地从"定性的""转变"到"定量的"，一种"始终如一的抽象和计算的经验形式"在欧洲社会的某些阶层中具有了规范性。这种态度最终能够"概括人类经验的所有形式"，不仅包括人与自然世界的关系，还囊括了社会关系。

> 在父权制或封建制的社会中，"他人"被视为一个意义自足的单元，或至少是一个有机共同体的成员。而在以商品生产为基础的社会中，一个人同时也是一件商品，他的劳动能力就和人们可以计算的所有其他的量一样，可以被计算出来。这样一来，随着资本主义组织的扩张，人越来越被视为一个抽象的可以被计算出的量，而且越来越倾向于根据这些抽象的关系来体验外部世界。[153]

被这场"持续的理性化的兴起所压制的所有那些关键的关系和态度"和"它们相应的思考模式"都变成了什么呢？

它们成为历史了吗？还是以某种方式被保存下来了呢？如果它们被保存下来了，它们又是以什么形式传到我们手上的呢？[154]

利益受新兴资产阶级威胁的贵族们提出了这些问题作为回应。正是"那些对资本主义进程无直接利害或者甚至可能已受到威胁的阶层"，保存了被启蒙运动攻击为"非理性的""关键的关系和态度"。曼海姆的教授资格论文——写于海德堡，后来以"保守思想"为题以删节形式出版——是一份关于德国的反启蒙运动的研究。在这篇论文中，他着手重构了这些受威胁的社会阶层在反资本主义时所使用的"对立逻辑"，以此来表明知识分子的反对是如何通过对"所有因资产阶级理性的胜利而面临受压迫的危险的精神和智力因素"的"整合"，从而被"新兴的资本主义"的"右翼"对手所整编的。[155]曼海姆相信，对资本主义的批判起源于为确信自己的经济势力已岌岌可危的普鲁士贵族所打响的反法国革命意识形态的负隅顽抗之举。对英国读者来说，这些起源并不如它们乍看之下那么陌生晦涩：曼海姆认为，德国的反启蒙运动是从埃德蒙·柏克的著作中得到灵感的。

他在德国的同事普遍认为，这两种相互对立的意识形态之间的斗争（关于这两者，有不同的称呼：进步与保守、启蒙运动与浪漫主义、托马斯·潘恩与埃德蒙·柏克）在20世纪也将是不可避免的。[156]格奥尔格·齐美尔于1903年总结道，"我们的时代的内在和外在历史"，将会是由两种"以总体性来理解个体处境的方式"间的"冲突和多变的演绎"来书写的。如果说资本主义与共产主义间的敌对状态可以上溯到启蒙运动与反启蒙运动间意识形态的最初对立，那么齐美尔的推测也就当然是正确的。[157]可曼海姆强调历史并非如此。他并不认为这两种对抗的意识形态中间的争论是注定要无果地进行下去的。他认为我们可以将这两种意识形态加以整合、铸造。

曼海姆发现，在德国反启蒙运动中，柏克除了派生出了浪漫主义和黑格尔派这两个分支外，还派生出了第三支——由弗里德里希·卡尔·冯·萨维尼所开创的历史法学派。历史法学派对亨利·梅因爵士产生了很大影响，从而闻名于英国的社会政治思想界。它介于启蒙理性主义与反启蒙非理性主义这两个"截然对立的价值体系"之间，致力于将现代理性与前现代的社会活力加以整合。[158]法学家萨维尼在其著作中，将"旧方法"与新颖的行政经济实践相结合，将"理性的"与"非理性的"因素整合成一个持久的综合体，把时间和地点的具体细节加进了自然法学派的抽象方案中。曼海姆并非法学家，但他的"知识社会学"以历史法学派为仿效对象。"知识社会学"的发展，沿着类似的思路，从超越性"总体"的视角来观察历史性的特定规范与实践。"知识社会学"承认具体的社会是围绕着对本体性的共识和承诺而得以统一起来的，但它仍在不停地找寻能将多种形而上学联系起来的"共同的特性"。"知识社会学"推动了不同信仰体系与（更具争议性的）定性判决（qualitative adjudication）间的调和，而此时定性判决已经放弃了"最全面"和"最多产"的"总体"视角。[159]

这种认为可以将两种互相对抗的意识形态加以整合的期望，是特定历史时刻的产物。萨维尼（1779—1861）生活在上层阶级对启蒙运动持"静默反对"态度的时期。曼海姆深受20世纪早期人们对匈牙利自由主义改革抱有希望的乐观主义的影响。而在20世纪40年代早期的英国，又一次地，资本主义看起来能够经受"从头到脚的惩戒性毒打"而非更具革命性的剧变，从而以"轻微减少其非社会化本性"的样子得到重塑。在每一个连续的历史背景中，理性主义狂热和反动的复仇主义都是个案，而因尊重相关人群的特殊传统和习俗而温和地实行渐进式改革才是常态。在英国，这些趋势体现在现代主义与中世纪主义的改革用语的交融中，以及家庭生活、民粹主义和爱国主义情绪的规范对阶级紧张局面的控制和缓和上。[160]

曼海姆认为，为了完全实现这一温和时刻的改革期望，使通过渐进改革来超越资本主义的做法看上去可行，有必要让"独立于社会之外的知识分子"建立属于自己的等级制度，并从这种温和的改革主义的氛围中提炼出具体的道德行为准则。对曼海姆来说，现代时期的重大收获之一即在于，不属于任何阶级的作家和批判家、"能够阐明"日益复杂的"社会过程"的"进程"的人、"由历史"产生的"自我反省"的"机构"的出现。[161]在19世纪，很多这样的知识分子觉得只"靠文学创作生存"是非常困难的（尤其是在德国），于是他们步入官场，"向一个又一个政府贩卖他们的文笔"，周期性地往返于普鲁士和奥地利之间。正是这些不偏袒任何阶级的"独立"知识分子，才是最适合完成曼海姆所设想的知识整合任务的主体。他们需要历史法学方法和曼海姆知识社会学的培训，才能完成这一工作。曼海姆认为，"浅薄涉猎"的习惯，使英国知识分子与这项工作不合；他在晚年写道：要想使他的努力成功，则需要"培养十到二十名社会学家"来克服这种浅薄的涉猎问题。[162]但是，后文将会提到，他指望作家和批判家群体中有影响力的人物来承担起整合作为控制大众社会"混乱"的基础的"大全"（summa）工作，而这些人却已然认为他的思想"很危险"。

将保守和进步的力量加以综合是当下正式"为自由而计划"的基础。1940年，曼海姆写道，尽管英国普遍反对对"精神生活"的"干涉"，但"我们将会很乐意地对在关键问题上进行相当大的干预予以同意，只要这种干预仅限于培养那些有利于和平、理解和正直的人性的教育要素"。[163]只要采取精细的干预措施，就可以从国内和国际两个方面，同时向社会灌输"最起码的正直感和道德义务意识"。[164]实现和维持这种整合所需的解释性澄清是知识分子的工作，而推动改革的政策制定是政客们的工作。曼海姆设想的协调过程将在这两个群体之间建立起协商关系。在1940年7月的一次会议中曼海姆宣称，"我们需要一个小型委员会，它的组成部分一是知识分子，二是议员，它每周开一次会，观察形势的变化"。"它是不承担公共责任的，但它给人们提建议。"[165]这个委员会将构成一个正式建立的秩序的核心。这些"知识分子精英"在内部之间相互达成共识，然后启发从事更具体的"为自由而计划"活动的决策者、为改革造势的记者和舆论领袖。就这一通过动员"观点的二手商"来扩大改革计划的手段而言，曼海姆对知识分子精英的构想在很多方面上要早于F. A. 哈耶克对朝圣山学社的构想。[166]

在集会的成员中，曼海姆最狂热的追随者是伦敦大学教育研究院（此校在战后为曼海姆提供了职位）院长弗雷德·克拉克。1941年，巴特勒召集了保守党教育重建小组委员会，克拉克接受巴特勒任命成为成员之一。沃尔特·奥克肖特（《没有工作的人》的作者之一）也是这个委员会的成员。该小组委员会的主席则是杰弗里·费伯，他也是"集会"的成员，还是个出版商和历史学家。委员会工作一开始，就迅速扩大了名义上的职权要点。它并没有狭隘地关注、检讨教育政策，而是"对国家的'文化危机'进行了一次意义深远的调查"——《没有工作的人》在各地方发现，失业造成了社会精神的匮乏；由于世界变得过于复杂，以至于维多利亚时代的自由主义准则不再能解决问题，从而导致了在过去二十年间得以实施的"自发"协作的失败。[167]教育小组委员会将"集会"会议中提出的许多问题予以重新提出，并实施了调查。

费伯委员会起草的报告简述了为《没有工作的人》的调查者所关注的问题，并提出了一系列针对《没有工作的人》所揭示的问题的解决方案，这主要是受曼海姆启发。社会环境并不是"人格"的决定性因素。曼海姆轻率地构想道，"终极的宗教领域"才是"人类尊严，或者任何我们认为对人类至关重要的东西"的根源。[168]然而社会环境十分关键：没有社会环境，人类品格将故步自封，既无法实现也无法发展。新教教派曾历史性地低估了社会机构在使个人直接接触终极宗教领域这一问题上发挥的重要性。[169]但事实证明，对"单独地"（*solus cum solo*）得救的追求所引起的个人主义已经危险地破坏了稳定和道德。如今人们都很清楚，男男女女都需要以社会生活来表达他们的个性，来成为他们自己。被解雇的人同时可能被赶出社会的事实，说明社会关系已经变得过于脆弱了。而现代英国的社会环境没有恰当地发挥这种教育性功能这一点，已为《没有工作的人》调查证实，又由集会的会议所重申。而这一转向使问题更难以解决。个体对他们在更大的社会整体中的位置和功能毫无知觉，因此难以适应现代社会经济生活的复杂性，难以形成"对整体有义务负责"的必要意识。[170]所有这一切指向的结论是，国家应参与传播一种"新道德"：国家将构建一个社会发展的"铸模"，纠正广泛存在的失误，"以将之前一直活跃于小型共同体里的价值调整、价值同化、价值调和、价值标准化等方法在更大的范围上树立起来"。在小型共同体中，这些过程"可以自发运作"。而在大的社会中，它们必须被主动整合。[171]

1942年9月，巴特勒发表了费伯委员会有关教育目的的临时报告。它建议采取措施来抵消阶级特权，比如取消私立公学的学费，给予国立学校和私立公学在课程设置和雇佣与解雇人员方面同等的独立性。它提议政府大量投资技术教育。更具争议性的是，它提议在和平时期延长对青少年的强制教育注册。年轻人将在由政府管理的社区组织中参与义务服务。[172]它还提议国家应该在现存的部门积极推动宗教教育。[173]这份报告的反响十分激烈。时人对注册和义务服务提案的评论包括"赤裸裸的极权主义"、"基督教法西斯主义"、"进口希特勒青年"。[174]一个保守主义批判家写道："我们最不想要的，就是有一台包黄铜的香肠机，用来生产成千上万只被归入同一类的可恶的小猪。"[175]F. A. 哈耶克一定会把曼海姆作为《通往奴役之路》攻击目标的"计划"方案的典范。[176]此后，费伯委员会被搁置一旁，拟定具体提案和起草法案的工作集中在政府行政部门内。[177]青年计划和私立公学的改革就这么不了了之。1944年教育法设想了一种包括文法学校、技术中学和现代中学三分的中等教育体制，然而费伯委员会所呼吁的对技术教育的投资永远不会到来。[178]

在"集会"里，解决社会团结问题（社会团结和伙伴关系的形式的缺乏，使得人类品格变得无法想象，这也就是指在战前的宪法危机时托尼所描画的"道德关系问题"）是一项当务之急，而曼海姆的想法作为对这一问题的解决方案被证明是站不住脚的。但是，这并不是因为人们对年轻人的"精神健康"能否得到关怀，能否与其物质需求得到同样重视的担忧（巴特勒曾对此担忧加以表达，而《没有工作的人》和"集会"则延续了蕴含于托尼对资本主义的批判中的这一担忧）没能达成普遍共识。威廉·坦普尔于1942年被任命为坎特伯雷大主教，这为巴特勒的改革运动提供了一位盟友。他们通过微妙的政治手段为改革赢得了坚不可摧的选民。[179]S. J. D. 格林将这一法案描述为"圣公会的胜利"，确实，巴特勒和坦普尔设法确保了学校提供宗教教育的义务——部分原因是国会通过了这一规定，这一点触动了巴特勒，令他视这一最受关注的政教关系问题为"老掉牙的争论"。[180]格林认为对宗教课程的授权证明了巴特勒的"目的本质上是宗教的"。[181]

但是，把宗教课程视为1944年教育法所包含的关怀精神健康和解决那些更广泛的社会团结问题的首要乃至唯一的手段，也是错误的。对托尼来说，重要的不是宗教课程也不是全部课程的内容问题，重要的是提高离校年龄。托尼在1940年写信给弗雷德·克拉克，他说道："对年轻人来说，真正重要的是应该让他们在精神社会的氛围中成长的时间更久一些。比如一个好的学校就有一种精神社会氛围，而工厂几乎都不能算有。"[182]托尼为推动离校年龄的提高，坚持改革长达二十多年——他为工党和独立工党写了无数的小册子，这其中最值得一提的是1922年的《中等教育全民化》。他还于20世纪20年代充任了由威廉·亨利·哈多爵士领导的教育委员会协商委员会的成员。[183]但是组织良好的利益集团在两次大战期间一直坚决反对这一措施。1944年教育法将离校年龄提高到了15岁，并且按照部长的意见，准备再提高到16岁。巴特勒（第一章提到过）认为，他的法案得以通过，得益于托尼做出了"颇为卓越"的贡献。[184]

与工厂冷酷、机械的艰苦工作相比，每所中学自身都是一个培育青年的项目、一个精神社会。就此而言，这个结果是否与曼海姆之前所倡导的截然不同呢？前文提到，巴特勒在曼海姆谈论"国家"时察觉到了一些不对劲的地方。前文还提到了，曼海姆并没有设想过任何向"上帝－国家"的回归，而"上帝－国家"正是那爱德华七世时代的唯心主义所预言，并于第一次世界大战期间又被其所弃置的东西。在曼海姆的展望中，国家将成为协调精神生活的关键机构，将充当自发的社会力量的辅助力量。只有当一种社会精神"已经发挥作用"时，国家才能够参与到"令为我所喜的趋势占上风，对那些趋势予以加强"的过程中来。"为自由而计划"并不关乎制定社会生活的"一般规则"，而是要构建一个"社会发展的弹性铸模"。[185]这不就是托尼援引作为精神社会形式的好学校时所设想的东西吗？这难道不是巴特勒法案在提高离校年龄和允许地方当局自由决定建造什么样的学校以及教什么内容时（即构建一个"社会"得以在其中发展的"铸模"）所达成的成就吗？[186]

费伯委员会被搁置一旁，与其说是因其非正统性，倒不如说是因为其不够精妙。它的一些具体提议的构思并不周全。但其基本观点（在多中心的推动下，国家将成为"一件工具"，一件培养个人之间曾被资本主义系统所压制的"道德关系"的工具）与道德经济学家的论点相一致，其成果最终由巴特勒和坦普尔固着下来。这些都说明曼海姆超越资本主义的手段在根本上与托尼在20世纪20年代开创的批判传统是不兼容的。但要准确理解曼海姆与这种传统的不相容之处，我们就不能将眼光停留在被搁置的费伯委员会和国家"干预精神生活"的适当度的问题上。

文化的定义

曼海姆没有因费伯委员会的大败而气馁。他于1945年写道，"我当然不能抱怨这个国家的无动于衷"。[187]曼海姆在"集会"中的地位也并未下降。但20世纪40年代中期的成员已不再讨论国家重建的问题（用曼海姆的话来说，就是构建社会发展的"铸模"），而转向了文化领导力的问题——即如何才能最好地促进社会继续发展的问题，尤其是在这一过程中知识分子的角色问题。在促进和引导社会发展的过程中，像曼海姆和他在"集会"里的对话者这样的人应该扮演什么样的角色？知识分子在面对现代英国的社会精神匮乏，以及除了罗奇代尔、容泽谷等例外之地的其他地区的社会团结之缺失时，能做些什么？

尽管曼海姆强调整合，但这并非是说必要的团结意识可以被拼凑出来。"为自由而计划"需要吸收已经在自发成长的社会力量。知识社会学并不是拼凑出新的文化体系的手段，而是发展、改良并巩固已经存在的规范和习俗的方法。知识分子没法"创造"这些东西，他们得以现有的资源为起点。但曼海姆的确基于这一限制设想出了知识分子在促进社会精神发展方面的关键角色。曼海姆的"独立于社会的知识分子"并不单独工作，而是依靠一种独特的秩序或精英集团来工作，力求达成内部共识，进而通

过接触立法者和舆论领袖来传播这种整合，他们将承担起责任，把在特定
文化时刻实际存在的各种规范和习俗组织成一部不断进化的"大全"，即
一份社会改革的动态蓝图。[188]

20世纪40年代期间，曼海姆在"集会"中最重要的对话者是T. S. 艾略
特。1888年，艾略特出生在美国密苏里州的圣路易斯，是一名一性论牧师
的儿子，一个来西部传教的波士顿上层社会家庭把他抚养成人。1914年，
艾略特又迁居英国。到30年代后期，他已经成为最杰出的英语诗人之一。
他还是一个影响深远的文化批评家。他虽然与《没有工作的人》无关，但
却在1937年的牛津会议上扮演了重要角色，并自此成为集会的常驻出席
者。他同样也对《没有工作的人》所展现出的社会团结之缺乏充满担忧。
事实上，在20年代，艾略特是除托尼以外，为发展和传播托尼于1922年的
讲座中确立的对资本主义的批判付出了最多努力的人。艾略特承认托尼的
社会批判让他受益匪浅。历史学家对艾略特在早期与"反动的"政治文化
名人（主要是和查尔斯·莫拉斯、埃兹拉·庞德）的交往的回忆遮蔽了托
尼对艾略特影响的深度和重要性。但斯蒂芬·柯林尼最近通过一系列重要
论文表明，艾略特在"后"期（从了解托尼的批判和1927年皈依英国国
教开始）相当大程度上远离了他早期来往的那些人。[189]艾略特1921年的文
章《玄学派诗人》（*Metaphysical Poets*）被一整代社会批判家当作托尼的
《宗教与资本主义的兴起》的副本。这二者都将17世纪的文化碎裂——艾
略特所称的"感性脱节"（dissociation of sensibility）——描述为一段不
稳定的、原子化的、不连贯的时期的发端，而文化有可能从这一状态中恢
复。到了30年代晚期，艾略特的政治观点已经与基督教社会主义紧密相关
了。曼海姆和艾略特的交流使得这些移居者的观点被带入了托尼于20世纪
20年代确立的对资本主义的批判对话中。

曼海姆和艾略特存在很多且非常微妙的分歧。曼海姆设想的是一个

独特的知识分子精英群体单独会面，以形成一个通用的方案，一个所有人都有义务遵守的有"最起码的正直感和道德义务意识"的共识性规划，进而作为一个整体单位面向更广大的世界。艾略特则认为，"牧师们"聚集在一起，并不是为了共事以达成一个通用的方案，而是为了将他们的差异更加凸显。"牧师们的职责并不是赞同彼此"；使他们聚集在一起的，是出于"他们认为如果不赞同别人的话，对方才会是最大获益者这一事实"。[190]曼海姆"倾向于建立一个致力于集体行动的高度组织化的团体"，在这一问题上，艾略特则"认为更为合适的做法是"，"集会"成员"将他们的活动限定在"同在社会上更有广泛"影响力的成员的讨论和非正式接触上"。[191]托尼与卡尔·波兰尼数年前的分歧在此处再次产生了回响。

这些关于组织和共识问题的争论又源于宗教差异。对曼海姆来说，不同思想之间的冲突不得不通过格式塔"封闭性"（Gestalt "closure"）的过程来解决。社会群体和阶级因抱有共同的本体论信仰而团结在一起。曼海姆的知识社会学是一种发现这些信仰并阐明不同团体的信仰间关系的方法。世界观是多元的，而非单一的。但这并不是说所有东西都是相对的。曼海姆将自己的视角描述为关系主义而非相对主义：视角是多元的，但它们并不是不可比较的；知识社会学家的任务是在不同的视角之间调解斡旋，"发现不同视角的共同特性"。[192]进而，在发现那种共同特性之后，曼海姆笔下的社会学家将在不同的观点间进行比较，决定哪一种观点更优越。思维范式是多样的，但并不是所有的思维范式都享有同等地位：有一些比其他的能更好地打开整体性视角。询问"各种观点中哪一种是最好的"这一问题，是极为自然的。

对此，也有一个标准。正如就可见的视角而论，某些观点有利于揭示客体的决定性特征，这里的卓越成就是赋予那种视角的、它在有关经验材料中提供了最大的全面性和最大的多产性的论据。[193]

1940年，曼海姆提出了"一个社会学家对基督教思想家的挑战"，此时他研究的正是发展中的"知识社会学"。他的观点并不是说，这些基督教的视角是错的，而是说它们是片面不完全的。在过去，人们可以在个人道德问题上保持一种基督教立场，而在公共事务上保持另一种立场（"就是这么说：'只要我在私生活和个人关系上是个相当好的基督徒，我就不用太关心我们生活中的社会和政治秩序。'"）而在已达到"计划阶段"的社会中，这种态度将变得"完全不可行"。[194]从那个阶段开始，"社会框架的组织将在很大程度上决定私人关系中的可能性"。[195]那时的挑战是如何规划"总体性视角"（包括了"最起码的正直感和义务意识"，并且这一视角将向外构建为文化概念）；而围绕这个"总体性视角"，"社会和政治秩序"都可以以一种既适应又超越基督教思想的方式而得到重建。在面对这些不同的规划之间的冲突时（在于决定何者产生了"最大的全面性和最大的多产性"），曼海姆依靠的是格式塔心理学的原理。他熟识格式塔心理学的原理，得益于其妻子朱莉娅，她是一位心理学家。

在1944年的一次"集会"讨论中，曼海姆被告知：认为不同思维范式或"总体视角"间的冲突能够由人类裁决来检验的观点是错误的。有人提议，我们应该把判决权留在"上帝手中"。[196]对 T. S. 艾略特而言，这种提议体现的是"比强有力的修辞格更具说服力的东西"。艾略特坚持认为，"在两党间"就思想和改革纲领而发生的冲突中，"每个党派的正当性都只是片面的，它们都只能看到部分的目标"。[197]这些目标会遭受恣意的反对和攻讦，且每一者都不能被完全决定："每一者都必须为胜利而战，但是对任一者而言，胜利只会导致衰退或灾难。"换言之，这些冲突要能被解决，也必须被视作是走运，被视为超出了人类控制的神圣特权。"真正的目标是无法预见的、意想不到的：它就是命运。"文化并不是一种归恺撒管的东西。

> 虽然我们可以说，存在名为"文化"的这个东西……但我们并不能使它成为我们活动的直接对象。我们只能以我们认为对它有贡献的有限成果为目标。文化可以被描述为除上帝之外无人能计划、预设的存在。[198]

艾略特在此处谈及的，并非"'有教养的'阶层和精英的文化"，而是作为"整个生活方式"的文化。[199]前者（"'有教养的'阶层和精英的文化"）以后者（形成了分离的和独特的群体文化的更普遍的习惯和规范的模式）的活力为前提。艾略特于1943年写道，"如果没有'文化'，就不会有任何'一种文化'"。[200]艾略特认为，这一广义上的文化与宗教密不可分。艾略特于1948年完成的著作《试论文化的定义》（*Notes Towards a Definition of Culture*）中写道，"我曾说过，一个民族的文化是其宗教的道成肉身。虽然我意识到使用这样一个崇高的词语是鲁莽的，但我想不出还有哪一个词能如此巧妙地表达出这一既能避免联系又能避免鉴定的意图。"[201]

对艾略特来说，驱动曼海姆的知识社会学的，是一种独创性的野心。而艾略特反对他，不仅仅是因为曼海姆对神圣的冒犯。以曼海姆设想的方式维护对文化的控制是一种亵渎。这样做还会对尚在风行的社会精神的稀薄储备造成潜在的伤害。它既不虔诚，又威胁着那些珍贵的团结和凝聚力，而就连曼海姆都承认，没有团结和凝聚力，文化重建进程就无法开始。曼海姆在《时代诊断》中写道，"普遍接受的价值"，要么基于"默契"的共识，要么基于"明确"的共识。[202]"过去习俗代表着这种默契的共识"，但这种由习俗维持的共识正在消失。它将"不再能维系下去"，它太过微妙以至于无法在大众社会的严酷条件下生存。因此我们需要发展出"新方法"，或者说是可持续的共识：劝说、模仿、自由讨论、被人自觉接受的榜样都会"起到作用"。[203]在一个"被有意识地计划的"社会中，"宗教和道德的建议不仅会规定一些戒律"，它们还将设定出"一套具体的行为模式、一个令人满意的社会制度形象以及作为二者联系的纽带的，一套完整的世界观"。[204]我们所需的是一个"类似于圣托马斯的《神学大全》这样的连贯体系"，而为议员们提供建议的知识精英们则将努力地把这一体系建立起来。[205]

换言之，曼海姆设想的是一个对习俗进行编纂整理的过程。艾略特则觉得这种使默契的规范降为明确的准则的尝试是令人不安的。使文化成为"直接活动的对象"也要冒文化因此而"衰退"的风险：下决心有意识地培养一种"共同文化"（由知识精英确立的一套"宗教和道德劝告"的整合体，以及该整合体以某种"体系"或者"大全"的形式发生的传播）有很大风险，它会破坏从"感性脱节"中幸存下来而后重获新生的社会团结组织。曼海姆和艾略特的讨论引发了一系列关于默契的或非正式的规范对社会团结的重要性的后续讨论。迈克尔·波兰尼（卡尔·波兰尼的弟弟，他有时也参与集会的活动）凭借着艾略特同曼海姆的交流，发展出了他自己关于默契知识对科学的重要性的理论。[206]而迈克尔·奥克肖特又将迈克尔·波兰尼的作品整合进了他反对政治理性主义的观点里。[207]艾略特对曼海姆的反对强调了非经济情操的精妙之处，而经济现代性中的团结形式赖以生存的正是这些情操。这些团结形式以默契状态存在着，难以被降为明确的对象并被整合进曼海姆所设想的那种"连贯体系"。它们只能被非正式地、间接地加以处理，因而知识分子在引出和阐明这些团结形式的问题上发挥的作用也就受限了。在解释自己的文化批评的方法的合理性的同时，艾略特也列举了道德经济学家的方法的优点：他们通过把在陶器区和其他地方发现的团结形式当作历史，从而保留了一种非正式的、间接的态度，也就避免了艾略特在曼海姆的方案中看到的风险。

艾略特是个保守主义者。但某种意义上来说，那些发展了（我在此章给予重构的）对资本主义的批判的社会学家们，也是保守主义者。"所有正派的人内心都是保守主义的，他们都渴望维持那些表达人的品格的东西：人际关系、忠诚、感情、人与人之间的虔诚纽带。"托尼于1913年写下了如此文字，"从这种意义来说，他们本质上都是保守主义者。"[208]资本主义制度削弱了社会团结，但改革的最佳前景既不是去回归早已消失的阿卡迪亚*，也不是将原始的本能整合为新的团结形式，呼唤召集托尼在战时曾予以规避的那种动力。改革的最佳前景应建立在那些幸存于资本主义制度之下的并被实现的、本地化、碎片化的团结形式——托尼在战前的陶器区所遇到的、卡尔·波兰尼在间战期的维也纳所体验到的、《没有工作的人》的调查者在容泽谷所发现的那些团结形式——之上。

---

* 阿卡迪亚（Arcadia），希腊南部地区，在诗歌和小说中常用来指代世外桃源。——译者注

注释

1. Tawney, *Rise of Capitalism*, vii.

2. 同上。

3. Tawney, *Rise of Capitalism*, viii.

4. 同上，vii。

5. 关于这一时期英国历史编纂学的发展，见Tawney, "The Study of Economic History"; R. G. Collingwood, *The Idea of History* (Oxford: Oxford University Press, 1946); R.G.Collingwood, *An Autobiography* (London and New York: Oxford University Press, 1939); Bentley, *England's Past*。

6. 关于这一论点，见Collingwood, *Idea of History*, 126-133。

7. Stefan Collini, "Believing in History: Herbert Butterfield, Christian and Whig," in Stefan Collini, *Common Readings: Critics, Historians, Publics* (Oxford: Oxford University Press, 2009), 138-155.

8. 这一时期对英国文化的后来批判者的确如此，见Stedman Jones, "The Pathology of English History"; Anderson, "Components of the National Culture"。第四章将有关于安德森对英国文化的批判的更多讨论。

9. 例如，可参看Karl Polanyi, "Adult Education and the Working Class Outlook"。

10. Dobb, *Studies*, 2.

11. G. R. Elton to the Editor, *Times Literary Supplement 76* (February 11, 1977), 156, cited in Martin Wiener, *English Culture and the Decline of Industrial Spirit* (Harmondsworth: Penguin, 1985), 194. 导言中引用的F.A.哈耶克在1954年的批判也进一步支持了这一结论：F.A.Hayek, "History and Politics," in F.A.Hayek and T. S. Ashton ,eds., *Capitalism and the Historians* (London:

Routledge, 1954), 3-30, 4。

12. J.A.Hobson, "The Economics for a People's Front," *Labour Monthly* (January 1937): 514, cited in Jackson, *Equality and the British Left*, 95.

13. Howard Brick, *Transcending Capitalism: Visions of a New Society in Modern American Thought* (Ithaca: Cornell University Press, 2006).

14. R.H.Tawney, "A History of Capitalism," *Economic History Review 2* (1950): 307-316, 316.

15. Tawney, "History of Capitalism" ; Karl Polanyi, "Marxist Economic Thought," *Journal of Economic History 8* (1938): 206-208. 关于马克思和马歇尔在这方面表面的相似性，详见Shenk, *Dobb*, 30。

16. Evan Durbin, *The Politics of Democratic Socialism* (London: G. Routledge & Sons, 1940), 136; 克罗斯兰：《社会主义的未来》，轩传树、朱美荣、张寒译，上海人民出版社，2011年版。

17. Congdon, *Exile and Social Thought*, 266-277.

18. 有关托尼和艾略特的社会思想之间的联系，本章将在之后的部分讨论。见Collini, "Cultural Critics"。

19. Jackson, *Equality*, 126-131; Goldman, *Tawney*, 5; Tomlinson, "Limits of Tawney's Ethical Socialism."

20. Samuel Moyn, "Personalism, Community, and the Origins of Human Rights," in Stanley-Ludwig Hoffman, ed., *Human Rights in the Twentieth Century* (Cambridge: Cambridge University Press, 2011), 85-106; Samuel Moyn, Christian Human Rights (Philadelphia: University of Pennsylvania Press, 2015); 塞缪尔·莫恩：《最后的乌托邦：历史中的人权》，汪少卿、陶力行译，商务印书馆，2016年版；Jan-Werner Müller, "Towards a History of Christian Democracy," *Journal of Political Ideologies* 18 (2013): 243-255; Müller, *Con-*

testing Democracy。

21. Moyn, *Christian Human Rights*.

22. 莫恩:《最后的乌托邦》。

23. 关于一个近期对人权理论框架的"排他相关性"的担忧的重申,见Samuel Moyn, "Trump and the Limits of Human Rights," https://www.open-democracy.net/openglobalrights/samuel-moyn/trump-and-limits-of-human-rights, accessed December 5, 2016。这种观点并不建议我们直接抛弃人权这一术语,而是要意识到它的限制。关于这种方法的根据,见Bernard Williams, "Human Rights and Relativism," in Bernard Williams, *In the Beginning Was the Deed*, ed. Geoffrey Hawthorn (Princeton and Oxford: Princeton University Press, 2005), 62-74。

24. Arrow, *Social Choice and Individual Values*.

25. Ormrod, "Christian Left."

26. 同上。

27. 同上。其他类似的运动还包括1952年的反贫穷斗争(War on Want)和1954年的殖民地自由运动(Movement for Colonial Freedom)。这些运动的许多主人公都某种程度受弗兰克·布奇曼的"道德重整运动"在20世纪30年代的成功的激励。关于布奇曼的行动的现代解释,见R. H. S. Crossman and Geoffrey Allen, ed., *Oxford and the Groups: The Influence of the Groups* (Oxford: Basil Blackwell, 1934)。关于布奇曼的案例的持续影响,见Christopher P. Driver, *The Disarmers: A Study in Protest* (London: Hodder and Stoughton, 1964)。由此产生的最杰出最持久的组织应该是大赦国际,见Tom Buchanan, " 'The Truth Will Set You Free' : The Making of Amnesty International," *Journal of Contemporary History* 37 (2002): 575-597。关于社会运动及其在重建现代英国政治中的角色,见Matthew Hilton et al., *The Politics*

of Expertise: How NGOs Reshaped Modern Britain (Oxford: Oxford University Press, 2013)。

28. Lawrence Black, "Social Democracy as a Way of Life: Fellowship and the Socialist Union, 1951-1959," *Twentieth Century British History* 10 (1999): 499-539, 507。社会主义联盟故意称自己为托尼于20世纪20年代形成的批判传统的后继者。"物质的福利,"他们的宣言规劝读者道,"只不过是人类品格丰富的条件之一;它不是决定因素。"但在"自由英格兰之死"的时刻,托尼的批判文章的刺激成为社会解体的威胁,这使社会主义联盟的成员对相对繁荣的令人萎靡的作用十分担忧。只由"物质的术语"形成的政策只会有"有限的吸引力",他们担心:"物质上平等的长远理想不再足以激励这一代人,他们能从事任何想要的职业,口袋里的钱也更多了。"Black, "Social Democracy as a Way of Life," 505。

29. Black, "Social Democracy as a Way of Life," 500-513.

30. Stephen Brooke, "Evan Durbin: Reassessing a Labour 'Revisionist'," *Twentieth-Century British History* 7 (1996): 27-52, 31; citing Clarke, *Liberals and Social Democrats*, 279.

31. Goldman, Tawney, 159-60; Brooke, "Evan Durbin," 42. 这种影响最终是互相的,托尼1931年所著的《平等》之后的版本也参考了杜宾的文章:R.H.Tawney, *Equality* (London: Allen & Unwin, 1952; 4th edition), 135-136, 则引用了Evan Durbin, "The Social Significance of the Theory of Value," *Economic Journal* 45 (1935): 700-710; Tawney, "History of Capitalism," 310。

32. Durbin, *Politics of Democratic Socialism*, 79.

33. Brook, "Evan Durbin," 39, quoting Evan Durbin, "Why I'm Not a Marxist," *Daily Herald*, February 16, 1937.

34. E. H. H. Green, *Ideologies of Conservatism: Conservative Political*

Ideas in the Twentieth Century (Oxford: Oxford University Press, 2002), chs.1, 2.

35. Durbin, *Democratic Socialism*, 203（原文即有强调符）。关于此前与杜宾不一致的观点，见J.A.Hobson, *Traffic in Treason: A Study of Political Parties* (London: T. F. Unwin, 1914), 58-59, cited in Clarke, *Liberals and Social Democrats*, 145。关于对阿尔斯特危机的历史记载的概况，见Boyce, "Ulster Crisis"。

36. Durbin, *Democratic Socialism*, 258.

37. 关于这一时期心理学对英国社会主义者的影响，见Jeremy Nuttall, *Psychological Socialism: The Labour Party and Qualities of Mind and Character, 1931 to the Present* (Manchester: University of Manchester Press, 2006)。

38. Durbin, *Democratic Socialism*, 71. 参见Evan Durbin and Jon Bowlby, *Personal Aggressiveness and War* (London: K. Paul, Trench, Trubner, 1938)。

39. 杜宾曾受他的朋友雷金纳德·巴塞特文章的影响，此人是受过英国牛津大学拉斯金学院教育的成人教育导师，他日后将被任命为伦敦政治经济学院的政治科学教授。杜宾承认，《民主社会主义的政治》的第四部分可能"被认为差不多就是我对巴塞特的*Essentials of Parliamentary Democracy* [1935]"的中心论点的解读；Durbin, *Democratic Socialism*, 235 n1。卡尔·波兰尼在写《大转型》时也与巴塞特不谋而合，见Karl Polanyi to Reginald Bassett, July 6, 1938, KPP, 47/8。在第二章我们看到，杜宾正是波兰尼在移民英国前寻找的人。这之间的联系可能是经过休·盖兹克，他与波兰尼在1933年4月结识，那时波兰尼获得了洛克菲勒奖学金，在维也纳教书：Williams, *Hugh Gaitskell*, 61。

40. Durbin, *Democratic Socialism*, 186.

41. 同上，63。

42. 同上，66。

43. 同上，77。

44. 同上，241。

45. 同上，139。

46. 同上，87。

47. 同上，136。

48. 杜宾关于公司金融（corporate finance）的变化的信息来自Adolph Berle and Gardiner Means, *The Modern Corporation and Private Properly* (New York: Macmillan, 1932)。

49. 同上，145。

50. R. H. Tawney to Evan Durbin，May 24, 1938, EDP, 7/4.

51. Tawney, *Equality* (1952), 135-136; Tawney, "A History of Capitalism," 310.

52. 关于这本未完成的著作原本可能呈现的模样，见Elizabeth Durbin, *New Jerusalems: The Labour Party and the Economics of Democratic Socialism* (London: Routledge, Kegan & Paul, 1985)。

53. 关于对这一发展的权威态度，见Jackson, *Equality*, chs.3 和4。我的论点与Jackson的分歧在于发现了杜宾和他的后继者对托尼的"道德社会主义"的继承权的主张被他们对托尼所拒斥的功利主义原则的忠诚所打破。

54. A. C. Pigou, *Wealth and Welfare* (London: Macmillan, 1912); A. C. Pigou, *The Economics of Welfare* (London: Macmillan, 1920); Hugh Dalton, "The Measurement of the Inequality of Incomes," *Economic Journal* 30 (1920): 348-361.

55. Winter, *Tawney's Commonplace Book*, 72.

56. 关于经济思想史的文献量非常大，而其中在两次大战期间也尤其引发了人们深厚的兴趣。有关经济思想史的概况，见Roger Backhouse and Keith Tribe, "Economic Thought and Ideology, 1870-2010," in R. Floud, J. Humphries, and P. Johnson, eds., *The Cambridge Economic History of Britain: Volume II, 1870-2010* (Cambridge: Cambridge University Press, 2014); Shenk, *Dobb*, ch. 2; Steven G. Medema, *The Hesitant Hand: Taming Self-Interest in the History of Economic Ideas* (Princeton: Princeton University Press, 2011), chs. 2 and 3; Roger Backhouse and Tamotsu Nishizawa, "Towards a Reinterpretation of the History of Welfare Economics," in R. Backhouse and T. Nishizawa, eds., *No Wealth But Life: Welfare Economics and the Welfare State in Britain, 1880-1945* (Cambridge: Cambridge University Press, 2010), 1-22。

57. Pigou, *Wealth and Welfare*; Pigou, *Economics of Welfare*; Medema, *Hesitant Hand*, ch. 3.

58. John Maynard Keynes, "The End of Laissez Faire" (1926), in J. M.Keynes, *Essays in Persuasion* (London: Macmillan, 1931), 186-212; Shenk, *Dobb*, 29-30.

59. 凯恩斯自己将他的作品描述为"革命性"的，以表达这些作品在学科内的作用。关于《就业、利息与货币通论》的意义，见Robert Skidelsky, *John Maynard Keynes, 1883-1946: Economist, Philosopher, Statesman* (London: Allen Lane, 2005), 455-554。关于它更大范围的意义，见Ritschel, *Politics of Planning*, chs. 7 and 8。关于一个最近的清晰的重新评估，见Roger Backhouse and Bradley Bateman, *Capitalist Revolutionary: John Maynard Keynes* (Cambridge: Harvard University Press, 2011)。

60. Jackson将这种认识论的趋势当作杜宾和它的后继者采纳他们认为对托尼批判的经济学"代替物"的部分原因：Jackson, *Equality*, 127-128。要更广泛地了解这一趋势，可参考George Reisch, *How the Cold War Trans-*

formed Philosophy of Science: To the Icy Slopes of Logic (Cambridge: Cambridge University Press, 2005), chs. 1, 2。这种趋势与英国的具体关系还有待历史学家研究，关键的作品也许是A. J. Ayer, *Language, Truth and Logic* (London: Victor Gollancz, 1936)。关于Ayer的作品在当时已得到广泛认可的表现，见Peter Laslett, "Introduction,"in Laslett, ed., *Philosophy, Politics and Society*, vii-xv。

61. 这也并非偶然。庇古自己，以及他之后的罗宾斯也更强调自觉地寻求对经济学范畴的限制，使之保持在后康德认识论中规定的新限度内，这一特点被J.A.霍布森发现，见J. A. Hobson, *Wealth and Life* (London: Macmillan, 1929), 128; 引用自R. Backhouse and T. Nishizawa, "Welfare Economics—Old and New," in Backhouse and Nishizawa, eds., *No Wealth But Life*, 223-236; 230.

62. Jackson, *Equality*, 129.

63. Durbin, *Democratic Socialism*, 329.

64. Jackson, *Equality*, 127-131.

65. Jackson, *Equality*, 128.

66. Tomlinson, "Tawney's Ethical Socialism."

67. Sen, *On Economic Inequality*, 15-16.关于森对实用主义的批判的拓展，见阿马蒂亚·森和伯纳德·威廉斯为*Utilitarianism and Beyond*写的导言（Cambridge: Cambridge University Press, 1982），1-21。

68. Lionel Robbins, *On the Nature and Significance of Economic Science* (London: Macmillan, 1932); Lionel Robbins, "Interpersonal Comparisons of Utility: A Comment," *Economic Journal* 48 (1938): 635-641. 关于罗宾斯对新自由主义出现的重要性，见Daniel Burgin, *The Great Persuasion: Reinventing Free Markets since the Great Depression* (Cambridge: Harvard University

Press, 2012), ch.1。

69. Ritschel, *Politics of Planning*, 130, citing E. Durbin, *New Jerusalems*, 146.

70. John Maynard Keynes, "Economic Possibilities for Our Grandchildren" (1930), in Keynes, *Persuasion*, 358-374.

71. Keynes, "Economic Possibilities."

72. Brooke, "Durbin," 30. 克罗斯兰的标题"从资本主义而来的转变"利用了杜宾《民主社会主义的政治》第二部分的题目"变迁中的资本主义"。

73. 克罗斯兰：《社会主义的未来》，正文第5页。

74. "管理主义"这个术语是由1941年美国前托洛茨基主义者詹姆斯·伯恩哈姆的著作《管理革命》推广的，James Burnham, *The Managerial Revolution* (London: Putnam, 1942)。这本书是20世纪30年代晚期纽约托洛茨基主义者圈子中的论点的衍生物。

75. "管理主义"是描述这种发展趋势的方式之一，另一种是"官僚集体主义"。关于那些辩论如何塑造了伯恩哈姆的概念，见Dwight Macdonald, "The Burnhamian Revolution," *Partisan Review* 9 (1942): 76-84; C.Wright Mills and Hans Gerth, "A Marx for Managers," *International Journal of Ethics* 52 (February 1941): 200-215; Dwight Macdonald, *The Root Is Man* (New York: Autonomedia, 1995), 70-80。另见Bruno Rizzi, *La Bureaucratisation du Monde* (Paris: Bruno Rizzi, 1939); Franz Neumann, *Behemoth: The Structure and Practice of National Socialism* (London: Victor Gollancz, 1942); Berle and Means, *Modern Corporation*; Judith N. Shklar, "Nineteen-Eighty Four: Should Political Theory care?" in Judith N. Shklar, *Political Thought and Political Thinkers* (Chicago: University of Chicago Press, 1998), ch.18。

76. 关于伯恩哈姆与奥威尔之间的联系，见George Steinhoff, *George Orwell and the Origins of 1984* (Ann Arbor: University of Michigan Press, 1975), 43-54; Michael Maddison, "1984: A Burnhamite Fantasy?" *Political Quarterly* 32 (1961): 71-79。这一部分的参考，我要感谢Freddy Foks的贡献。

77. Black, "Social Democracy as a Way of Life," 507; Ormrod, "The Christian Left."

78. R.H.S. Crossman, "Towards a Philosophy of Socialism," in R.H.S. Crossman, eds. *New Fabian Essays* (London: Turnstile Press, 1952), 1-32.

79. "国家主义"和"后资本主义"是安东尼·克罗斯兰对埃文·杜宾更复杂的术语"国家组织下的私有制垄断资本主义"的继承性简化（后将讨论），这组术语和伯恩哈姆的"管理革命"明显不一致：Anthony Crosland, "The Transition from Capitalism," in Crossman, *New Fabian Essays*, 33-68, 30, 48；克罗斯兰：《社会主义的未来》，上海人民出版社，2011年版。

80. Crosland, "Transition from Capitalism," 40.

81. 同上，52。

82. 同上，62。

83. Durbin, *Democratic Socialism*, 144.

84. 同上，145。对学校伙食供应等所产生的问题的新关注近期开始给英国福利国家的历史编纂学抹上生动的色彩，见Matthew Thomson, *Lost Freedom: The Landscape of the Child and the Postwar British Settlement* (Oxford: Oxford University Press, 2013), 80, quoting Carolyn Steedman, *Landscape for a Good Woman: A Story of Two Lives* (London: Virago, 1986)。

85. Crosland, "Transition from Capitalism," 62.

86. 同上, 62-63。

87. 关于英国社会学历史的重要著作是Mike Savage, *Identities and Social Change in Britain since 1940: The Politics of Method* (Oxford: Oxford University Press, 2010)。这一谱系可追溯到Collini, *Liberalism and Sociology*, 和Philip Abrams, *The Origins of British Sociology* (Chicago: University of Chicago Press, 1968)。

88. 然而这一结论更多归功于心理学研究而非社会学, 见Adrian Wooldridge, *Measuring the Mind: Education and Psychology in England, c. 1860-1990* (Cambridge: Cambridge University Press, 1994)。 欲了解更多关于这两种学科是如何相互影响、相互交叉的, Michael Young的工作非常切题, 见Lise Butler, "Michael Young, the Institute of Community Studies, and the Politics of Kinship," *Twentieth-century British History* 26(2) (2015): 203-224。

89. Michael Young, *The Rise of the Meritocracy, 1870-2023: An Essay on Education and Equality* (London: Thames & Hudson, 1958).

90. Anthony Crosland, "Comprehensive Education," in Anthony Crosland, *Socialism Now and Other Essays* (London: Jonathan Cape, 1974), 204.

91. 克罗斯兰: 《社会主义的未来》, 第67–73页。

92. Jackson, *Equality*, 187.

93. Richard Wollheim, *Socialism and Culture* (London: Fabian Society, 1961), 11-12, cited in Jackson, *Equality*, 192.

94. 对于这一关联, E. P. 汤普森对 "奥尔德玛斯顿一代" （这群年轻人首次参与政治是参加50年代晚期的核裁军运动游行）的印象很有启发性。见E.P.Thompson, "Outside the Whale," in E.P.Thompson, ed., *Out of Apathy* (London: Stevens, 1960), 140-194, 182-194; E.P.Thompson, "Commitment in Politics," *University and Left Review* 6 (1959): 50-55。

95. 克罗斯兰：《社会主义的未来》，第340页。

96. 同上，第162页。

97. "Equality," *Observer*, July 15, 1956, 6, cited in Jackson, *Equality*, 202.

98. T.S.艾略特与来访的美国批判家Dwight Macdonald的交流强化了人类品格概念在贬值的观点：Macdonald于1946年的论文（"The Root Is Man"）中写道，检验社会主义的"试金石"应该在于它是否到了能够"发展人格"的程度，其部分观点借鉴了新兴的大陆人格主义思想。原本对Macdonald大加赞赏的艾略特在收到那篇论文1956年的副本时，在给Macdonald的信中写道："这对我来说，看起来就是一种过时的语言。我认为它完全没有任何确切的意义……这个词非常流行，但在我看来它在掩蔽一种真空。"见T.S.Eliot to Dwight Macdonald, October 30, 1956, Dwight Macdonald Papers, Yale University, New Haven; 见T.S.Eliot, *Notes Toward a Definition of Culture* (London: Faber & Faber, 1948), 97-98。

99. Goldman, *Tawney*, 284.

100. 关于美国社会科学界的相似现象，见多萝西·罗斯：《美国社会科学的起源》，王楠、刘阳、吴莹译，生活·读书·新知三联书店，2018年版。

101. Keynes, "End of Laissez Faire."

102. 关于英国视角下这些发展的概况，见Martin Daunton, "Britain and Globalisation since 1850: II. The Rise of Insular Capitalism," *Transactions of the Royal Historical Society* 17 (2017): 1-33。关于全球视角下的这些发展的概况，见Barry Eichengreen, *Golden Fetters: The Gold Standard and the Great Depression, 1919-1939* (Oxford: Oxford University Press, 1996)。

103. Ristchel, *Politics of Planning*, 153.

104. 同上，193。见Green, *Ideologies of Conservatism*, ch.6。

105. Ristchel, *Politics of Planning*, 206.

106. 同上，208。

107. 同上，302。

108. 同上，303。

109. Stefan Collini, *Absent Minds: Intellectuals in Britain* (Oxford and New York: Oxford University Press, 2006), 316.

110. Grimley, *Citizenship*, 16.

111. 同上，176。

112. *Men Without Work: A Report Made to the Pilgrim Trust* (Cambridge: Cambridge University Press, 1938), 286-287.

113. 同上。

114. 同上，396。

115. *Men Without Work*, 272-297.

116. Grimley, *Citizenship*, 182, citing John Dancy, *Walter Oakeshott: A Diversity of Gifts* (Norwich: Michael Russell, 1995), 84.

117. W. A. Visser't Hoorft and J. H. Oldham, *The Church and Its Function in Society* (London: Allen & Unwin, 1937), 198, cited in Keith Clements, ed., *The Moot Papers* (London: T & T Clark, 2010), 8.

118. Congdon, *Exile and Social Thought*, 266.

119. Reisch, *Cold War*, chs.1, 2.

120. Otto Neurath, Rudolf Carnap, and Hans Hahn, "The Scientific Conception of the World: The Vienna Circle," in M. Neurath and R. S. Cohen, eds., *Empiricism and Sociology* (Dordrecht: Reidel, 1973), 299-319.

121. Congdon, *Exile and Social Thought*, 270-271.

122. 同上，270，299。关于曼海姆对海德格尔的阐释，见Hannah

Arendt, "Philosophy and Sociology," in Jerome Kohn, ed., *Hannah Arendt: Essays in Understanding, 1930-1954* (New York: Harcourt & Brace, 1994), 28-43。关于海德格尔与法国的反人文主义思想，见Geroulanos, *Atheism*, ch.1。

123. Congdon, *Exile and Social Thought*, 273; Karl Mannheim, "Conservative Thought," in Karl Mannheim, *Essays on Sociology and Psychology*, ed. Paul Kecskemeti (London: Routledge, 1993), 87-164, 125.

124. Karl Mannheim, *Diagnosis of Our Time* (London: Trench, Kegan & Paul, 1943), 104.

125. 同上。

126. Green, *Passing of Protestant England*, 223.

127. 同上。

128. 同上，212，citing Kenneth O. Morgan, *The People's Peace: British History*, 1945-1989 (Oxford and New York: Oxford University Press, 1990), 19。

129. Noel Annan, *Our Age: Portrait of a Generation* (London: Weidenfeld & Nicholson, 1990), 362, cited in Green, *Passing of Protestant England*, 211.

130. Jose Harris, "Political Ideas and the Debate on State Welfare, 1940-45," in H. L. Smith, ed., *War and Social Change: British Society in the Second World War* (Manchester: Manchester University Press, 2006), 233-263, 239-240.

131. R.A. Butler, *The Art of the Possible* (London: Hamish Hamilton, 1971), 136-137, cited in Green, *Ideologies of Conservatism*, 11.

132. Green, *Ideologies of Conservatism*, 11; Harriet Jones, " 'New Conservatism'? The Industrial Charter, Modernity and the Reconstruction of British

Conservatism After the War," in Frank Mort, Chris Waters and Becky Conekin, eds., *Moments of Modernity: Reconstructing Britain 1945-1964* (London & New York: Rivers Oram Press, 1999), 171-188.

133. Green, *Passing of Protestant England*, 238.

134. 同上，239。

135. Harris, "Debate on State Welfare"；Green, *Passing of Protestant England*, 222-227.

136. 卡尔·曼海姆：《重建时代的人与社会》，张旅平译，北京联合出版公司，2013年版。关于一份也许是曼海姆最热情的支持者对此书所做的现代评估，见Fred Clarke, "Review of *Man and Society in an Age of Reconstruction by Karl Mannheimm,*" *Economica* 27 (1940): 329-332。

137. Margaret Godley to R.A. Butler, May 29, 1940, Conservative Research Department Papers, Conservative Party Archive, Bodleian Library, Oxford University, CRD 058; "Points arising from an interview," May 28, 1940, Conservative Party Archive, CRD 058; cited in Harris, "Debate on State Welfare," 240.

138. Karl Mannheim, "Planning for Freedom: Some Remarks on the Necessity for Creating a Body which could Co-ordinate Theory and Practice in our Future Policy," undated, Conservative Party Archive, CRD 058, cited in Harris, "Debate on State Welfare," 241 n26.

139. Harris, "Debate on State Welfare," 241.

140. Mannheim, *Diagnosis of Our Time*, 163.

141. 同上，129，163。

142. Harris, "Debate on State Welfare," 241.

143. 见如Mannheim, *Man and Society*, 264-265。

144. Karl Mannheim, "Planned Society and the Problem of Human Personality," in Mannheim, *Essays in Sociology*, 255-310.

145. Mannheim, "Problem of Human Personality," 278.

146. 同上。

147. 在美国，与这种关联最具相关性的发展是"文化与人格"的准则的出现，c. 1925-c. 1955，见Brick, *Transcending Capitalism*, 88-98; Peter Mandler, *Return from the Natives: How Margaret Mead Won the Second War and Lost the Cold War* (New Heaven and London: Yale University Press, 2013)。关于研究美国文化中"人格"一词的各种意涵的一种独特方法，见Warren Susman, " 'Personality' and the Making of Twentieth-century Culture," in Warren Susman, *Culture and History: The Transformation of American Society in the Twentieth Century* (New York: Pantheon Books, 1984), 271-286。约翰·杜威和查尔斯·桑德斯·皮尔士的实用主义与欧洲后康德主义认识论的发展的碰撞也与此相关。C. 赖特·米尔斯对这一关联的案例研究很有启发性。见Daniel Geary, *Radical Ambition: C. Wright Mills, the Left and American Social Thought* (Berkeley: University of California at Berkeley Press, 2009)。事实上曼海姆可能也深受世纪之交的德国社会学影响，关于这些讨论中发现的同源问题，见Georg Simmel, "The Metropolis and Mental Life" (1903), in Georg Simmel, *On Individuality and Social Forms*, ed. Donald Levine (Chicago: University of Chicago Press, 1971), 324-339。

148. Mannheim, *Diagnosis of Our Time*, 100.

149. Norman, *Church and Society in England*, ch. 8.

150. Collini, *Liberalism and Sociology*.

151. 这是佩里·安德森1968年的一篇激烈批判文章"Components of the National Culture"的控诉要旨。关于近期的重新评价，见Collini, *Absent*

Minds, 175-183。关于近期对英国社会学发展历史的记述，见Savage, *Identities and Social Change in Britain*。

152. Mannheim, "Conservative Thought," 87.

153. 同上。

154. 同上。

155. Mannheim, "Conservative Thought," 90.

156. 格奥尔格·齐美尔在"The Metropolis and Mental Life"（1903）一文中推测道，他的时代的"内在和外在的历史"将会"以这两种理解个体在总体中处境的对立方式的冲突和多变的演绎来书写"：Simmel, "Metropolis," 339。

157. 曼海姆认为，历史可能是这样的：G. W. F. 黑格尔是曼海姆追溯的埃德蒙·柏克的保守主义思想的衍生；曼海姆将马克思对黑格尔的背离视作能够战胜资本主义的"超理性"形式的诞生：Mannheim, "Conservative Thought"。

158. 关于Maine，见John Burrow, *Evolution and Society: A Study in Victorian Social Theory* (Cambridge: Cambridge University Press, 1966), ch. 5。见Karuna Mantena, *Alibis of Empire: Henry Maine and the Ends of Liberal Imperialism* (Princeton: Princeton University Press, 2010)。

159. Karl Mannheim, *Ideology and Utopia: An Introduction to the Sociology of Knowledge*, trans. Edwards Shils (London: Trench, Trubner & Co., 1936), 300-301, quoted in Nye, *Michael Polanyi*, 282。曼海姆对"全面性"与"多产性"多与少的整体视角的区别对待将在后文讨论。

160. 关于中世纪主义与现代性，见Salerm, *Avant-garde in Interwar England*。关于家庭生活、隐私、民粹主义作为两次大战期间英国政治缓和或保守的因素，见Samuel, "Exciting to be English"；Light, *Forever England*；

Williamson, *Stanley Baldwin*; Baxendale, *J. B. Priestley's England*。

161. Mannheim, "Conservative Thought," 125.

162. Karl Mannheim to Michael Polanyi, January 1, 1945, MPP, 4/10.

163. Mannheim, *Man and Society*, 261.

164. 同上。

165. Collini, *Absent Minds*, 317.

166. 关于哈耶克、朝圣山学社以及观点的"二手商"，见Ben Jackson, "The Think-tank Archipelago: Thatcherism and Neo-liberalism," in Ben Jackson and Robert Saunders, eds., *Making Thatcher's Britain* (Cambridge: Cambridge University Press, 2012), 43-61, 43-44。

167. Harris, "Debate on State Welfare."

168. Mannheim, *Diagnosis of Our Time*, 152.

169. 同上。

170. 同上，102.

171. 同上，104-105。

172. Harris, "Debate on State Welfare," 244.

173. 同上，243。

174. 同上，247。

175. 同上，245。

176. F.A.Hayek, *The Road to Serfdom* (London: G. Routledge & Sons, 1944), 16, 51, 54.

177. 同上，246，citing P.H.J.H. Gosden, *Education in the Second World War: A Study of Policy and Administration* (London: Methuen, 1976)。

178. Peter Mandler, "Education the Nation I: Schools," *Transactions of the Royal Historical Society* 24 (2014): 5-28, 11-12.

179. Green, *Passing of Protestant England*, 224.

180. 同上，238。

181. 同上。

182. Goldman, *Tawney*.

183. R.H.Tawney, *Secondary Education for All: A Policy for Labour* (London: Labour Party, 1922).

184. Goldman, *Tawney*, 270.

185. Mannheim, *Diagnosis of Our Time*, 129, 163.

186. 关于巴特勒法案的丰富内容，以及派往工人教育协会的代表团，见Mandler, "Educating the Nation"。

187. Karl Mannheim to Michael Polanyi, January 1, 1945.

188. Mannheim, *Diagnosis of Our Time*, 110-111.

189. Stefan Collini, "The European Modernist as Anglican Moralist: The Later Social Criticism of T.S. Eliot," in Mark Micale and Robert Dietle, eds., *Enlightenment, Passion, Modernity: Historical Essays on European Thought and Culture* (Stanford: Stanford University Press, 2000), 207-229; Collini, "Cultural Critics and 'Modernity'."

190. Collini, "Cultural Critics and 'Modernity'."

191. T.S.Eliot, "On the Place and Function of the Clerisy," November 10, 1944, MPP, 15/6; Collini, *Absent Minds*, 318-319.

192. Collini, *Absent Minds*, 318-319.

193. Nye, *Michael Polanyi*, 281.

194. 卡尔·曼海姆：《意识形态与乌托邦》，黎鸣、李书崇译，商务印书馆，2002年版，第307页，引于Nye, *Michael Polanyi*, 282。

195. Manheim, *Diagnosis of Our Time*, 114.

196. 同上。

197. Michael Polanyi to J.H. Oldham, October 16, 1944, MPP, 15/3.

198. T.S.Eliot, "Comments by T.S. Eliot on Michael Polanyi's Notes on the Clerisy," November 22, 1944, MPP, 15/6.

199. 同上。

200. 同上。

201. Collini, *Absent Minds*, 320，quoting T.S.Eliot, "Notes Towards a Definition of Culture I," *New English Weekly*, 1943年1月21日，117.

202. Eliot, *Notes Towards a Definition of Culture,* 33.

203. Mannheim, *Diagnosis of Our Time*, 110.

204. 同上。

205. 同上，110-111。

206. 迈克尔·波兰尼曾于1944年在曼海姆的提议下受邀加入研讨会：Michael Polanyi to Karl Mannheim, May 27, 1944, MPP, 4/10。关于波兰尼的默契知识的概念发展，见迈克尔·波兰尼：《科学、信仰与社会》，王靖华译，南京大学出版社，2004年版；Michael Polanyi, *The Logic of Liberty* (London: Routledge, Kegan & Paul, 1951); 迈克尔·波兰尼：《个人知识：迈向后批判哲学》，许泽民译，贵州人民出版社，2000年版；Nye, *Michael Polanyi*, chs.7 and 8。迈克尔·波兰尼的默契知识的概念在托马斯·库恩对"范式"做的概念化中十分重要，尽管库恩很晚才承认这件事：托马斯·库恩：《科学革命的结构》，金吾伦、胡新和译，北京大学出版社，2003年版，第153-154页。

207. Michael Oakeshott, "Rationalism in Politics" (1947), in Michael Oakeshott, *Rationalism in Politics and Other Essays* (London: Methuen, 1962), 4-32, 8 n1, citing Polanyi, *Science, Faith and Society*.

208. Winter, *Tawney's Commonplace Book*, 14.

E.P.汤普森

1950年后，英国经济进入了前所未有的增长阶段。物质生活水平自19世纪80年代以来一直在提升：从19世纪80年代到20世纪70年代，除了在经济衰退期受失业困扰的地区，大多数群体的实际收入得到了持续提升。[1]而1950年后的15年则是这一增长速度最为急剧加快的阶段。从1950年到1966年，英国人均国内生产总值增长了40%。[2]而在同一时期，失业率也保持在历史最低点——极少超过2%。[3]此外，在这一生产能力扩张之下的利益分配也变得越来越公平。借助于常规措施，在20世纪内，英国的收入和财富的分配在70年代早期最接近于绝对平等。[4]在整个20世纪，连续几代人都有理由期待他们儿孙的生活会比他们自己的更舒适、更繁荣。

托尼于20世纪20年代开创的批判传统在如何对待繁荣上充满矛盾。20世纪50年代晚期［准确来说是加拿大经济学家约翰·肯尼思·加尔布雷思（John Kenneth Galbraith）在1958年发表《丰裕社会》之后］，人们称之为丰裕的现象实质上是可疑的，因为这一丰裕是借由"贪得无厌"才积累起来的：物质丰富在某种意义上突出了人们精神上的贫瘠，而精神的贫瘠却又准许了那一丰裕感。[5]约翰·梅纳德·凯恩斯对其心中的优先事项做了一番阐明：一旦经济问题得到解决，贪得无厌性就可能恢复其在更为基本的人类动机中应有的位置；仓廪衣食足，方有伦序。[6]但对道德经济学家来说，凯恩斯的优先事项序列存在着问题：经济学和伦理学必须即刻得到调节。托尼对"拜金"的反感颇为激烈，但并非只有托尼一人如此：托尼运用了一系列由来已久的社会批评，这些批评至少可以上溯到塞缪尔·泰勒·柯勒律治和托马斯·卡莱尔。[7]可是，纵使他们对因贪得无厌带来的工资不屑一顾，继承这一传统的批评家（尤其是托尼本人）也认识到，在社会生活中保有积蓄似乎能够支撑团结的重构，然而这一积蓄却只能形成于受资本主义繁荣时期恩惠的特定地区。罗奇代尔因18世纪后期的棉花贸易增长而日益丰裕。红色维也纳的重建要求对在哈布斯堡王朝统治时期聚敛财富的金融家加以课税。容泽谷（投入于坦普尔《没有工作的人》一书的编写调查人员在该山谷处发现了有效避免失业者沉沦于愚昧的团结形式）在19世纪的煤炭开采热潮中获得了繁荣昌盛。

我们在第三章业已研讨过，各种试图"超越资本主义"的冒险都许诺去克服这类矛盾心理。受繁荣兴旺和稳定改革时期的激励，杜宾和曼海姆各自以其方法辩称，现代性的独特矛盾——进步与反动，资本主义与共产主义，经济与伦理——如今正得以被克服。杜宾援用20世纪的人文科学来支撑他的论点，即推翻资本主义已经不再紧要，培养新的团结形式才是当今改革的关键任务。曼海姆则在英德保守主义思想和当代社会学的基础上发展其论点，即自由放任并不会被无产阶级革命所代替，会取代它的是"为自由而计划"。两个人的出发点都始于1950年托尼提出的资本主义的"非社会化本性"较之前的想象"有轻度改变"的命题。我们已经看到，人们对曼海姆为两种思想做的全新综合的反应是，他们无法接受。杜宾的思想被重新包装为"克罗斯兰主义"，却被E. P. 汤普森以相似的决心拒斥了，汤普森将之边缘化，他赞同的是对托尼在20世纪20年代制定的批判加以重申和再规划，其缘由我将于本章阐明。

托尼写的资本主义史描绘了17世纪的急剧断裂，当时经济学和伦理学被突如其来地撕裂成了两半。但正如我们在第一章中看到的，托尼通过对中世纪与现代之间的反差加以描绘，戏剧化地表现了当时东伦敦与英格兰北部工业城镇间的悬殊。他冀以成长希望的团结形式并没有被埋在英国伊丽莎白时代社会生活的文献记录中，而可在陶器区居民的日常生活中轻易辨认出来。卡尔·波兰尼书写的资本主义史则使得历史剧同当下时代更加紧密一致，其笔下的中世纪的道德顾忌一直延续到了19世纪初。他还辩称它们在其最终因马尔萨斯、李嘉图和边沁的政治经济学而被废除的那一刻，实际上已经在反抗资本主义理性主义的"反向运动"中获得了新的形式。而战后这一批判传统最杰出的倡导者就是E. P. 汤普森。他拾起了卡尔·波兰尼在其停步处留下的接力棒，转而寻求新的方式，以既有历史基础又与20世纪晚期英国的生活相称的术语，来描述这些潜在的可能性，这些身处资本主义之下却自然兴起的团结形式。

浪漫派和革命者

从他父亲对他的评价看，E. P. 汤普森带着成为"有点古板的人"的"天生风险""闯进"了20世纪40年代。[8]爱德华·J. 汤普森是卫斯理宗的牧师，还是个在印度的传教士（同他的父亲一样）。他终其一生都是名自由主义者，此外还是印度文化学者、拉宾德拉纳特·泰戈尔的朋友，贾瓦哈拉尔·尼赫鲁的知己。E. P. 汤普森将他的父亲描绘为"文化间的邮递员，以至于他从不身着任何一方规定的制服"，是一个永远的局外人。[9]他的母亲西奥（Theo）——1918年他的父亲在耶路撒冷休假时与之相遇，她在孤儿院教法语和阿拉伯语——是一位到叙利亚传教的美国传教士的孩子。汤普森的哥哥弗兰克善于交际、思想高尚、性格慷慨、智慧卓越。"帕尔默"（他的中间名，直到他成名早期才闻于众人），则是固执、闲散、不善言辞的。他是个"好争辩的水手"，但他话里的特殊含义往往只有自己才能听懂，惯于不恰当地运用语法，这在"一家子都是作家的环境里"是件令人伤心之事。[10]但他也有他自己的优势，他很聪明，身体敏捷，有表演者的风度（1940年，在他下决心成为一名作家之前，他的母亲一直鼓励他申请皇家戏剧艺术学院）。[11]但是在家里，全家人更看好他哥哥的天分，他们的母亲毫不掩饰她的偏爱。[12]弗兰克去了温彻斯特公学，他谙熟古典并轻松掌握了各种语言。爱德华则去了他父亲之前去过的位于巴斯的金斯伍德中学，而这是一个位于卫斯理宗名下的机构，与温彻斯特相比，这个学校更加严苛，缺乏文化气息。（一位朋友表述道，爱德华与笼罩在其哥哥身上"甜蜜和光明"的光环完全相反，简直是个"希伯来人"。）到爱德华从金斯伍德毕业时，他已浑身"饱透着道德热诚"。[13]

1939年3月，弗兰克·汤普森在他就读牛津大学新学院的第一年就加入了英国共产党。在加入该党之前，他曾想过担任圣公会神职（英国国教高派教会对他特别有吸引力）。[14]入党后，他又入伍参军，当党（党在纳粹－苏联条约签订和苏联入侵波兰、芬兰后陷入混乱）宣称大战不过是帝国主义间的搏斗，并将和平主义作为党的路线时，他却无视了这一教条。弗兰克·汤普森是不受教条约束的人。[15]因为他"更倾向于爱而不是分析"。[16]他既因对作家艾丽丝·默多克——她成了他的女友，而且此时她本身就是一个热忱的共产主义者——的感情而被她征服，也因其思想的信念而被她所征服。他是胆大妄为的，而他弟弟一生的事业在某种程度上就是肇自弗兰克在战争期间放弃了共产主义。[17]弗兰克应募到英国特别行动委员会工作，其后首先被派往北非然后到东欧从事高危作业，激励人们对法西斯主义的抵抗。1944年，他在保加利亚遇害，同当地的游击队员一起被射杀于堑壕之中，去世时手中仍握着一本卡图卢斯的诗作，口袋里则有一枚罗马硬币。有关他的死亡的具体原委则受冷战初始阶段的搅乱而难以捉摸。[18]

当E. P. 汤普森于1940年加入英国共产党时，他才17岁，还是金斯伍德中学的学生。[19]大战期间对党来说是好年景。在1942年，党员数膨胀到50000以上，并且在1945年的大选中，党赢得了下议院的两个席位。[20]同他的哥哥一样，以及同许多在这一时期入党的人，尤其是他在牛津和剑桥分别碰到的两个同代人一样，汤普森很大程度上是受反法西斯主义的激励才参与到英国共产党的运动之中的。E. P. 汤普森不是"冷酷理论家"，但与此同时，就他早年的共产主义理想而言，他也远超于"不受控制的浪漫派"。1940年，克里斯托弗·希尔（Christopher Hill）就英国革命中的平等派写的一篇文章令汤普森"大为振奋"。[21]在剑桥，他参加了党下属的文学杂志《我们的时代》（*Our Time*）的编写，弗兰克则认为这一刊物的阶级叙事是欠思考的。他在读完一期后写信给他的兄弟说，"因为阶级出身而厌恶别人是错误的做法"。[22]爱德华后来称赞他的哥哥蔑视教条。但当时他却对其兄颇为批判，E. P. 汤普森在1945年写道，在温彻斯特，其兄已经接受了一种包含着"粗枝大叶且无所不包的人道主义"的"颇为安逸的愤世嫉俗哲学"；弗兰克倾向于"去爱"而不是"分析"，乃至"到了掩盖共产主义教义的程度"，因而背负着冒犯共产主义教义的风险。[23]

在20世纪中叶，马克思主义的核心就是"经济还原论"版的马克思恩格斯分析方法、历史唯物主义，解释权归苏维埃联盟——首要的阐释者先是列宁，其后是斯大林。[24]马克思认为，人的意识是由他的社会存在所决定的；思想不过是对更为核心的经济现实的粉饰；不同的生产要素之间的关系构成的"经济基础"决定了特定历史时刻下社会的上层建筑的特征。如果共产主义就是斯大林口中的历史唯物主义，那么弗兰克·汤普森在温彻斯特习得的"人道主义"不过是一个空洞的信条。但事情并非如此单纯。汤普森后来写道，"40年代"时，"我们能在"英国"找到的"马克思主义，"比人们通常认为的要更为复杂"。[25]在这一时期，英国马克思主义者并没有一贯地坚持经济优先的教条。他们对盛行的群众斗争传统，对疑似与马克思主义分析相关的传统，有着根深蒂固的敬畏。

20世纪30年代，英国主要的马克思主义者是一群科学家，他们主张马克思对他们就科学研究的本质所做的新理解而言有着权威性，他们认为科学研究本质上应是国家参与掌管的、实践性的、解决问题的事务。在1931年科学史大会上，苏联代表团对当代人所谓的科学进步是超脱尘俗的头脑取得的成就的假设不屑一顾：他们主张，如果牛顿对17世纪的实际经济需求没有认知，那么其物理学成就则是不可想象的。[26]同物理学家P. M. S. 布莱克特（P. M. S. Blackett）和生物化学家（同时也是汉学家）李约瑟一样，人们开始将科学史重新书写为一种实践性的运用，进而强调特定的经济需求、工匠的参与以及技术的重要性所起到的作用。[27]更有影响力的是，化学家J. D. 贝尔纳（J. D. Bernal）开始辩称，这一实践性活动应该被更加谨慎地应用于当代的经济和社会需求。长久以来，科学家们养成了超离工业和国家事务的态度，但如今这类态度——贝尔纳称——应当服从于将其精力导向解决当代技术问题的决心。[28]在协调这类实践活动，安排科学家从事首要领域的工作等问题上，国家应当担起其应有的职责。在20世纪30年代初，科学被视为一项脑力劳动的、无利害关系的事业。而到30年代行将结束时，它已被视为国家应该就此方向加以密切关注的实际事务。所有这一切都得益于马克思主义认为思想是经济关系的产物的观点。[29]

除了"贝尔纳的幻想"外，20世纪30年代后期，英国马克思主义在内容上还包括"斯蒂芬斯彭德的韵律"。[30]在20世纪20年代和30年代初期，共产主义仍然对非共产主义的进步政党持敌对态度，将之视为"社会法西斯主义者"，而严格的历史唯物主义的马克思列宁主义，才是唯一符合真理的信仰。但是在1934年，共产国际（成立于1919年，有时被称为第三国际）推翻了这一政策，并开始试图同所有的反法西斯政党一起致力于共同的事业。这一新生的包容性也使并未正式隶属于任何政党的人们初步接触到共产主义，而当时卓越的文化人物——尤其是"奥登一代（Auden Generation）"的诗人——也因反法西斯而同这场运动站在了一条线上。[31]1937年和1938年前去参与西班牙内战并加入所谓的国际纵队的冒险者身上，体现了时代的同行者所怀抱的理想和热忱。[32]奥登的诗《西班牙》成了他们的一首圣歌。这伙人对教义问题不怎么关心。但在人民阵线时期，教条主义者同样也不怎么关注如何将这些同行者的思想加以矫正的问题。在上一章，我们看到，波兰尼基于未发表的马克思早期著作并通过援引格奥尔格·卢卡奇的作品，冒险地对马克思主义做出了全新的阐释。但我们也看到，他的努力以失败告终。没有证据表明，他做的创新在英国共产党圈子里掀起了任何波澜。[33]是理论上的倦怠——而不是理论上的精巧——使得20世纪40年代早期的英国马克思主义有了足以同时容纳对文化和意识的兴趣与对经济关系的分析之综合性。

就在那一时期，E. P. 汤普森成了共产主义者，其时，"不受控制的浪漫派"和"冷酷的理论家"在一场被对抗法西斯主义的敌意激起的运动中杂糅共处。一旦那一时期过去，冷战开始，这两伙人就分离了。弗兰克·汤普森称之为"新思维"者的特征愈发鲜明。对"英国性"在情感上的崇敬及其所支撑的传统和习惯到大战结束时还未曾减弱，诚恳的理想主义打动了弗兰克·汤普森，并促使他于1943年12月在保加利亚写了些文章，其内容则是关于一种"流传在欧洲大陆之外的精神"，"这一精神比起这块疲惫大陆几个世纪以来已知的一切都要来得更为出色勇敢"。[34]但在整个20世纪40年代，马克思主义却同这类情操越来越不相投了。在A. L. 莫尔顿（A. L. Morton）于1938年发表的《人民的英国史》（*A People's History of England*）中，文化力量——宗教、习惯、道德情操——被认为是如此重要，以至于超出了正统历史唯物主义所允许的界限。[35]杰克·林赛（Jack Lindsay）和埃德盖尔·里克沃德（Edgell Rickword）于1939年合作发表的《自由手册》（*A Handbook of Freedom*）则更为自由地援引了"资产阶级"学术权威和资料来源，将民主斗争的传统构造为共产主义的先兆。[36]自学成才的克里斯托弗·考德威尔（Christopher Caudwell）则在1937年发表的《幻想与现实》（*Illusion and Reality*）和1938年发表的《垂死文化研究》（*Studies in a Dying Culture*）中做了一系列工作，汤普森本人后来将其解读为与共产国际及其附属机构所阐释的"机械唯物主义"之间的论战。[37]但在1945年之后，这几篇文章却面临着被称为"资产阶级折中主义"演习的嘲弄。[38]

经济中心主义

20世纪40年代中期，英国马克思主义获得的这些发展（法西斯主义的失败破坏了英国共产党同其他进步分子共处的基础）可借由经济学家莫里斯·多布的职业生涯而得到很好的说明。多布是剑桥大学经济学讲师和三一学院的研究员。他于1922年加入英国共产党。（他在接受三一学院的任命之前，写信给未来的同事丹尼斯·罗伯特森，揭示了他的共产主义信念。罗伯特森回信道，如果多布承诺"在炸教堂之前，提前两周通知我们"，那就不会有任何问题。）[39]在20世纪20年代和30年代，多布同其他人一样，精妙地将马克思主义同其他习语结合起来。[40]事实上，他已经成了为保护共产主义知识分子的独立性而战的直率辩护者，并饱受党媒的批评。[41]多布自己本人的创新在于，他将马克思主义政治经济学同阿尔弗雷德·马歇尔及其在剑桥的继任者发展起来的"新古典"经济学的分析方法结合了起来。他保证，马克思关于资本主义如何在整个体系范围内运作的宏观经济学学说（他将其作为由亚当·斯密所开创并由大卫·李嘉图接续的政治经济学发展的高潮来看待）可以用经济学思想中所谓的边际革命开创的微观经济模型加以补充。多布并没有在经济学中有关历史或制度主义的方法与科学方法之间做出彻底的选择，而是看到了两者结合的可能性。[42]

通过吸取制度主义的观点，多布得以挑战生产关系优先的教条。在他于1926年出版的《资本主义之事业》（*Capitalist Enterprise*）一书中，多布主张经济问题是不能从更为广泛的社会背景之中抽离出来的："我们的社会世界的问题"不能仅靠经济范畴来处理，"它们仅在很少的情况下是完全由易受金钱衡量的行动和动机所构成的"，相反，它们要由"某种经济和有其他因素缠绕在其中的复杂性质来表征"。[43]可是，到了20世纪40年代中期，多布的思想中的经济要素却同社会要素分离了。在他于1946年出版的《对资本主义发展之研究》一书中，还有在他为同一年成立的共产党历史学家小组的供稿中，多布毫不妥协地坚持经济要素在分析上具有优先性。多布借由英国共产党的意识形态机构对"资产阶级"倾向做了严厉的批评。在他于1932年发表题为《今日的马克思主义》（*On Marxism Today*）的小册子之后，他的批评越来越异乎寻常地趋向于责骂，乃至终于产生了预期的效果。[44]

与之相应，《对资本主义发展之研究》将许多多布的同志的思想矫正了过来。对共产党历史学家小组来说，多布的研究是影响深远的，它起到了调节作用，并在一段时间里将小组内的资产阶级倾向边缘化了。多布的书"以最引人注目的方式展现了"——中世纪历史学家罗德尼·希尔顿写道——"用马克思主义来处理历史问题的优越性"。[45]跟循多布的榜样使许多历史学家得以在方法上将自己树立为"科学的"。他们废弃了《人民的英国史》的折衷主义，并以此与英国共产党的科学家们联系在了一起，他们在20世纪30年代曾为马克思主义在英国最为重要的拥护者。[46]克里斯托弗·希尔认为，对莫尔顿《人民的英国史》的优缺点旷日持久的讨论现在终于可以缩短了，"只需告诉［莫尔顿］去读读［《研究》］并对照着重写就行了"。[47]20世纪40年代后期，历史学家小组的会议在开幕时，多布总会提供在所需讨论的给定时期或议题之内的经济背景。[48]到20世纪40年代后期，英国共产党已经回到了僵化的斯大林主义正统。党急切地追究玩忽职守者和惯犯。[49]而这一由多布领导共产主义历史学家开展的"经济学"转向（与之相伴的还有这一转向参与构建的"新思维"在更广泛层次上的稳固）则将人民阵线时期借反资本主义起义而混杂在一起的两类因素彻底分离成两个鲜明的对立选项。浪漫主义还是革命：这将是汤普森的选择。

汤普森认识到他只能做出选择，于是他选择了革命。但他的选择真的有那么彻底吗？20世纪40年代，斯大林主义正统的固化向激发了反法西斯主义的道德情操倾泻了轻蔑的潮水。正同马克思在他晚年以一腔怒火来诠释亨利·梅因的作品一样，20世纪40年代英国的马克思主义者也主张，梅因称之为"道德"的东西"产生的群众影响"完全是"衍生的"和"次要的"。[50]"经济先于一切"成为他们的口号。[51]但即便人们对"经济学"的热情达到了最为炽热的程度，对"经济先于一切"的留意也不得不经受来自对文化的感情和一种遗留的感觉的调和：英国人民更看重的，是群众斗争的传统，而非某种分析方法的论理。

这一对文化的感情，部分也是出自文化冷战的紧迫性。苏联早就认识到美国流行文化的通俗吸引力所构成的意识形态威胁。1946年，在安德烈·日丹诺夫的要求下，苏联当局着手对俄罗斯文化做了"好"与"最佳"的区分，继而批判了安娜·阿赫玛托娃等作家的资产阶级倾向，同时还在德米特里·肖斯塔科维奇等作曲家身上堆积了爱国主义期望。"日丹诺夫主义"于1947年传至英国，当时英国共产党成立了一个全国文化委员会以整合对美国"屠场文化"的批判。1949年，评论家克里斯托弗·考德威尔因其在两次大战间发表的作品的异端性而遭到身后清算。[52]在以"美国威胁"为名召集的年度会议上，人们总是能听到有关好莱坞和麦迪逊大道*的恶劣影响的专题长篇大论。[53]苏联的区分系统被本地化了：日丹诺夫主义在英国被称为"埃米尔主义"（Emilism），冠以英国共产党官僚埃米尔·伯恩斯（Emile Burns）之名。在全国文化委员会的论坛上，事实证明，使文化严格从属于经济的关注等级形式难以为继。为谴责美帝国主义而建立的平台很快就被用于颂扬英国文化——特别是英国文化中与群众反资本主义有关的那些方面。出席会议的代表们本来预期听到的是冗长乏味的、对"可口可乐化殖民"（coca-colonisation）**的防御性谴责，但他们听到的却是对地方文化传统的颂扬。[54]

因此，在20世纪40年代斯大林经济学主义的回归之下理应被扑灭的异端邪说在埃米尔主义的掩护下得以偷渡回来。1951年1月，这一做法在英国共产党执行委员会实施的"英国社会主义之路"新计划中得到了官方认可。虽然党的政策仍然是建立在"马克思主义理论无可辩驳的基本原理"（"由马克思、恩格斯、列宁和斯大林发展起来的，体现国际工人阶级的经验的科学"）的基础之上，党同样也是——这份文件断言——"英国数代人的民主运动和工人运动斗争传统"的继承人。[55]许多追随多布回到经济学主义正统的人现在又开始重新思考。在1951年4月的全国文化委员会会议上，共产党历史学家小组代表罗德尼·希尔顿为"有必要复兴英国历史传统并以之为争取民族独立的武器"的观点大力辩护。[56]在紧接而来的数年中，使经济学或科学的优先地位同文化上的关注点相协调的直接尝试

---

* 指美国广告业，这一隐喻源自在纽约市美国广告公司集中的麦迪逊大街街名。——译者注

** 原词源自可口可乐（Coca-Cola），但在词性转换时，双关地暗示可口可乐化是一种文化的殖民化。——译者注

变得更为常见，但它们每一者都不将自己展现为对经济主义的替代，而将自己展现为对社会主义思想的增补。1953年，A. L. 莫尔顿写道，尽管马克思主义建立在"对社会运动规律的科学理解"的基础上，但如果将其与"我们丰富成熟的人文主义传统"的自我辩护和自我发展结合起来看，我们对社会规律的科学理解就会事半功倍——马克思主义的科学规律"使对莫尔或弥尔顿来说是极为遥远的幻想"如今得以在"全世界人民面前"展现为"真实的前景"。[57]运动的科学法则证明了早期的乌托邦承诺的合理性，为先前只存在沉思灵性的学说提供了信心和预期方面的坚实基础。科学理解和乌托邦幻想都是英国马克思主义不可或缺的一部分，因为两者在争取解放的斗争中都加强了"全世界人民"的力量。[58]

并不是所有人都张开双臂欢迎这一新事态。艾瑞克·霍布斯鲍姆主张坚定不移地聚焦在经济基础上。[59]莫里斯·多布则为抵抗这一趋势而付诸最后一搏。[60]但它仍继续在其轨道上飞驰。人们生活于其中的思想和传统开始再一次变得重要——不是作为相应上层建筑对生产方式的阴谋所做的矫饰，而是作为历史变迁的显著要素。克里斯托弗·希尔于1954年写的文章《诺曼时代的约克》尤其具有启发性。[61]它将盎格鲁－撒克逊自由的理念重新列入英国马克思主义者的议事日程。希尔写道，"在森林中得以发掘的"，有关"'盎格鲁－撒克逊自由'的理念"早在诺曼入侵之前就已经存在，并优先于法国大革命而对民众抗议活动产生了至关重要的作用。但是这一"理念"却在19世纪被英国的社会主义者抛弃了。曾经孕育盎格鲁－撒克逊自由的历史被埃德蒙·柏克为反革命事业而加以利用。汤姆·潘恩和威廉·戈德温说服了英国的激进派，即他们可以在无视历史、无视蕴含在历史之中的盎格鲁－撒克逊自由的理念的情况下从事革命："理性"才是激进派事业所需的全部基础。但是，宪章派的失败凸显了"潘恩－戈德温思想路线"的不足。其"反专制主义的个人主义"倾向于

"无政府主义"，预先阻止了反资本主义力量的整合，并驱散了该力量。劳动人民在"自觉"成为"展现特定功能的阶级"之前，需要获得对过去的认知和对盎格鲁－撒克逊自由理念的归纳。希尔在这篇1954年发表的文章中坚持认为，马克思主义整合了革命的理性和保守的历史主义，因而超越了潘恩－戈德温思想路线给英国激进主义带来的僵局。"通过结合伯克的历史感与潘恩的正义感"，马克思的社会主义构成了"一种既能研究过去，又可应用于政治行动的方法，而且同先前的任何一种方法都不能同日而语"。以此，多布的《研究》所秉持的科学主义或经济主义因而就被一种对盎格鲁－撒克逊自由理念中蕴含的具有持续力量的信仰所缓和。

> 一旦我们对工人阶级运动在现代工业社会中的地位有所把握，对理想化了的过去的怀念渴望就会让位于在当下创建未来科学的行动计划。但如果这一科学的计划未经一种富有想象力的精神的浸透，它的内涵就可能是颇为贫瘠的，而这种富有想象力的精神曾将敌人视为"法国杂种和他的强盗"。[62]

英国马克思主义在抛弃人民阵线时期（"冷酷的理论家"和"不受控制的浪漫派"参与反法西斯的共同事业的那一时期）的历史时并没有太过坚定。英国的马克思主义者一直留意寻找着能够使"'盎格鲁－撒克逊'自由"的理念重新融入名义上为唯物主义的信条的手段。文化冷战为此提供了充足的机会。因而到了20世纪50年代中期，正统马克思主义在英国（除了像多布和霍布斯鲍姆这样特别严格的鼓吹者）已经成了一种具有延展性的、自我调节的信条。它充满了漏洞和有限的例外，借此，群众斗争的传统仍然能得到推崇。在《诺曼时代的约克》一文中，克里斯托弗·希尔把目光放在了威廉·莫里斯身上，并以他为希尔自己设想的"科学计划"同"富有想象力的精神"联合的例证。希尔提出，如《乌有乡消息》

这样的作品，提供给"我们一种重新诠释'盎格鲁－撒克逊自由'理念所表达的久远梦想的马克思主义想象"。[63]就这一点而言，在英国共产党内，E. P. 汤普森被公认为是研究莫里斯的权威：1952年，在全国文化委员会有关英国文化遗产的决策会议召开之前，共产党历史学家小组决定在莫里斯问题上征求"汤普森同志"的稿件。[64]这一稿件于1955年问世，汤普森所写的关于莫里斯的传记运用了莫里斯的事例，而他运用这些事例的目的同希尔在1953年的做法是一致的。汤普森使莫里斯成为某种类型的社会批评的先驱，他将其称为"科学的乌托邦"。[65]

所有这一切都表明，纵使是在20世纪40年代后期对学说正确性要求更为严苛的阶段，英国马克思主义也不是一个严格的知识领域。只要回顾人民阵线时期，就能使"分析"的冲动轻而易举地同"爱"的冲动相结合。"理论家"从未变得那么"冷酷"。马克思主义知识分子总是在一定程度上承认受控制的浪漫主义的合理性。但汤普森对其兄的"粗枝大叶且无所不包的人道主义"的责骂（坚持认为人们有必要用"分析"的能力来调和"爱"的本能）早于20世纪40年代中期斯大林主义正统的僵化。换句话说，命令汤普森在浪漫主义与革命之间做出选择的，并不是斯大林主义本身。斯大林主义使汤普森独有的气质上的需要得到了合理化，即他对指挥和"控制"其浪漫主义的"希伯来人"式的关切。而能够满足其心理需求的另一种当代话语，则是F. R. 利维斯的批判方案。

《细察》运动

汤普森家里有"一家子作家"。[66]在成为历史学家之前，爱德华本是一名作家；事实上，他在历史学方面并未接受过任何专业训练。[67]他到剑桥读历史学，但过了两年获得学士学位后，又回过头来靠着奖学金花了一年的时间来研读英语。在20世纪40年代的共产党群体内部，人们首先把他视为作家小组而非那著名的历史学家小组的一员。[68]他最早发表的作品是文学批评类的文章。他选择了革命的社会主义而非浪漫主义，但这也并没有立即改变这一状况。汤普森为威廉·莫里斯写的传记不论是在形式还是风格上，人们更接受其为一部文学批评而非历史作品。此时，文学批评已成为一种发展马克思主义思想的更普遍的媒介，人们以列夫·托洛茨基和格奥尔格·卢卡奇为榜样。[69]在美国，埃德蒙·威尔逊和以《党派评论》（*Partisan Review*）为中心的一干作家使文学批评在知识分子中间成了最具影响力的马克思主义形式。[70]而在英国，卢卡奇仍然不为人所知，人们也不像纽约人那样屡屡提及托洛茨基的影响，克里斯托弗·考德威尔和A. 莫顿与他们处于同等地位。[71]所有这些人对汤普森的影响都没有F. R. 利维斯所做的文学批评对他的影响来得意义重大。

所谓的《细察》（*Scrutiny*）运动（得名于利维斯同他妻子Q. D. 利维斯还有一些同事协作出版的期刊）有一个复杂的机构。[72]F. R. 利维斯是地方钢琴零售商的儿子。在他的描绘下，他的家族背景"完全是一幅典型的19世纪的图像：1820年是神体一位派，1880年是激进改革者，而到了1914年则是不可知论和平主义者"。[73]他的整个职业生涯都在剑桥度过。通过在英语硕士学位上继续深造的学生，通过《细察》一刊，还通过他在20世纪30至40年代与同事［包括德尼斯·汤普森（Denys Thompson）和L. C. 奈慈（L. C. Knights）］一起出版的教师手册指南，利维斯塑造了整整一代英国的英语教师和文化评论家。事实证明人们很难去剖析《细察》运动的政治观点。一般认为，利维斯本人"过于怪癖"，以致人们无法将他同主要的政治集团联系起来。[74]有些人认为，《细察》是非政治，甚至是"反政治"的。[75]但在20世纪四五十年代，《细察》运动的边缘产生了一个不同的群体，他们是一种将马克思主义社会学与利维斯派文化批评结合在一起的新的激进政治的先驱。1947年，雷蒙·威廉斯（一位受教于剑桥大学耶稣学院、来自南威尔士的工薪阶层而凭奖学金上学的男孩）开创了一份旨在"将激进的左翼政治同利维斯派文学批评结合起来"的期刊。[76]理查德·霍格特于1957年出版的《识字的用途》促成了一个致力于描述群众文化对激进政治的弱化影响（enervating effects）的"文化研究"学派的诞生。[77]斯图尔特·霍尔为《大学与左派评论》以及《新左派评论》（New Left Review）撰写的文章还有后来他同霍格特在伯明翰文化研究中心的合作都是由他们同利维斯早先的密切关系所塑造的。[78]以三人为中心，围绕他们而编织起来的松散组合由此赢得了"左派利维斯主义"的称号。[79]

利维斯本人深受托尼和艾略特的影响，其二人对资本主义理性化对英国文化的影响都做了批评。正如斯蒂芬·柯林尼所认识到的那样，利维斯通过托尼自己的作品还有T. S. 艾略特的"感性脱节"论点得以吸纳托尼的问题。[80]有一件事情确凿无疑——正如克里斯·希利亚德（Chris Hilliard）所说的——在整个20世纪三四十年代，细察派批判的焦点从17世纪的新生事物转向了19世纪的社会和经济思想。他们关注功利主义这一被定义为涵盖了从牛顿物理学到约翰·斯图亚特·密尔的自由主义的一切学说。他们尤其还对19世纪末以来工业和广告的发展特别感兴趣。[81]后一项关注是美国人的思想和实践的榜样及影响为其带来的先入之见的一部分，罗伯特·林德（Robert Lynd）和海伦·林德（Helen Lynd）还有斯图尔特·切斯（Stuart Chase）在其作品中对此做了详细的分析，他们先后都是托斯丹·凡勃伦作品的读者。[82]但当时的情况是，这一时序上的重新定位并没有改变利维斯及其同事和学生30年来一直坚持关于现代性的主张的基本模式，他们的主张受托尼对资本主义的批判和艾略特的"感性脱节"论题的启发，并在其中得到了概释。[83]

左派利维斯主义因20世纪40年代在利维斯派评判与成人教育之间形成的密切联系而得以维系。[84]1945年后成人教育因公共资金增加和需求增长而急剧扩展。[85]这不是对托尼和波兰尼曾为之供职的系统的简单扩展。20世纪早期的成人教育主要是指对劳动者的教育。但到了20世纪40年代中期，"接受成人教育的人，至少在人文学科中，正……变得更加中产阶级化——而且更女性化了"。[86]相应地，这一人口学上的迁移的背后，是公众对"参与艺术"的兴趣的日益增加。[87]中产阶级的男男女女来上辅导课，不是来研究波兰尼及其之前的托尼以之为教职的经济学和历史学，而是来学习文学的——这表现了民众对"参与艺术和教育"的新兴的渴望，与艾伦·莱恩（Allen Lane）*的平装书和不断扩张的BBC（英国广播公司）正着手满足的那一欲望相同。[88]在20世纪30年代，文学课一直是牛津大学"课程中的灰姑娘"，而"到了1947年，文学课成了占牛津大学教学系统份额最大的辅导课"。[89]利维斯的长期耕耘在成人教育中培养一批追随者。1933年，他曾要求出版商送一份《文化与环境》（Culture and Environment）给托尼，这使他"在工人教育协会里有了强大的影响力"。[90]但是，在战后对艺术的兴趣的汹涌浪潮扑来，从而使得文学成为最受欢迎的学科之前，他并没有取得什么成果。

许多在此期间从事成人教育工作的人都被一种道德和政治的目的感所吸引，这与早先影响了托尼和波兰尼的目的感是一致的。但是，这种目的感在教育课程从经济学和历史学（即托尼和波兰尼所从事的事业）转变为文学的过程中不可能保持原封不动。利维斯的思想为历史学、经济学与文学架起了桥梁。在20世纪30年代早期，利维斯写道：为了同英国国教高派教会的社会思想还有马克思主义在作家和批评家中的订阅数上相竞争，教育也"可以成为一项事业"，因为这些人深受现代性中"道德关

---

* 出版商，"企鹅"平装书的创始人。——译者注

系"问题之困扰。[91]马克思主义和英国国教高派教会成了应对两次大战期间对资本主义的批判所揭示的脱节或解体问题的手段。但无论是哪一种思想，他们都不得不正视眼前"有待完成的庞大的教育工作"：群众文化正在把更具教育意义的文学形式排挤出去，并令人难以容忍地使区分"好"艺术和"坏"艺术的力量遭受重压。[92]而任何能弥补脱节问题的办法都取决于那些能做出如此区分的力量，取决于整理和阐明"经验"的能力的再生。[93]利维斯的教育计划旨在提供有关"批判意识"的"训练"。[94]而很快在1945年之后，他就开始根据《细察》一刊所主张的方法向人们提供训练，这样做使他在改革者中获得了相当的声望，可以与过去30年的历史学和经济学教学相比较。

1948年，汤普森成为利兹大学的文学讲师，他的教授对象是校外代表。一些教授成人教育的教师在获得任命后结识了利维斯。[95]汤普森在金斯伍德读中学时的英语老师曾受利维斯的"强烈影响"，故而就利维斯派的方法而言，他不怎么需要进一步指导。[96]1949年，在英共全国文化委员会的召集下，以"美国对英国文化的威胁"为题的会议得以召开，汤普森为这次会议寄去了他的稿件。他在文章的开头回忆了他在美国与一位来自新英格兰的英语教授的谈话，他（指教授）惋惜自己因战后太快回到美国而错失了机会。"孩子，"汤普森回忆起他的谈话对象在一次关于中东新鲜肉类稀缺的对话中的说法，"我本可以在整个圣地建一连串的屠宰场！我的上帝，我本可以赚大钱！"利维斯和汤普森曾在《文化与环境》杂志中向读者发问："为什么我们会退缩到说这样的话的心态？"[97]"我的故事并非是编造的"，汤普森通过表达同一个含蓄的问题，来刺激他的读者。[98]到了20世纪50年代初，汤普森一直都援用利维斯的《文化与环境》刊物来构建他的授课方式。[99]他重建的利维斯主义并没有使其放弃共产主义。事实证明，这两者很容易兼容，汤普森并不难在英国共产党日益严苛的教义限制范围内追寻利维斯派的议题。他发掘新生的无产阶级诗人，并在准官方出版物上发表评论，指出他们系列问答中的错误，赞成他们运用某些被断定与马克思主义认识论相符的技巧。[100]他对浪漫主义惯于对革命运动要么"缺席"，要么总是陷入幻灭的失检做法进行了批判。[101]他严厉反对美国文化在英国的影响。[102]在他的每一项追求中，汤普森都可以用与斯大林主义正统大体一致的做法，来维护他的文学兴趣（并采用利维斯派的批判方法）。

左派利维斯主义存在的时期非常短暂。克里斯·希利业德（Chris Hilliard）最近解释了其中的原因。[103]利维斯的终极目标是教导出"一个有责任感的少数派"，落在他们身上的任务是坚持文学标准和维护文化。但左派利维斯主义中的关键人物（威廉斯、霍格特、汤普森、霍尔）的兴趣不在于训练少数派而是在于培育群众的自我肯定态度。利维斯和汤普森在《文化与环境》中阐述的实践和方法在这一方向的努力上是有用处的。《细察》运动的热忱有助于他们在成人教育中的文学辅导课上教授经济学和历史学时保持道德和政治目的感。他们希望教育一个民族——他们首要的关注点不是少数派的文化而是群众的反资本主义。因此，我们可以看到，使利维斯派"批判意识训练"方案与"激进左派政治"结成同盟的明确尝试不过是昙花一现。但早年与利维斯的相遇却对汤普森来说有着永久意义。左派利维斯主义解体后，汤普森在很长一段时间里都一直回溯着利维斯的作品。[104]

汤普森成了一名共产主义者，并在反法西斯主义斗争中休会到某种目的感。而到了1945年，法西斯主义已经失败。为了维持与此前同样的目的感（现在更重要的是为了向对其兄弗兰克的回忆致敬），汤普森需要为他的道德力量进行重新导向而找到途径。斯大林主义和利维斯主义"控制"浪漫派的方法都为他提供了这类途径。斯大林主义在战争期间一直是反法西斯主义的信条。到了1945年，它调整其意识形态的敌对重心，使之集中在资本主义上。1945年之后，汤普森寻求的意识形态导向首先是斯大林主义——虽然在这里描述的是其英国式的灵活组成方式。但是，英国共产党内斯大林主义正统的拥护者被许可拥有的自由范围，使得汤普森能够详细讨论他在青春期时就有所接触的利维斯主义的替代选项。他与斯大林主义正统派的一致保证了汤普森遵从以国家为基础的集体主义规划。但是，汤普森利用英国斯大林主义者所容许的自由范围详细讨论了利维斯主义的替代选项，从而发展出其对个人主义的批判（受利维斯的启发，并以利维斯为中介，派生自托尼和艾略特）以补充他对斯大林主义反资本主义的支持。下文很快就要提到，1956年，汤普森将抛弃对威权式集体主义的支持。在1956年之后，汤普森拒绝接受斯大林主义，并回归到那种既有的反功利主义批判上。他发现自己陷入了一种困境，而这与先前托尼和波兰尼所遭遇的是一致的：蔑视个人主义对道德的遗弃，却又因为集体主义的威权主义倾向而对其替代方案失去信任。

汤普森的斯大林主义似乎使他远远超出了托尼于20世纪20年代开创的批判传统的轨迹。但是，正如我们在第二章看到的那样，这些资本主义批评者对集体主义的反感程度也是不一致的：波兰尼对基督教左派事务的参与证明了，相比托尼，他更加顺从于"水管之下的洗礼"的技术。汤普森对规范的强加和对舆论的严格管制的厌恶程度还要来得更轻。他将群众重新概念化为相对复杂的政治思想得以表达的平台，这即是上述他对集体主义不反感的标志之一。[105]但是，汤普森最后也在社会理论上遇到了同在他之前的波兰尼遇到的一样的问题，而这一社会理论是托尼早在一代人之前就已规定的一种信念，即为协调和合作的动力而引入20世纪集体主义形式的特征会更多地制造问题，而不是解决问题。到了20世纪30年代，为了应对法西斯主义的兴起，托尼在20世纪20年代表述的社会问题就已经被重新规划了。到20世纪50年代中期，这一问题已回到了最初的条件。

人道主义

1953年约瑟夫·斯大林去世。1956年2月，其继任者尼基塔·赫鲁晓夫在年度党代会上以斯大林的"错误"为主题做了"秘密"报告。在1957年6月，报告的全文发表在了《观察家报》上。[106]官方口径表示，所有这一切都是围绕斯大林形成的"个人崇拜"造成的后果。

1956年7月，汤普森和历史学家约翰·萨维尔发起了一个论坛以进行学说争论。[107]这部分是受波兰十月事件发展的激励，波兰的民众抗议使得由瓦迪斯瓦夫·哥穆尔卡领导的改革派获得权力。

关于斯大林主义，汤普森转向其兄弗兰克在战时写的文字，为自己重新定位。"有一种流传在欧洲大陆之外的精神，"弗兰克于1943年的圣诞节写道，"这一精神比起这个疲惫的大陆几个世纪以来已知的一切都要来得更为出色勇敢。"[108]但它已经"扼杀并限制了这种精神"，在1956年11月的文章里，汤普森先是引用了他哥哥的信，然后写下了如此文字——这是它犯下的"罪行"。[109]自1944年以来，汤普森就下定决心要调和"去爱"的冲动与"去分析"的倾向，"去爱"的冲动在战争时期的英国共产党人身上表现得格外强烈。但尽管他批判其兄"粗枝大叶且无所不包的人道主义"，尽管他真挚地想要拒绝对马克思主义学说特殊性的掩饰，"去爱"的冲动还是留在汤普森的内心深处：他想要以更严厉的方法来调节这一冲动，却不能接受完全否定它的代价。他开始相信，斯大林主义对此是完全否定的。布达佩斯街道上的事件（粉碎了一个正在表达其"精神"的民族，而这一"精神"同他死去约十年的兄长致力于激发的"精神"是一致的）使这一点变得再清楚不过了。

汤普森在1956年11月和1957年7月的文章中提出了自己的批判。[110]批判斯大林主义并不意味着放弃共产主义。"这种主义,"汤普森如今断言道,"从来都未成为世界共产主义运动的等价物。"[111]受宣传影响,学校儿童、小说读者以及普通党员所产生的"虚假意识"从来都不是决定因素。它"总是侵占、蚕食(国际共运)",但它也"始终受到来自人们的传统和经验的抵制"。[112]这些人的传统本身并不足以构成共产主义运动。而摆脱斯大林主义的僵化影响之后,这些传统和经验则需要在恢复了的共产主义理论框架内得到重新定位。换言之,汤普森仍忠于他的共产主义信念(他对成为反共分子的前斯大林主义者特别蔑视),同时他也坚信共产主义的意涵要比其兄未曾加以解释的"去爱"的冲动更为丰富。斯大林主义的分析是对共产主义的误读,但共产主义仍需要人们"去分析"。"我们如何推动这种'爱'走入政治和权力的背景之中?","这种'爱'是如何体现于人际关系中,又是如何实现于历史之中的?"——这才是人们面对的问题。[113]在他对斯大林主义的批判中,汤普森又回到了早年他曾经历的不确定状态,不知如何将这两种冲动结合起来。这意味着他要回到(以新的视角,且怀揣新近确立的对斯大林主义解释的蔑视)卡尔·马克思的著作。[114]

对汤普森来说,最为关键的议题是人性本质的概念。斯大林主义把经济利益设定为阶级利益,从而使其成了"人类动机的唯一'真实'来源"。[115]在对资本主义的攻击中,斯大林主义接受的恰恰是自20世纪20年代托尼就已经提出质疑的,且自那以来批判资本主义的英国批判者一直在试图挑战的前提。"发达资本主义还有市场社会造成的损害,"汤普森在1976年的一次采访中重申了他早先的批判,"主要是将人际关系首先定义为是经济的。"[116]斯大林主义(汤普森如今发现)也引起了类似的短视,这是一种可与资本主义相比较的"经济自动"形式:

他们同巴甫洛夫的狗一样受到控制：如果铃一响，他们就会垂涎三尺。如果经济危机来临，人民就会为善的信仰而分泌唾液。但圆颅党、平等派和骑士党、宪章派和反谷物法同盟都不是狗。在经济刺激面前，他们不会对他们的信条垂涎欲滴；他们爱着、恨着、争论着、思考着，还做着道德选择。[117]

对汤普森来说，这一将人类视为"经济自动体"的概念与对"创造历史的有意识的人类行动者"的否认或贬低有关，它把人们表现为"一群因地形剧变而不断调整其社会以与之适应的蚂蚁"。"可人类，"汤普森反驳道，"创造自己的历史"：

他们部分是行动者，部分又是受害者：准确来说，正是行动者的要素将他们与野兽区分开来，这一要素是人的人性部分，也是我们致力于的事业所要增进者。[118]

他认为，斯大林使得马克思的历史唯物主义分析方法否认了人们视之为"道德选择"的东西的影响力。"道德授权"被从"个人良知"中删除，而留作"党的领导"的辖域。[119]这类"自我克制的强度"和"对自身作为历史必然性的工具而行动的认识"，还有"对党的强烈忠诚"是许多共产党人对曾一度经受的"革命斗争下的条件"的可理解的反应。而"在我们的狭隘岛国"，这些条件很容易被人忽略。[120]汤普森之兄在保加利亚与游击队员一同战斗，反对警察殴打、特工渗透还有"难以形容的折磨"，而从这些游击队员身上，汤普森才得知了这种条件。共产党人曾是（大体而言，出于这些经历，就像斯大林曾说的）"有特殊伤口的人"。[121]但斯大林主义把"美德"（"通过强调不屈不挠、大公无私、坚不可摧和钢铁般的品质"）扭曲了。[122]

汤普森写《英国社会主义之路》一文的目的在于，使"马克思主义理论无可辩驳的基本原理"与"英国民主工人运动几代人的斗争传统"结成同盟。一百年前（汤普森引用革命领袖科苏特的话来提醒读者）英国激进分子与匈牙利哈布斯堡王朝的民众起义团结一致，而现在呢？（1956年）10月25日，《工人日报》（英共名下的业务通讯）敦促其读者致电匈牙利政府并谴责反革命暴力（即民众起义），以站在政府和人民一边。[123]汤普森谴责道：

> 不，不，不，不！这不是我们该完成的任务。这一粗鄙的草率真丢脸，这种破坏团结的行为真丢脸，那些躲在格罗*的秘密警察后面，希望借英国工人阶级的道德武器猛冲，以试图杀光街上这些学生和年轻工人的人真丢脸！[124]

英国的激进传统要求人们与布达佩斯的起义者团结一致。事实证明，1951年方案规定的事业是虚假的。像1951年许下的空洞承诺隐藏着"一种施加于劳动者身上的巨大的轻蔑，以及一种无所不包的恩主态度"。在斯大林主义下，"去爱"冲动和"去分析"的冲动可能并不存在和解。

汤普森间接提到了科苏特，还有英国在1848年同匈牙利的团结一致，这表明，在1956年，某种比第二次世界大战时的反法西斯精神记忆更为古老的东西正在奋起。在布达佩斯事件发生的同一周，英国伞兵登陆西奈半岛，干涉以色列和埃及间的冲突。[125]安东尼·艾登的保守党政府坚持声称英国和法国军队之所以出现，是为了解决冲突并恢复秩序。但内情很快暴露了，这次降落是以色列、法国和英国之间的阴谋的一部分，其目的在于从埃及人手中夺走苏伊士运河（几个月前被纳赛尔政府国有化）的控制

---

* 格罗·艾尔诺，1956年7月至10月25日任匈牙利劳动人民党中央第一书记。——译者注

权。英国的部长们打赌美国（并未秘密参与该计划）会默许。他们错了，事实上，德怀特·艾森豪威尔强迫他们撤军。危机引发了对英国货币的冲击，英国人需要向美国贷款以避免通货崩溃，艾森豪威尔则以放弃军事行动为条件向英国提供贷款。布达佩斯事件与对埃及的干涉事件的并置使得对很多人来说，英国似乎犯下了与苏联人侵犯匈牙利同等的帝国主义侵略罪行。英国并没有为参与反帝国主义斗争的匈牙利人民提供援助，而是忙于确保其在遥远的东方的利益。"首相（安东尼·艾登）告诉我们，在与纳赛尔总统的争端中，有价值数百万吨的英国航运遭到了威胁，"记者马尔科姆·豪格瑞奇当时这样写道，"但在中欧面临威胁的可是多达5000万条生命。"[126]在苏伊士运河的溃败通常被用来标志着大英帝国的终结。但它也有助于在英国恢复良知政治（用汤普森的话来说，是"中产阶级人道主义和基督教教士的良知"），而它自二战结束以来一直处于休眠状态。[127]

1956年11月的事情也不是英国自由主义的人道主义复兴的唯一刺激因素。1957年5月，英国成功地在一座偏远的太平洋岛屿上试爆了一枚氢弹。热核武器比起1945年落在广岛和长崎头上的炸弹要强上许多倍。要求单边实施核裁军的大规模示威活动很快就被煽动起来。核裁军运动——一场群众运动，是由一个我们熟悉的进步主义人士的会议召集的。圣公会牧师约翰·柯林斯担任主席，一位来自安奈林·贝文领导下的工党左翼的组织者担任秘书，理查德·阿克兰的普济党的前成员们也在参与者之列。在1958年2月的一次会议上，民粹主义作家兼广播员J. B. 普里斯特利和历史学家A. J. P. 泰勒向群众发表演说，但到场的人要比组织者预期的更多、更多样化、更心存执念。组织者的清醒和克制（他们认为推进他们事业的最佳方式是私下动员一支"当权派"的分队，以达成一些恰到好处的施压）被大会的力量所压过。[128]柯林斯的组织委员会在使反核抗议活动合宪化上遇到了麻烦。呼吁"直接行动"的要求并不容易被宪法接纳。[129]从1958年的复活节起，从伦敦特拉法加广场到伯克郡的奥尔德玛斯顿村核反应堆的游行吸引了大量人群——1960年4月有100000人。[130]据汤普森推测，奥尔德玛斯顿村的示威活动彰显了针对"正统"政治之短视的"对抗精神"。[131]"匈牙利起义的鸡鸣"和"对侵害人类品格的炸弹的冒犯"复苏了英国民众抗议的光荣传统——"英国社会主义之路"名义上尊重了人们因布达佩斯事件爆发而来的政治表达模式。[132]

这一复兴的抱有良知的政治成了汤普森的批判不可或缺的部分。一方面汤普森自身处在群众政治能量涌现的过程中，另一方面他新近对斯大林主义的"普世正统"产生了怀疑态度，于是在20世纪40年代末期和50年代初期，他开始以新的视角看待政治生活。他开始思考这一如今表现于奥尔德玛斯顿游行中的"中产阶级人道主义和基督教教士的良知"是如何在英国干涉苏伊士运河期间起死回生的。通过回顾过去，他意识到在1948年以后，社会改革的步伐就面临着"令人作呕的紧急刹车"。

> "历史"，在1943年和1944年受到了英雄意志如此摆布，似乎在一瞬间就使其自身固化成两个可怕的对立结构，而每个结构在其运作范围内都只肯允人以最小的运动范围。[133]

从这个角度来看，汤普森找到了合理解释家庭生活和政治冷漠的新途径，许多人是从"第二次三十年战争"结束时就已陷入了这种政治冷漠。在这一时期，人道主义价值在"积极的社会生活"中找不到任何出路。它们被保存在"神秘主义的深度冻结"中以使这些价值免于衰颓：人们发现"基督教神话中"的符号还"未经权力语言的污染"。对许多人来说，似乎只有"在传统的机构和基督教教义中，爱和共同体的真正价值才能得到保护"。而"在一定程度上"，这些价值确实在这一时期只能以这种方式

"免于衰颓"。[134]在这些年里，汤普森将自己对斯大林主义的忠诚视为一种使被压抑的人道主义价值得到升华的表现手段。[135]

斯大林给出的人类概念不能等同于马克思给出的人类概念：这是汤普森论点的中心要旨。我们在第二章看到马克思的早期著作使对他做人道主义解读的做法得到了支撑，使一种能与R. H. 托尼得自道成肉身神学的思想相比较的人类品格概念得以具象化。但起初，汤普森的社会主义的人道主义理念并不是受这些早期文本的启发而产生的。它在《基督教和社会革命》和《新政治家周刊》的寥寥数页中被发掘出来之后就销声匿迹了，1932年莱比锡版本收集的早期著作在20世纪50年代中期实际上并不为英国共产党人所知。汤普森从《关于费尔巴哈的提纲》《资本论》以及马克思和恩格斯的各种合集中收集到了他所需要的人道主义解读文本。他承认从马克思和恩格斯作品中提取的孤立片段可以被看作是斯大林主义学说的依据。"但对这种道德虚无主义的完全拒斥，隐含在他们的历史方法中，并在他们自己的道德评价中得到了明确表示。"[136] "斯大林主义的意识形态，将道德意识贬低为阶级相对主义或巴甫洛夫的行为主义，忘记了人没有创造性的火花就不会成为人。"[137]在马克思和恩格斯那里没有这样的失忆症。但汤普森在他所做的所有解读里，都认为马克思和恩格斯是与人道主义倾向一致的，而没有把他们视为这种人道主义倾向的衍生品。（正如我们所见，卡尔·波兰尼和基督教左派已经发现，很难从那些更明确地表现出"人道主义"的马克思早期著作中提取出"人类品格"的概念。而汤普森最初是在没有这些文本助益的情况下进行创作的。）虽然他的"社会主义的人道主义"理念名义上是一种马克思主义学说，但它更直接的灵感来自于威廉·莫里斯的"马克思主义想象"。在这一点上（就汤普森而言），"人道主义"的马克思主义，仍然是在莫里斯的"发掘"的基础之上塑造的，而非基于马克思自己的早期著作。[138]汤普森坚持道，莫里斯

"对人类潜在的道德本性的发现""并不是对马克思主义的锦上添花"，它们是"对马克思的发现的增补"。[139]莫里斯的背后树立着"'盎格鲁－撒克逊自由'的旧观念"：如果我们回顾一下克里斯托弗·希尔对莫里斯所做的描述，即认为他以马克思主义想象"重新诠释了'盎格鲁－撒克逊自由'理念所表达的久远梦想"，那汤普森就莫里斯是"一个作为道德主义者的天才"的"反复强调"则代表了其将古老的群众斗争传统的新鲜血液输进马克思主义的做法。[140]汤普森在尝试取代斯大林的"经济自动体"时，首先关注的是"生而自由的英格兰人"的形象。

在随后的三年里，汤普森以"'完全人类'的概念"来巩固莫里斯的"马克思主义想象"和盎格鲁－撒克逊自由的理念，并以此来重新构造他的社会主义的人道主义理念，而波兰尼早在20年前就从马克思的早期著作中提取出了这一"'完全人类'的概念"。在1956年和1957年，汤普森第一次写下他对斯大林主义的批判的时候，在英国仍然很难得到马克思的早期作品。这些作品在1958年得以"重见天日"，可此时它们却来自巴黎——当时在牛津大学学习的加拿大法裔道德哲学家查尔斯·泰勒翻译的法文译本被引入英国。[141]泰勒与正在蓬勃发展的《大学与左派评论》有关系，该刊物最终与汤普森和萨维尔的《新思想者》联合从而催生了《新左派评论》。到1960年，马克思的早期著作已经在《新左派评论》圈子中广为人知。汤普森很快就熟读了《1844年经济学哲学手稿》，在随后的文章里，他就利用1844年手稿详细阐述了他的社会主义的人道主义理念。[142]汤普森通过运用莫里斯的"科学的乌托邦"和盎格鲁－撒克逊自由的理念，并引之为对马克思恩格斯的传统作品的阐释性注解，来描画自己的人道主义思想。到了1960年，汤普森关于人类的概念在马克思早期作品所提示的"'完全人类'概念"中得到了更为鲜明的定义。而那一关于人类品格的概念则是以发轫于20世纪20年代的托尼作品（经由利维斯还有托尼本人）

对资本主义的批判为中心的。

此时，汤普森的理念通过弃置埃文·杜宾及其在工党修正主义者中的知识接班人奠定的基础而变得愈发清晰起来。安东尼·克罗斯兰的"优雅和快乐"冒犯了汤普森的"希伯来主义"。[143]克罗斯兰对美国文化的影响敞开胸怀的做法与汤普森的利维斯主义和埃米尔主义的地方主义观念也不一致。[144]但最重要的是，汤普森拒绝了认为管理和福利主义的改革能够超越资本主义的主张。确实，他不认同列宁主义－斯大林主义推测社会主义将"建立在一个被砸烂的社会的残骸之上"的观点，[145]也不认同列宁主义对"资产阶级革命"（从封建主义到资本主义的过渡）和"无产阶级革命"（从资本主义向社会主义过渡）做的泾渭分明的区分。[146]他认为，正如资本主义在封建主义中成形一样，社会主义也可以在不存在资本主义的突然解体的情况下获得发展。但他意识到，"1942—1948年的进步曾是真实的"，"社会主义的潜在可能"已经"扩大了"；"社会主义形式，尽管不完美，却已经在资本主义'内部'成长起来了"。[147]一种均衡，一种"资本主义内部的均衡"，已经形成，其可能的结果不是"倒退回威权主义"，就是"在极大强度的群众压力之下向前挺进，挺进到使民主的力量"不再是制止资本主义的"抵消性动力"，而"凭其本身的力量"成为"社会本身的积极动力"。[148]杜宾和克罗斯兰的后资本主义议题充其量只是一种维持手段，甚至更可能会消散创造了该均衡的群众压力。汤普森认为，在试图超越资本主义的过程中，在向社会主义和平过渡这一前景行将实现的时候，杜宾和克罗斯兰却背弃了这一许诺。他们的想法不过是"失败主义和碎片化改良的永恒的防御性意识形态"。[149]相比之下，汤普森则试图使通过将民主添加到资本主义中，改良"向前挺进"到社会主义的做法得以实现。那么，这该怎么办？人们只能以已经存在于资本主义社会内部的积极因素为基础，继续努力，更广泛地培育与汤普森在哈利法克斯遇

261

到过的形式相似的社会团结。[150]汤普森如今重新描绘了先前托尼和波兰尼曾加以详述的方案，他认为，"助长'社会本能'并抑制贪得无厌性"，是革命性政治的本质。[151]

克罗斯兰也许也曾表示，"关于资本主义未来的杜宾-克罗斯兰联合阵线"做的也是同样的事情，也在同样的批判传统下努力（继承了托尼在20世纪20年代达成的事业，试着去"助长'社会本能'并抑制贪得无厌性"），但却称自己的事业为改良而非革命。20世纪50年代末，来访的美国社会学家丹尼尔·贝尔参加了《大学与左派评论》的一场编辑会议，其后他反馈给克罗斯兰并报告说，这些新生的新左派成员将"克罗斯兰主义"视为他们的"主要敌人"。克罗斯兰被新左派对他思想的反感激怒了。"你们不应该浪费时间写书，"他在回复一位新左派批评者时写道，"没人会去读的。"[152]言下之意，他的批评者把他未曾主张的立场强加给他，在他的想法与他们自己的想法间做些不确定的区分。但克罗斯兰的倡议同汤普森的设想间的区别是切切实实存在的。对于杜宾及其之后的克罗斯兰来说，功利主义（杜宾早先承认了这点）"已经刻到骨子里了"。他们的想法不过是依赖于不太社会化一点的功利主义术语来维系社会秩序的手段。[153]他们并没有提出替代性的人类品格概念来反对功利主义正统。汤普森所设想的革命包括以一种新的"人际关系内核"来取代这种功利主义人类学的做法——这一目标的达成，需要以已经存在"于资本主义内部"而最终将以激进地与现存状态背离的团结形式为基础。[154]

鉴于汤普森对克罗斯兰"超越资本主义"的倾向表示反感，从这一点我们也可以看出为何他会站在反对曼海姆方案的立场上，拒斥同一运动里的其他人对托尼的资本主义道德批判遗产的索求。就汤普森的观点与"克罗斯兰主义"的争论而言，杜宾及其之后的克罗斯兰认为，对社会意识的修正便足以解决社会问题；而对汤普森来说，"社会存在"必须得以重构。[155]对汤普森而言，"助长'社会本能'并抑制贪得无厌性"要比为资本主义铸造更有力的脚镣，使"野兽"愈发"轻微减少其非社会化本性"的做法意义深远得多。这句话意味着，人们要为争取废弃那一资本主义围绕其而得以发展起来的人际关系内核（带有"剥削、支配和贪得无厌性"的"人际关系特征"的资本主义生产方式），而为新的"合作生产关系内核"而继续努力。[156]人们会经历文化改变，但这一改变会与经济革命同时发生。汤普森也对雷蒙·威廉斯在1958年发表的《文化与社会》和1960年的《漫长的革命》中提出的方法表示相似的反驳。[157]威廉斯曾是汤普森在剑桥年龄极为相近的同代人，他也是成人教育的教师，在一段时间里是左派利维斯主义者。威廉斯在书中构造了一个"激进传统"，这一传统针对功利主义进行了长期持续的反抗，并在反抗中以19世纪90年代的埃德蒙·柏克和20世纪40年代的乔治·奥威尔为其信奉对象。威廉斯的"漫长的革命"模型认为，即时的文化决定了社会存在。基于此模型，《文化与社会》重构的反功利主义激进传统的成长最终将毁坏功利主义正统的根基，使其关于自我和社会的理念难以为继，从而为经济生活赋予新的意义。相应地，威廉斯所致力于的事业，至少部分地来自于卡尔·曼海姆在另一项超越资本主义的冒险中提供的模板，这在我们之前的篇章审视杜宾的时候就已一并提到。[158]威廉斯"对'文化史'的优先性"的主张（他声称"'文化'决定'社会存在'"）令人回想起曼海姆眼中作为社会秩序基础的世界观（Weltanschauungen）的概念。[159]在与威廉斯保持距离的同时，汤普森可以说也是在拒斥这一超越资本主义的另一种冒险。

就像曼海姆关于知识社会学的实践一样，威廉斯基于不同思想家对功利主义的共同反感而将他们编织到一种激进传统的建构中，这在眼界和深度上有所得，却迷失在历史独异性和特殊性之中。威廉斯构建了"那种传统"（能在针对功利主义的共同反抗中将浪漫性与革命性加以调和）却因而变得"孤立"于"任何传统"。[160] "要把人的创造力考虑在内,"威廉斯在《漫长的革命》中写道,"就必须从根本上修正已经被人们接受的关于社会的思考的全部基础,包括它怎么看置身于社会中的人。"[161] "是这样,"汤普森回答说,"但马克思写过这类东西……早在19世纪40年代(就写过)。"波兰、英国和法国的社会主义者现在正把目光转向那些早期著作,以此敞开讨论的恰恰是威廉斯所构建的"怎么看置身于社会中的人"的问题。[162]威廉斯的抽象考虑代表了"一种'注销'社会主义传统的倾向",而这一倾向在此时此地方兴未艾。[163]汤普森也对美国社会学家C. 赖特·米尔斯提出了类似的抱怨。米尔斯又是一个接受曼海姆影响的人,但他有关知识分子的社会角色的看法亦给汤普森留下了深刻印象。[164]米尔斯驳斥了英国新左派对劳动人民的感情,把他们视为业已完全失去信誉的维多利亚时代"劳动形而上学"的延续。汤普森回应道,对英国知识分子而言,与劳动人民的"联系"至关重要:他们下定决心,不把自己的工作视为对文化进行肤浅的综合,而是培育和发展如托尼在陶器区发现的和汤普森在约克郡逐渐了解的社会团结那样的"无名的团结形式"。[165]

汤普森对思想极感兴趣,但他对思想感兴趣主要因为他将其视为能使业已存在于资本主义之中的新的团结形式变得更加清晰,使知识分子能借以"助长'社会本能',并作为抑制贪得无厌性"的手段。曼海姆、威廉斯和米尔斯则在不同程度上暗示,单单靠这些思想本身就可以解决托尼于20世纪20年代提出的社会问题,即如何在不诉诸集体主义的情况下弃置个人主义的问题,这也是1956年以后英国激进知识分子重新聚焦之问题所在。汤普森抵制这类主张。对他来说,思想不过是使他在约克郡发现的团结形式变得更加明晰的手段。

汤普森正着力于发展的社会主义的人道主义同卡尔·波兰尼得自托尼的开创性贡献而构建起来的对资本主义的批判,两者间的协同作用如今愈发变得轮廓清晰。波兰尼发现了在他自己的作品同汤普森正着力于发展的批判之间的类似性。他于1958年1月写信告诉他的弟弟迈克尔，并为他转引了汤普森发表于1957年7月的文章《社会主义的人道主义》，以此解释说，他觉得"（他）自己的立场"与汤普森的"很有些神似"。[166]在后来的十年里，汤普森将马克思作品中突显的"'完全人类'概念"予以具体化，并充分利用了马克思早期作品，以发展和延伸并捍卫《社会主义的人道主义》一文对托尼和波兰尼的批判的重申。如果说，在汤普森所阐述的人类品格概念同卡尔·波兰尼早先借以对托尼构建的批判进行重构的那些概念之间有着某种联系，那么在此后的十年间，汤普森的作品同走在他前面的波兰尼之间的相似性则将更加显著。

《英国工人阶级的形成》

1959年夏天，出版商维克多·格兰茨委托一位教员编纂一系列供六年级学生[*]和本科生使用的历史教材，该教员委托约翰·萨维尔编写有关19世纪英国的工人阶级政治的文本。[167]萨维尔有其他要务缠身，但他建议由E. P. 汤普森来完成这项工作。《英国工人阶级的形成》很快"突破了一套丛书的限制"。[168]《英国工人阶级的形成》于1963年出版，并在1968年以平装本再版。它取得了惊人的成功，其影响的广度和深度只有40年前的《宗教与资本主义的兴起》可堪一较，甚至托尼的书也难以望其项背。汤普森成为英语专业的巨擘，甚至此时他不得不避开与大学院系的隶属关系。他在国外的影响甚至可能更为深远：墨西哥革命者，亚洲、北美和非洲的工人阶级，现代法国的手艺人以及德梅拉拉的反叛奴隶[**]的故事，都

---

[*] 英国中学的最高一级，等同于高中。——译者注
[**] 指圭亚那革命。——译者注

能够借世界各地的专业历史学家之手而得到再访和重述，而这些历史学家都受到了汤普森的榜样作用的激励。[169]《英国工人阶级的形成》无疑是20世纪得到最广泛阅读以及最具影响力的英语历史作品。

那么，此书是如何成形的呢？在1959年时，汤普森已经对19世纪英国的工人阶级政治不再陌生。但他早先的主要工作范畴集中在威廉·莫里斯、H. M. 海因德曼（Hyndman）和社会民主联盟（Social Democratic Federation）时期知识分子竞争社会主义运动领导权的争论上。通过对莫里斯开展研究工作，汤普森对远离伦敦知识分子的地方工会积极分子产生了兴趣。历史学家小组中声名烜赫的多娜·托尔以自学成才的约克郡工会组织者汤姆·马奎尔（Tom Maguire）为主题写了一篇绚丽多彩的传记文章，这格外证明了马奎尔的吸引力。[170]汤普森的妻子多萝西是研究宪章派的历史学家。[171]汤普森为《英国工人阶级的形成》设定的起点，既没有转向维多利亚时代的社会主义和工联主义，也没有转向多萝西精通的19世纪40年代和50年代的宪章主义变更期（climacteric），而是定在了18世纪90年代的"激进的伦敦"。在历史学家小组内部，1792年由工匠商人和店主创立的伦敦通讯会被认为是"英国第一个主要由劳动人民组成的政治协会"。[172]汤普森则认为，比起"工人阶级团体"，"群众激进"这一术语要来得更佳：伦敦通讯会从其在大菜市的总部开始，一端深入到"皮卡迪利大街、舰队街和河滨大街四周的咖啡馆、酒馆和非国教教堂里去。在那里，自学起家的帮工有可能和印刷工、小店主、雕刻师及青年讼师们并肩而坐"。[173]在更远的地方，它就"插到"了"外滨的码头工、斯皮特菲尔兹的丝织工、索斯沃克的非国教古老据点"中"比较老的工人集团中去"。[174]伦敦的人民运动时常缺乏"一致性"和"持久性"，与北部和中部中心区相比，在"社会与职业方面"表现出"更丰富的多样性，也显示出更大的流动特色"。他们比较容易接受"思想的或'理想的'动机"的特点，这作为一种美德稍稍弥补了上述的欠缺。

> 新理论新观点一般总是在伦敦先找到与民众运动结合的交接点，
> 然后再从伦敦转到外省的中心地区去。[175]

伦敦激进主义"变得城府很深"，这是因为它"需要把许多宣传运动组织成一个共同的运动"。伦敦通讯会为20世纪60年代早期的新左派知识分子树立了一个可供学习的榜样。

但如果说汤普森从激进的伦敦获致了其理论主张，其书则"写于约克郡"，并且"常常使用约克西区的史料"。[176]汤普森一家自1948年以来一直住在哈利法克斯，当时汤普森的工作是给利兹大学的校外代表讲课。除了当地可用的第一手资料外，汤普森还充分利用了辅导班上与学生进行的讨论。汤普森之所以曾寻找成人教育方面的工作，是"因为这似乎是一个能让我了解工业时代的英国的领域，所以我才能教导那些教了我这方面知识的人"。[177]自从托尼发表了他在陶器区的顿悟，先后已经有几代外来的授课者怀揣着相应的希望而来到北方，期望在一个愈发变成原子化社会的茫茫大海中，找到比较而言更具凝聚力的孤岛，即与他们在南方感受到的相比，由更有热情感的团结形式构成的共同体。这些人对他们的学生所在的共同体中的社会生活的本质的关注还是颇为敏锐的：一位在北约克郡工作的汤普森的同代人同他自己的学生合作创作了该地区的历史，写了500页。[178]汤普森夫妇对当地历史也有类似的兴趣，特别引起他们关注的是（再一次援用了托尔对利兹工会组织者汤姆·马奎尔的研究工作）在这些北方的共同体内部发展起来的社会主义形式。1983年，历史学家希拉·罗博瑟姆（Sheila Rowbotham）为了纪念她还是一个小姑娘的时候，到哈利法克斯拜访汤普森夫妇的经历而写道："经由多萝西·汤普森和爱德华·汤普森的努力，我们如今得以同约克西区的社会主义的早期生活建立起生动的联系。""爱德华·汤普森（告诉）……我关于那一北方的社会主义的事，告诉我要改变所有形式的人际关系的盘算如何一度成为一个工人阶级运动的要务。"[179]

在《英国工人阶级的形成》中，汤普森以三个群体为例提出了他就工业化对劳动人民施加的影响的论点，约克西区的剪羊毛工和纺织工正是其中的一个群体。到20世纪60年代初，关于工业革命期间人们的生活水平是有所改善了还是恶化了的争论已经持续了几十年。J. L. 哈蒙德和B. 哈蒙德的《工人》三部曲首次引发了这一争议，以J. H. 克拉潘为首的"乐观派"认为，1780—1860年间实际工资的增长是与物质上的充实相挂钩的，从而驳斥了为哈蒙德夫妇和后来的"悲观派"所证明的严重的无产阶级赤贫化。[180]莫里斯·多布领导的历史学家小组，以新的基础对悲观派的案例进行重述。艾瑞克·霍布斯鲍姆和其他人以狭隘的经济计算为基础，增加了统计的严密性，从而挑战了乐观派的论据。[181]物质改进确实曾有过，但却姗姗来迟，为时已晚。因此，他们赞成的是1844年弗里德里希·恩格斯在《英国工人阶级状况》中阐明的"灾变性"观点。[182]汤普森并不想重提这一论点。他承认存在着一些物质改进，但他坚持哈蒙德夫妇的看法，认为这些物质改进伴随着深刻的"不满"，并且对这一骚动不安的"解释""必须到严格的经济条件以外的领域中去寻找"。[183]汤普森的关注重心在于"工人群众"与兴起的"雇主阶级"之间形成的"剥削关系"。而且他的专注重心更明确在于这一剥削关系的某一特殊特征上，而这一特征正是在工业革命的背景下获致的。汤普森解释道，正是工人与雇主之间关系的非个人化本质在工业化的"典型"阶段造成了"工人"的意志消沉。[184]"它不承认相互间的长远义务，如家长式的或服从的义务、'行业'利益的义务等等。"[185]"不存在与自由市场力量的作用相对立的'公平'价格的余地，也不允许有受到社会和道德观念支持的工资的默契。"[186]

对立被看作是这种生产关系中固有的特征，管理和监督职能要求压制除了能够从劳动中攫取最大剩余价值以外的一切特性。这就是马克思在《资本论》中解剖过的政治经济学。工人已经变成了单纯的"工具"，是各种投入成本中的一项。[187]

要能看清这一隐约出现的关系，汤普森坚持认为，人们的视野需要超出哈蒙德曾在《乡村工人》中提及的棉纺织厂之外。"任何复杂的工业企业"都不可能按照这样的哲学来运行；在棉纺织厂里，安德鲁·尤尔（弗雷德里克·温斯洛·泰勒*的先驱）开发的新"管理技术"已经在1830年投入使用。[188]正是在外出务工者之间（农业工人、工匠和织工）这一新的经济现实得到了明显的缓解："现在，旧的习惯已经衰落，旧的家长制已被抛弃，这种剥削关系于是上升到了主导地位。"[189]

汤普森花了三个章节依次讨论农业工人、伦敦工匠和约克郡的织工，为"旧的习惯"的衰落和"旧的家长制"被抛弃的历程梳理了年表。对劳动者来说，公地被圈占意味着"村庄习惯和权利的传统外壳的破裂"，伴随而来的是资本主义财产观念"剧烈、全面的强加"。对工匠来说，从农村地区流入城市的廉价非熟练劳动力使他们的行业尊严和地位几乎不可能保全：自伊丽莎白时代以来一直约束着这一行业的行会组织解散了，手艺人们发现他们的收入和他们的地位急剧衰减，使其成了亨利·梅休笔下1850年的伦敦"最可怜的一群人"。[190]兰开夏郡的织工在18世纪90年代曾欢迎机器织机的出现，因为它们带来了一个短暂的"黄金时代"，但到了1810年，他们就很难找到工作了。圈地运动把劳动者赶出了土地，他们于是开始从事纺织工作，原有的织工很快发现他们的劳动技能发生了贬值。约克郡（纺织工人一开始使用的材料不是棉花，而是羊毛）一开始的处境

---

* 泰勒制的创始人。——译者注

反而更好了，梳毛工更成功地控制了其行业，但到了19世纪20年代，他们的状况也因涌现的新工人而面临着"无法描述的"困难。[191]汤普森认为，在每一个案例中，造成困境的都并非机器，而是剩余劳动力对劳动力的取代。在每一个特殊案例中，汤普森更多关注的都是对工人沦落到"工具"地位和他们被"非个人化"为"各种投入成本中的一项"的重新描述，而不是工资的衰退。[192]

托尼在《宗教与资本主义的兴起》中描绘了施加于商贸之上的道德约束的解体，而当其成为既成事实的时候，汤普森笔下的不幸者发现他们的情况愈加恶化了。被当作发生在不幸者身上的苦难之借口的"精神失明"，"并非一种新发明，而是一个世纪的习惯"[193]。政治经济科学在19世纪30年代冒险提出的成功构想——把人们构造为"仅仅想要拥有财产的存在"，"对其他每一人类激情或动力做的完全抽象化"——是对如今已根深蒂固的社会思维模式迟来的巩固。如我们所见，波兰尼的主张与之相违。他认为先前影响经济生活的道德情操在1830年这一转折点到来之前一直完好无损。他主张资本主义的兴起完全只是从19世纪30年代才开始的。使得经济主义常态化的运动引起了推动将人类品格做重新定义，并以新的团结形式来取代正在解体者的自发的"反向运动"。但如我们所见，波兰尼的阐释性创新不曾被人接受。托尼在这些问题上维持了其权威性姿态。汤普森的论证过程方才理清了波兰尼的这一见解。他让读者相信，直到19世纪早期，道德情操和习惯实践才开始变得对经济学无关紧要。他试图以别的方式说服他们。

我们之前讲到，波兰尼尝试失败的部分原因在于，他无法整理证据来支持他的论点。汤普森在这方面则更具创新性，并拥有更多的资料来源。在检视过有关农业劳动的传统资料来源后，他承认："我们可能可以猜想，习惯的约束力早已失去了力量。"因而更好的做法是把目光放到传统资料来源之外。大多数研究（包括波兰尼和托尼的）的关注重心都放在了家长主义者（治安法官、地方法官、重要人物）的态度上。汤普森则从不同的视角来重建当时的情景。

> 如果我们从村民的角度再一次审视这一场景，我们会发现很多从公地一直延伸到集市的所有权和惯例，它们组合在一起，构成了农村穷人的经济和文化世界。*

新的历史事实在采取这一"自下而上"的视角后得以具象化。[194]在圈地运动之前，关于财产的资本主义概念花了好几个世纪来"持续渗入"社会，但它们与"在许多地方持续发挥非凡的活力"的"自治和习惯性的因素""共存"。[195]"关于手艺的习惯概念"，"同关于'公平'价格和'公正'工资的残留概念一起"，使"社会和道德标准"成为后来被还缩减为"完全属于'经济'论证"的观念之核心，在汤普森的记述下，这些概念一直存留到了19世纪初期，在有些地方甚至存留到了20世纪初。[196]

实际上，纵使是在使一些习惯性实践解体的时候，资本主义也产生了其他新的技能和力量的集中化。"我们必须始终牢记，"汤普森坚持道，"这一发生在旧技能灭绝与新技术崛起之间的重叠。"

> 在19世纪，随着时间的推移，纺织业中家庭生产的旧工艺一个接着一个地消亡，例如剪毛工（或称作剪绒工）、手工印花工、手工梳毛工、绒布修剪工等等。不过，也有一些相反的事例表明，家庭工业中一些非常辛苦报酬却很低的工作有时是由儿童来做的，这些工作由于技术发明而转变为要细心保留下来的工艺了。[197]

---

* Thompson, *Working Class*, 239。这一文段来自对"生活水平"争论的扩展讨论，而这一讨论并没有出现在1963年的版本里，汤普森把它加在了1968年的版本中（故而中译本中没有这一段——译者注）。

19世纪20年代儿童承担的呢绒植丝的活儿，在19世纪50年代成了由熟练工人监管下的复杂机械的工作。[198]手工业中发生的事情同样适用于共同体：如果资本主义对共同体的主要影响是破坏和解体，那么同样的，在经济改革带来繁荣的时期，有时也会形成新的规范、习俗和更强烈的社会团结感。汤普森对这一过程特别关注，因为它正好是发生在18世纪90年代的兰开夏郡和约克郡的事情。除了工作给人带来的地位感和自尊心之外，北方的织工在此期间还培育出了新的"团结"。不同于城市的工匠，地方上的织工们被共同的命运捆绑在了一起。

> 在繁荣时期，他们的生活方式为全体所共有，因此他们的痛苦也就为全体所分担。他们的地位已经降低到在他们之下不存在非技术工人和临时工之类的程度，因此无须垒起经济和社会的高墙来反对他们。这使他们的反抗活动具有道德上的共鸣……他们诉之于基本的权利，诉之于人类共存共荣的基本思想。[199]

这一崭新的社会团结感"对早期工人运动的贡献"，是"不可忽视"的。[200]

汤普森关于习惯性实践的遗存和"关于'公平'价格和'公正'工资的残留概念"的主张，挑战了传统的假设，即资本主义的兴起及随之而来的所有这些旧约束的解体都是在17世纪实现的。对汤普森而言，这是跟随《细察》运动的作家和评论家为了疏远托尼和艾略特的批判所规定的年代表，而将"脱节"命题应用于19世纪晚期的发展的表现。《细察》运动留在汤普森身上的印记仍然在《英国工人阶级的形成》的字里行间清晰易辨——尤其是汤普森对乔治·斯图尔特（George Sturt）的作品的依赖，他是《车轮匠的作坊》一书的作者，也曾是利维斯反复提及的参考源。[201]可对社会历史学家汤普森而言，要打破将17世纪定位为资本主义的兴起点的既定历史地位完全是另一码事。人们确实在20世纪50年代后期重新考虑了这一定位。[202]然而，在托尼眼中，于16世纪和17世纪开始解体的"传统社会的教条"到了19世纪早期仍在阻碍有关经济生活的开展这一命题的历史编纂学效力却更加站不住脚。只有卡尔·波兰尼先前曾试图提出汤普森在《英国工人阶级的形成》中继续加以发展的这一观点。而波兰尼却未能使专业人士与他意见一致。

汤普森遵循的是否是波兰尼的榜样呢？几位观察家已经注意到或曾间接提到汤普森之书同波兰尼之间的相似性。[203]汤普森从未在出版物中引用过波兰尼。我的研究也发现，汤普森在其未发表的通信中也没有提到过波兰尼，没有确切的证据可以确凿无疑地显示，汤普森跟随的是波兰尼的脚步。但话说回来，我的研究必然还是很不完全的：汤普森的大部分文章仍然处在牛津大学博德利图书馆的封禁之下，而学者无法接触到。在无可辩驳的证据仍然缺失的情况下，我们仍能设想，汤普森确实是在未曾援引波兰尼的情况下就与托尼正统的年代学构成了断裂。但我的主张是，《大转型》可能是汤普森撰写《英国工人阶级的形成》的关键来源之一。

似乎颇为明显的一点是，汤普森在没有波兰尼帮助的前提下，就托尼在20世纪20年代开创的对资本主义的批判而创制了属于自己的版本（围绕着某种关于人类品格的概念而建构起来的，来自世俗而非神圣来源的一种批判）。波兰尼立即认出来说，他们的批评"有点类似"，但波兰尼不大可能是汤普森创建的先用来反对斯大林主义，再用来反对资本主义的人类品格概念的来源之一。波兰尼和约翰·麦慕理对早期马克思的解读在20世纪50年代中期已经被人尘封很久了。汤普森一开始是透过威廉·莫里斯乌托邦幻想的镜头来解读马克思和恩格斯著作中更为正统的作品的。很快他就把目光放在马克思的早期著作上，以此来理清他借以反对斯大林主义和自由主义的经济主义中关于人的概念。在这一点上，他的路径与波兰尼早先追溯过的路径可以说是汇聚在了一起，但汤普森似乎是凭一己之力独立到达了这一思想的汇合点。

汤普森是否可能在从未援引波兰尼的情况下，从该汇合点出发，通过历史编纂学叙事建立了一种足以证实社会主义的人道主义关于人格的意义的方法呢？由于我们没有无可辩驳的证据，所以不能够排除这种可能性。但这种可能性看上去极小，尤其是一旦我们更加密切地关注汤普森为他背离托尼的权威年代学的做法加以辩护的手段，我们就更能发现这一点。能证实波兰尼的《大转型》是汤普森写《英国工人阶级的形成》的关键来源之一的最可靠的迹象在于，这两本书的描绘使斯品汉姆兰体系带有的特征。波兰尼将这一法令描述为阻止强加下来的资本主义逻辑的最后一次"徒劳的尝试"，并以此为他那直到19世纪初资本主义才完完全全兴起的论点正名。波兰尼没有任何证据来支撑他对埋藏在该措施背后的动机的阐释，而且也不能为他的解读带来任何权威性，最终他的结论还是得回到经济学家威廉·坎宁安早在半个世纪前就写过的东西。波兰尼的同代人根本不为所动。但几乎不到二十年之后，汤普森恰恰就沿着波兰尼曾预期的论点路线而继续前进。我们看到，"在18世纪末的几年里，"汤普森写道，人们"最后一次竭尽全力""恢复"习惯的约束"以对抗自由市场经济"。[204]斯品汉姆兰体系正是其明证。根据面包价格而对工资进行补贴，伯克郡治安法官的做法既出于必要性又出于人性："在习惯正在消失的那些市场地区，家长主义者们试图在救济方面将其恢复。"[205]

经由汤普森之手，这一观点成为对斯品汉姆兰体系出台意义的可信解释。事实上，关于这一体系得以问世的这一解释（即其出台是为了应对限制商贸行为的道德顾虑正逐渐失效这一问题）自从汤普森在《英国工人阶级的形成》中为之证明以来，在很大程度上就未曾受到过挑战。[206]汤普森在波兰尼失败的地方却取得了成功，他是如何做到的？对汤普森而言，他得以挑战托尼权威的方式要比先前的波兰尼来得清晰得多，因为在17世纪兴起的资本主义同19世纪的工业革命（与之同时的还有现代政治经济学原理的规范化）之间存在着长期间隔，而这一点在20世纪50年代一直困扰着众多历史学者。[207]反常逐步累加，为范式转换奠定了先决条件。[208]但汤普森并没有简单地对波兰尼先前的成果加以重提。我们对汤普森之所以在波兰尼失败之处获得成功的解释，也不仅仅在于时代的变化。我前面提到，波兰尼的主要问题在于他无力给出证据。但我们也已经或多或少了解了汤普森是如何克服这一困难的。波兰尼的关注重点在设计斯品汉姆兰体系的治安法官身上。而汤普森采用的则是"村民的立场"，进而从一个全新的更有利视角出发，对当时的场景加以重新构想。同在他之前的波兰尼一样，汤普森承认"以前有关打击投机商和囤积居奇者的法律到18世纪末时已大部分被废除或取消了"。[209]同波兰尼一样，汤普森强调，这些法律文件曾一度演绎的情怀仍"活力不减"。[210]习惯和传统（"公正的工资"和"公平的价格"）残存于经济生活的各行各业中：在农业里，在城市工匠里，在兰开夏郡和约克郡的织工社区里。波兰尼将残存下来的道德考虑置于"旧式治安法官"和"主张家长式统治的托利党人"的脑海中；汤普森则发现，这一道德考虑运作于"人们"内部、运作于"人民的传统"之中，表现并解释了"城府很深"的城镇"人群"的活动。[211]

汤普森在波兰尼失败之处获得成功是一个复杂的现象。在资本主义于17世纪的兴起同工业革命在19世纪造成的社会瓦解之间存在着分离这一问题越来越令人困惑，这使得历史学家更容易接受新的阐释。汤普森以证据充分的引用来源和丰富的想象力，开辟了论证旧规范残存于今的新方式。但我们不应低估汤普森的道德经济学概念为论证带来的质朴性和共鸣性的意义。

为了描述影响乃至限制经济生活中的行为展开，却又在17世纪被人废弃的规范和情操，托尼回忆起了伊丽莎白时代英格兰的柔美韵律。他谈及其"传统"、"习惯"和"传说"。波兰尼沿用了托尼的语词，但同时也试图将这些同样的情操和道德规范完好无缺地投射到科技革命的年代。在他们的著作中，都有一种对遥远的过去的崇敬感，然而这种崇敬感却很有误导性。他们试着描绘的并不是可复原的过去，而是正在发生的现在。托尼觉得，中世纪时英格兰稳定社会生活的传统和习惯的力量与他在现代西北英格兰发现的团结形式之间，存在着极强的类似性。他搬到了曼彻斯特，在如罗奇代尔、切斯特菲尔德、雷克瑟姆和朗顿等城镇开展教学时邂逅了这类团结形式，而这种团结生活的形式比个人主义的要求更紧密，也比集体主义的律令更自由。波兰尼追随着托尼的带领，甚至当他试图在遥远的过去与活跃的现在之间构建起桥梁的时候，他仍然沿用了托尼的词语（即"双向运动"的猜想），通过让解体和再生变成社会的自发运动，来构成这座桥梁。

但在托尼和波兰尼两人的笔下，传统、习俗和惯例的古早术语掩盖了他们所欲传达的信息的现代性。托尼面临着如何在他于书中提到的"两个社会"间构建起"桥梁"的问题。而对波兰尼来说，问题已变得更为尖锐。拿破仑时代的传统有着什么样的影响？对传统的呼吁难道不是为反动派所倚仗的话语工具吗？这些问题都显示了历史学家为何会质疑和不接纳《大转型》。而汤普森从未面临着这些问题。汤普森被他在哈利法克斯发现的社会规范以类似的方式所激励，但他通过寻找新的词汇以阐明其先驱者们试图加以描述的内容，从而将他们的共同事业加以完善。道德经济学的概念使托尼及波兰尼为之思考的传统、习惯和传说不再被人轻易贬低为不合时宜者，而是更为明显地同20世纪的社会和经济问题相关联。它成了使古老的非经济规范同新生的政治经济学得以同时并存的手段，而且，更重要的是，它还能使两项进程同关于人类的新概念和新的团结形式的出现步调一致。换句话说，它成了挑战把人们看作效用最大化的行动者的正统假设的手段，且其做法不是求助于久远的过去或吁求遥不可及的未来，而是诉诸当下的现实。

汤普森开创的讨论使人们可以准确计算出，20世纪的政治要从市场乌托邦退回来而转向霍布斯主义的至高权力还有多少路要走，它已开始成为一种计算手段。托尼的直觉使他一直追溯到了17世纪。而对波兰尼而言，托尼上溯到17世纪的"道德关系问题"直到18世纪后期才真正出现。"分水岭大致是在1780年左右。"[212]这使得自然神学和启蒙思想取代了早先的基督教神学在此问题上发挥的关键作用。但这也使人们更容易认识到，在这一转型时期，汤普森称之为"古老的道德经济学"的理念是以何种手段而呈现出新形式的。波兰尼于是使这一由托尼所创立的批判传统，在寻找可以用来描述诸社会团结的经验方式的问题上，更迈进了一步，正是这些社会团结的经验，曾激励并启发了其倡导者。托尼和波兰尼在罗奇代尔和红色维也纳感受到的社会精神，可以被视为古老的团结以新的形式之再生。资本主义可以被视为是新的团结形式在其内部不断出现的一种体系，就同封建主义此前在其内部寄存了资本主义萌芽一样。在消解古老的社会形式的过程中，资本主义也催生了新的团结形式。

人们指责汤普森将"道德经济学"和"政治经济学"置于违反常规的关系之中，指责他使两类话语无情地分离开来。[213]但事实上，他所设计的乃是一种可以将认为商贸蕴含有人性意义的古老执念同关于商业运作的全新理解结合在一起的手段。汤普森在1971年发表的一篇文章中先是引用了来自托尼的《宗教与资本主义的兴起》的话，然后他这样写道："在我们的历史学中，我们过于经常地省略了伟大的变迁。"

我们把囤积和价格公正的原则留给了17世纪。我们接受了19世纪自由市场经济的历史。[214]

汤普森证实了，这种"伟大的变迁"延续了几个世纪，但他以这一关于资本主义的新的历史来论证，变迁是不确定的，而且实际上还在进行，而"自由市场经济"的出现即使能被人包装成似是而非的历史的终结，它也远非是最终的或者说最佳的。"自由市场经济的故事"可以上溯到18世纪乃至17世纪。但与之相似的是，"囤积"的意义、"价格公正的原则"还有它们共同构成的道德经济学从19世纪一直延伸到了现在这一刻。

"新左派"

20世纪50年代末，汤普森复兴了对资本主义的道德批判，这聚集了一批在各个领域以之为同道的知识分子。这为围绕着作为思想集散处的"新左派"（处于短暂却又充满不愉快的合作时期内的残存的左派利维斯主义，最后接替了左派利维斯主义的"文化研究"运动，几种截然不同的马克思主义分支，还有一种新生的基督教社群主义的组合）提供了临时性框架。[215]该群体的刊物（由以牛津大学为根基的《大学与左派评论》同汤普森和萨维尔的《新思想者》合并而成的《新左派评论》）很快就陷入了内部纷争。1962年，刊物发行量持续降低，债务反而累增，斯图尔特·霍尔辞去了编辑职务，这些变故使刊物一时濒临危急。在佩里·安德森（一个来自牛津大学的激进分子，出身于一个英格兰—爱尔兰家庭，且家世颇为富有，他扮演了刊物的救世主角色）的牵头下，一个代表了年轻一代的新团队接管了刊物。[216]安德森受过哲学和精神分析训练，还是当代法国知识分子的崇拜者*，他和他的团队认为，其前辈在政治利益和理论取向上都充满了岛国狭隘性。[217]他们倡导发展和传播一种同汤普森的社会主义的人道主义大相径庭的对马克思主义的解释。他们声称英国知识生活的岛国狭隘主义荼毒了"第一批新左派"，抑制了他们的政治见地的发展。[218]他们坚持认为，要获得新的理论支柱，必须把目光投向当代欧洲大陆的争论。

安德森认为，将马克思主义作为受法国结构主义影响的非历史的哲学体系而重新尝试形式化，有着独特的前景。该尝试最完满的范本，出自于1967年出版的路易·阿尔都塞的《读资本论》。[219]汤普森则嘲笑其努力。结构主义将汤普森视为本质历史性的思想重新铸造成了一种抽象的哲学体系，这不禁让人回想起斯大林主义的历史唯物主义解释。对汤普森而言，这是一种复发的、"'封闭的'马克思主义"，"在形式和实质"上是"外在的、纲要化的"，是"一种极为理性化的历史表象"，在其中，阶级被"套"在"拟人的意象"中，被凝结在肉冻里：

> 结构主义觉得，"它"——资产阶级或工人阶级——尽管处在成长的不同阶段，却在整个时代中保持专一的人格；而我们讨论的是有着不断变化的传统的、互相之间以及在自身与社会群体之间有着不断变动关系的不同的人，这一事实却被遗忘了。[220]

汤普森并未质疑人们需要以一种成熟的理论来组织群众的反资本主义运动这一点。实际上，他同意安德森的观点，即英国工人阶级"需要与别人不同的理论"。在1945年的"骚乱"时期，"工人阶级的政治经济学"本获得过"胜利"。"资本家阶级"一度"几乎被打得毫无招架之力"，"被软禁在其自身的国家机器内"。"革命曾迫在眉睫，但却未能

---

* 安德森在牛津大学先后接受了PPE（政治经济哲学）、哲学和心理学以及现代语言（法语和俄语）的训练，见Gregory Elliott, Perry Anderson, *The Merciless Laboratory of History*, (Minneapolis: University of Minnesota Press, 1998), ch.1。——译者注

实现。"

> 革命未能更进一步，这是因为（英国工人阶级）对理论保持了务实和敌视的态度，他们并不知道也不能感受到自己的力量，没有方向感或革命视角，趋于陷入道德怠惰，还接纳满脑子资本主义思想的人为其领导人。[221]

自20世纪40年代初以来，汤普森就一直关注于强调和支持用理论来规范改革派力量（能够组织起"去爱"的倾向的"分析"能力）的需要。但汤普森并不认可英国的改革者需要从巴黎引进理论这一点。他承认，他自己的想法是深深地熔铸于英国特有的"话语"之中的。但是，连"至少能够以英国话语进行对话"都做不到的马克思主义，在英国的路是走不长的。而该话语是否真的就像那些年轻一代所设想的那样狭隘呢？英国知识分子的"岛国根性"是否至少在"一定程度上"是一个"巴黎人的神话"呢？

在20世纪60年代早期，这些问题开始变得迫在眉睫，其原因在于其参考系越来越被拓宽，乃至涵盖了欧洲以外的世界的其他部分。汤普森立即就认识到，巴黎的话语之所以能够吸引安德森及其同伴，乃是因为它的理论的"普世主义"影响范围超越了第一、第二和第三世界之间的全球性区分。法国的知识生活由天主教所形塑：其无神论者保留了与其相对立的神学的普世性导向。阿尔都塞所追求的抽象的、非历史的马克思主义力求其理论可适用于任何时空。安德森的阶级概念得到了彻底的"理性化"，进而摆脱了任何的地方特殊性，得以超越全球南北间的区分，而解决这一区分问题在年轻一代眼中正是时代的当务之急。有时人们认为，在这些"英国马克思主义内部的争论"中，安德森的指责仅仅是在说，汤普森的马克思主义是令人汗颜的粗糙的、未经理论雕琢的。[222]尽管安德森的批判中的确有这方面的一些内容，但他对汤普森以其"本土"的英国话语所做的思考和写作的更实质性的批评是"在欧洲或者跨大西洋的参考系被全球场域所取代时，它却预先地在因之而萌发的质疑和难题中排除了自己的位置"[223]。

在英国，对人类品格的强调由从托尼一直到汤普森这样的重要的资本主义批评家所维系，而随着社会和政治思想的参考系扩展到了欧美以外的世界，此刻它已面临着全新的审视。在欠发达的世界，许多人不过把人类品格视为一种愤世嫉俗的自负而已。弗朗茨·法农出生于作为法属殖民地的马提尼克岛，他是个医生，又是个鼓动推翻北非殖民统治的激进分子。"让我们脱离这个欧洲，"法农于1961年写道，"它没完没了地谈论人，而另一方面，它却逢人便杀，在它自己街上的所有角落，在世界各地杀人。"

> 几个世纪以来，欧洲以所谓的"精神冒险"的名义，扼杀了几乎整个人类。看看它今天在原子蜕变和精神分裂之间摇摆……这个欧洲从未停止谈论人，从未停止宣称它只关心人。今天我们知道对它的精神取得的每一个胜利，人类付出了怎样的痛苦啊。[224]

"同志们，欧洲的把戏最终结束了。应该找别外的事。"汤普森在他与安德森长期争论的序章里引用了法农，这也标志着他认识到了业已隐隐出现的时代对其思想的挑战的严重性。[225]在这一背景下，"盎格鲁—撒克逊自由"和"生而自由的英格兰人"这两个理念的话语似乎同正在展露出的关于殖民压迫和全球不平等的争论有着双重的断裂。在地理范围上，它们是受限的，而在其主题聚焦于"人"这一点上，它们是自负的。

1956年，对英国只不过成了另一个帝国主义国家（它为保护其在埃及的经济利益而出兵干涉，使其与布达佩斯事件中的苏联处在了同一层次）

的感知已经在整个年轻一代心里播下了不满的种子。安德森对英国的知识生活表现出来的反感正是那一时期的遗产。但是，1956年11月的震动也将沉睡的"中产阶级人道主义和基督教教士的良知"惊醒了。而在一定意义上，汤普森在回答安德森对其地方狭隘主义的指责时所呼吁的，正是由这一"良知"所培育出的国际主义和反帝国主义的传统。汤普森认为，英国知识分子自20世纪30年代以来，就一直是热忱的国际主义者。事实上，有时候不是孤立，反而是"对国际的过度关注"看起来才是"恶"的实体：奥威尔针对"30年代的背井离乡群体"的"讽刺文章"就具体表现了这种过度；而自20世纪30年代后期以来开始被重点强调的"英国性"则是一个"'刹车装置'、一种纠正和控制措施"。[226]然而，即便这些纠正措施得以应用了，英国知识分子仍然保持着贯穿于整个20世纪的充满活力的国际主义。海因德曼、韦伯夫妇和拉姆齐·麦克唐纳对印度保持着一种"沙文主义的"、冷漠的、"目光短浅的"和家长式的态度，他们不过是这种国际主义传统的虚假代表。在其"真正的"解释者那里，"抵抗帝国统治"的态度却是一贯的。工党和共产党的政治家和知识分子在与这一包含J. A. 霍布森、伦纳德·伍尔夫（Leonard Woolf）和C. P. 特里维廉（C. P. Trevelyan）在内的"强烈的中产阶级反帝国主义传统"（这也正是汤普森为之称道的那一传统）的关联中，找到了共同的事业。

这种英国左翼自由主义的反帝国主义和国际主义传统，一直是塑造"第三世界"的重要力量。它在英国培育了多种共识，一者支持印度独立，另一者促进了英国自由主义和社会主义思想同印度民族主义思想的"相互渗透"过程。早在尼赫鲁和甘地到汤普森父亲于牛津郡的寓所探访，讨论之余加入到后院里孩子们的板球游戏时，尚且年幼的汤普森就目睹了这一过程。一种"宪政主义的修辞"早已进入了现代印度的话语之中。印度独立是和平达成的。类似的故事重现于加纳、缅甸还有斯里兰卡。但如果像安哥拉或阿尔及利亚那样的例子（为"痛苦的殖民战争"，"种族灭绝、折磨和惨无人道的镇压"所践踏）多得不胜枚举的话，"印度（亚洲）和加纳（非洲）的权力转移"对第三世界的兴起而言，是与其他案例"同样重要的事件"这一点，会充满争议。[227]那么，汤普森关于"盎格鲁－撒克逊自由"理念和"生而自由的英格兰人"的概念的先入之见，对第三世界来说，是否只是纯粹的岛国狭隘主义和全然无关紧要之事呢？又或者说，英国"历史经验主义"传统要发挥持续的重要性，是否需要创造一些案例，以在第三世界中将这一"宪政文化"（起源自罗马法）引至"成熟"？

　　第三世界的出现挑战了托尼所开创的批判传统。这也使得安德森对准了汤普森，指责其思想孤立、无关紧要还有表里不一。这些指责都未能说服汤普森，未能使他觉得他在哈利法克斯所遇到的团结形式（其经历类似于托尼在陶器区，卡尔·波兰尼在维也纳，还有《没有工作的人》的调查员们在容泽谷所受到的启示）比起世界革命，要来得更无关紧要。事实上，经过了与安德森的多年争论，汤普森反而更有力地强调这些经历。波兰流亡者莱谢克·柯拉柯夫斯基以汤普森没有在斯大林时代生活过为理由贬低其马克思主义思想。在1971年与柯拉柯夫斯基的交流中，汤普森反对柯拉柯夫斯基把他自己在斯大林主义时期遇见团结形式的经历描述成一种负面经历，而此时汤普森正在构思一类术语来阐明这一团结形式。1947年，他与一群年轻的英国志愿者一起前往南斯拉夫，去援助一群热情青年，他们受铁托关于公共服务的说辞鼓舞而试图建立一条联通偏远煤矿与主要铁路网的铁轨。他解释道，他在那里学到的是，"在某种特定的机构和文化背景下"，人们头脑中可以有"以这是'我们的'而非'我的'或'他们的'这样的词语表达出来的概念"。更重要的是，在其于哈利法克斯的生活和教学生涯中，汤普森接触到了一种他要是凭空想象的话，反而

"会觉得很难发现"的生活方式。

> 过去我从工人阶级那里学到了很多东西，我希望还能继续向他们学习。我从特定的劳动人民身上，了解到其价值观、团结形式、互相之间的关系、接受意识形态"真理"之前抱有的怀疑态度，而我发现这在既定的知识分子文化下是很难以任何其他方式来发掘的。因为平等的价值并不是我们拍拍脑袋就能想出来的，必须通过平等地生活，我们才能认识其价值。[228]

安德森在1968年做的一项证据确凿的调查显示，本应孕育出关于自我和社会的丰饶的新概念的文化"战略波段"，在英国事实上却是贫瘠的。一伙"白人"知识分子移民，下定决心要竭力维护使英国成为反革命司令部的"坚韧的个人主义"，从而使这一文化战略波段失去了活力。[229]但对安德森来说，这一战略波段恰恰就是大学里的人文社会科学院系和大都市里的小集团。汤普森则认为，他在南斯拉夫的铁道和约克郡西区就已经找到了这样的文化——前途光明但尚不明确的团结形式。对汤普森来说，人们应该在这一国家更为无名的幽深之处寻找启迪，而不是诉诸什么"过时的大学"或"自信的大都会里的小集团"。1965年，他写道，"我们的知识文化中最优良的部分总是来自……诸灰色不明的下层地带"。[230]

在20世纪60年代早期，与以往一样鲜活的是，许多年轻人似乎觉得"在英国这一顽固、传统、缺乏变动的岛国之外"的其他地方发生的"事件"要"更为'真实'、更为关键、更加紧急"。[231]这一相对的平静无事证实了法国人创造的关于英国孤立性的神话。但这种神话把英国社会和政治生活的相对平静无事的本质视为其缺点。可汤普森问道，事实果真如此吗？"其特色，其无暴力，"汤普森于1963年写道，"难道也是什么大不了的事吗？"

难道英国特色（音调放低再放低）甚至未曾为国际社会主义提供些许的话语吗？尽管我们急不可待地要抓住来自第三世界、巴黎、波兰和米兰的话语，可难道我们自己身上的话语就不会茁壮成长，孕育越来越多的可能性，而且不仅对我们自己有效，还能为其他民族造福吗？[232]

所以，人们面对的挑战是如何找到方法来清晰阐明这一日益增长的话语，用与当代的社会和政治思想相称的词语，探索并描述出作用于陶器区和哈利法克斯内部的社会动力。这一汤普森认为其"孕育着可能性"的话语是难以捉摸的、"奇异的"，"我们几乎无法对其进行阐释"，它已经成了"某种我们停止对其进行理解的话语"。

它来自某一俗世的亚文化。它是纯粹属于英国的。它没有能将之清晰表达出来的发言人——他们如今都屈膝于他者跟前，屈膝于那些更为深奥复杂的声音跟前。[233]

换句话说，汤普森在此讲述的，与其说是论点更不如说是"经验的果实"。面对安德森声称英国几乎没有能带来新的社会性形式的文化战略波段的指责，汤普森则以他曾遇到过的（既不是在大学高级会客厅里，也不是在大都市里的小集团中，而是在英格兰北方诸郡遇见的）新的团结形式来挫败安德森的指控。他的意思并不是（汤普森赶忙补充道）要与学生激进分子自觉的反理性主义站在一块儿，他们习惯于"在第二次野蛮主义的恢宏气势面前低声下气"，因为他们认为"来自世界最落后部分的大群不识字农民"会构成新一代的无产阶级。[234]汤普森于1971年写信给莱谢克·柯拉柯夫斯基道："我再欣赏您的作为不过了，一下子屈从于非理性主义，一下子又在作为西方白种罪人的自我放纵之前有意于在知识上让步，一下子又倾向于在失败者、在纯粹的暴徒和犯罪者中间寻找一种新的载体。"[235]但是他曾坚持反对安德森和柯拉柯夫斯基论点中表露出的言下之意（就汤普森自己的解读而言），认为文化和理性并不是"知识分子的特权"，"劳动者或'文盲'"也并不是"迟钝没文化的""排队等着知识分子来驾驭的'载体'"，这些民众都是"某一积极的、形成价值的文化过程"的秘密参与者。而人们的挑战在于，如何找到与这些"经验的果实"相称的论据：其在哈利法克斯的学生和邻居们赖以生存的社会团结"如此深藏不露，论述者几乎都没有名字"，他们维持在"几乎未达到清楚地表达自己思想的水平"。[236]汤普森面临着的挑战（同托尼和波兰尼面临的挑战一样）在于给这些社会团结形式赋名，在于将之明确表达出来。而他回应这一挑战的做法，是书写历史，"自下而上"地书写历史。[237]

50年前，托尼将东伦敦和兰开夏郡间的悬殊差异投射到史诗般的历史画卷之上，从而回应了这一挑战，在此画卷中，先前的团结形式从17世纪解体。卡尔·波兰尼重构了托尼的方法，其笔下的先前的团结形式一直到18世纪末都原封不动地保持完好，然后波兰尼笔锋一转，描述它们在19世纪早期，在强加的自由市场消除其历史形式时所经历的再生。汤普森在《英国工人阶级的形成》中因循的是波兰尼的方法。但在他后来的作品中（在1975年发表的《辉格党与猎人》还有1991年的《共有的习惯》中）汤普森的关注点集中在18世纪。他专注研究"贵族"和"平民"文化间的互动。他发现了这样一种迹象，在某些特定的时刻，遭资本主义理性化威胁的人，能够将通常而言有利于该理性化过程的受益者的话语，拿来构成属于他们自身的有利条件。在某些特定的时刻，正是宪政主义和法治成为阐明这一"俗世的亚文化"以及推动实现其参与者的诉求（抵制解散旧的习俗，使新权力对在其活动的影响下被剥夺了权利的人负责，以及维系新的团结形式）的手段。

《辉格党与猎人》既没有像1963年出版的《英国工人阶级的形成》那样实现同样的效果，也没有获得同样的成功。[238]而批评家们则将1991年《共有的习惯》的出版视作虎头蛇尾。[239]如果道德经济学这一概念，曾是汤普森及先于他的托尼还有波兰尼一直孜孜以求的，用以描述他们在兰开夏郡、红色维也纳和约克郡所遇见的，影响着当地的经济活动的规范和情操的手段，那我们又该如何解释这些其后而来的失望呢？为什么这一托尼于20世纪20年代开创又由其后的波兰尼和汤普森为之继续的对资本主义的道德批判，到了看上去将要获得发展的时候，却开始失去牵引力了呢？在20世纪六七十年代，新兴的反人道主义话语使英国的社会和政治思想同其他地方一样发生了转变，使之开始敌视道德经济学家在对资本主义的批判中作为中心的关于什么是人的主张。而就在汤普森发现了足以描述托尼和波兰尼称之为"传统"和"惯例"的规范和情操的新方法之时，认为这些规范和情操曾一度十分重要，如今也应变成重要的主张的基础开始崩塌了。正是在这一足以推进其批判的建设性主张的令人振奋的新术语得以发明之际，这一批判的基础却受到了损害。神学和自然神学关于人类品格的概念一直以来都是批判得以成立的道德基础的支柱。世俗化进程破坏了托尼原来关于人类的神学概念。而现在，由后殖民主义和对欧洲自我形象的哲学挑战催生的新的反人道主义压力开始波及波兰尼及其后的汤普森为其转向而提供的世俗化替代方案。尽管《英国工人阶级的形成》的成功似乎曾一度复兴了托尼于20世纪20年代开创的对资本主义的批判，但其拥护者是否有维系其道德建构的能力，仍让我们疑虑重重。

人类品格之争

可等到汤普森意识到他从马克思派生而来的关于人类品格的概念存在

问题的时候，诸种新的反人道主义压力对汤普森作品的核心资本主义批判所构成的挑战之严重性已暴露无遗。20世纪70年代早期，莱谢克·柯拉柯夫斯基在同汤普森的交流中，重申了他对马克思主义的看法。[240]汤普森仍不以为然。[241]柯拉柯夫斯基曾写过，马克思的作品的基础在于某些超历史的价值：它们（这些价值）"预载着一种非经验性的能力，它可以实现其自身，但这样一来却将它自己置于历史之外，故而不能从历史知识中推断或演绎出来"。[242]人们已经发现，马克思关于"完全人类"的理念还未完善。而这个理念（我们在重构波兰尼将其从马克思的早期作品中提炼出来的努力时，就已看出这一点），马克思曾"过于缄口不言"。而对其保持模棱两可的态度所带来的益处已经不足以维持这一概念的有效性。关于无异化社会的"完美之物"的"理念"显然不是内在于每个人的。对激活和实现"完全人类"理念抱有的更高期望（对"宏大转型"的期望）未能得到实现。

但如此一种组织起来的人类学观念是怎么被搁置或者说弃置了的呢？历史又是如何在欠缺这种条件的情况下写成呢？如果没有某种关于人类品格的有组织概念，反资本主义批判还能继续下去吗？柯拉柯夫斯基坚持认为，这种组织上的"潜在可能"是非经验的：它不过是与现世不相关的历史学家为人们提供的某种解释学关键词。汤普森则坚持认为，这一潜在可能是历史探究本身在展开过程中所产生的：它因主张与证据间的相互作用而得到证实，绝非从无到有的被动施加。马克思主义给柯拉柯夫斯基带来的借鉴意义是：历史学家应该克制住将这种"非经验的潜在性"引入其作品中的冲动。柯拉柯夫斯基坚称，历史学家应该放弃在分析框架中占有一席之地的图谋，因为这一位置先前一直未被所谓的"非经验的潜在性"所窃据。[243]可汤普森根本不情愿跟随柯拉柯夫斯基这样的榜样。他觉得某些关于人类品格的理念是至关重要的——在历史学家们对"完全人类"的理念感到失望之后，他们立即着手就什么是人的问题的假设和"理念"进行深入的构想和考验。

如果说，历史证明，关于"完全人类"在历史中获得其实现的理念只是个不恰当的、定义不充分的想法（我认为我们现在必须同意这一点），那么历史学家就不能简单地撤掉其职能，并留下一个去结构的真空：他必须重制一个能在20世纪的悲哀证据面前站得住脚的理念。[244]

阿尔都塞的计划则是使马克思主义摆脱历史主义的"完全人类"概念。加雷斯·斯特曼·琼斯对其观点的陈述可谓完满：如果马克思作品中的断言以"人类主体的整体性、自足性和透明性为基础，这些性质只在某一个时期才因宗教、私有财产和国家而异化，或者说以在因革命而解放之前，被资本主义剥削所淹没"为基础，阿尔都塞的"人类观"则与之相反，"他描绘的是，在拉康版本的弗洛伊德视角下，一个破碎的存在总要徒劳地寻求完全的主体性"。[245]阿尔都塞的作品（同法农一样有着对关于"人"的大都市话语的反殖民主义蔑视）受到的是法国哲学界数十年以来，就人的概念的朽坏和可挽回性而展开的争论的启发，而人的概念又恰恰是现代知识论和社会改良计划得以展开的中心。在这些辩论中——斯蒂凡诺·格鲁拉诺（Stefanos Geroulanos）在其围绕着对亚历山大·科耶夫在两次世界大战间开设的论黑格尔的讲座的新解读之研究展现了这一点——对资产阶级个人主义的批评始于20世纪20年代，且它是由更为强大的无神论知识传统所引发的，这一批判引起了人们对有关人的概念的公理性表示深刻怀疑。[246]战后法国的一些作家的确曾试图以修订过的或新颖的人道主义形式来挽救"人"，但源于同一场法国讨论的另一种偏离，对道德经济学家的计划来说却不是什么好兆头。米歇尔·福柯在1968年生动地捕捉到了这一反人道主义的新怀疑主义复合体的内涵：关于"人"的概念在欧洲思想中是一种"近期的发明"，它很快就会再次从人们的关注点中消逝，"如同大海边沙滩上的一张脸"。[247]

汤普森决心阻止这一逆潮流。他强调有关人的概念的公理性对他及他之前的卡尔·波兰尼和托尼来说，都一样重要，以此来解释他对阿尔都塞计划的憎恶。

> 如果要我把阿尔都塞主义视为马克思思想的逻辑终点的话，那么我根本就不要当马克思主义者。我宁愿做一个基督徒（或希望自己有某种基督徒激进派的勇气）。至少这样做，我就能要回一个允许价值选择的词，它还能准许人类品格在面对邪恶的资本主义或神圣的无产阶级国家入侵时握有自卫权。如果说我对教会的无信仰乃至说厌恶，不允许我这样做，那么我只好安下心来做一个经验主义、自由主义、道德主义的人道主义者。[248]

事实上，汤普森的提法并不完全，因为战后自由主义者也曾能容纳汤普森的人道主义，至少在其强势版本里，在其表现出对某些关于"完全人类"的具体信念必要性的坚持上是的确如此的，这种必要性体现在锚定针对资本主义的批判，以及赋予资本主义史以一致性和意义上。战后自由主义的政治理论倾向于汤普森在此陈述的柯拉柯夫斯基的观点：在马克思关于"完全人类"的理念引退后，最好不要为其找任何替代品，而应将之前曾为神学或自然神学组织起来的公理夷平，只留下"去结构的真空"。战后自由主义曾大大受益于这一为汤普森所厌恶的真空。以赛亚·伯林警告说，试图实现"积极"形式的自由的诱惑是危险且须被抵制的：关于"完全人类"的规范性概念可以为人人所共享且极为和睦的想法，使我们极易容忍可怕的威权主义形式。[249]茱迪·史珂拉认为，得到谨慎保全的"非体系"（对曾经保留了关于"完全人类"的理念的想象性作用的永久撤除）对排除20世纪三四十年代的恐怖之回归的可能性来说是必要的。[250]历史因而只成为一系列孤立的、不连贯事件的演替。政治则被局限为技术专家针对特定问题而缝上的琐碎补丁。可这对于善而言就已经是全部了：史珂拉并不清楚的是，"为什么到20世纪末了还有人会渴望政治变革"。[251]

汤普森以其独特的方式对马克思保持着忠诚，甚至在他已经清楚地认识到"完全人类"的概念是不可靠的时候。但他于1978年对于因准许"人类品格握有自卫权"的"词汇"的需要而发表的评论说明了他并没有发现真正的替代方案。汤普森无法"容忍"关于人的神学观念（无论如何，世俗化的进程如今已经破坏了道德主张的基础。但汤普森在同一篇文章中间接提到了充满希望的前景）。"经验主义、自由主义、道德主义的人道主义"也不能幸免：汤普森一代的战后自由主义者基本上都把以关于"人类品格"的强概念为基础的人道主义视为一种危险的自负。20世纪后半叶，汤普森在后殖民主义对关于"人"的都市话语的嘲笑，针对主体中心论的新的哲学怀疑主义，还有战后自由主义者对"非体系"的偏好（这里曾经属于"完全人类"理念的地盘）之间，四处受迫、遭受重压，这使他不得不去寻找"既允许价值选择，也能准许人类品格握有自卫权的词"。而且关于人的概念的缺乏（只能徒劳地试图填补"完全人类"的理念被取代后产生的"去结构的真空"）使得描绘那曾经启发了汤普森研究的团结形式要来得更为困难了。

在1979年的一篇题为《理论的贫困》的长篇大论中，汤普森攻击了阿尔都塞的结构主义马克思主义，其主张在于对马克思和恩格斯晚期关于历史唯物主义的纲要性学说加以深入解释，以此作为挽回马克思主义的人道主义信誉的方式。很少有人能把《理论的贫困》完整地通读下来。而更少的人会被汤普森说服，乃至相信有如汤普森所暗示的那样可行的前进道路。到了"完全人类"理念难以服众的情况下，要维持"人类品格握有自卫权"的这一理念——至少就汤普森而言——已经是难以应对的了。汤普森无法看到任何替代方案，只好一直尝试着企图从名为马克思和恩格斯的石头中抽血。[252]这一事业的徒劳无益有助于解释他后来在史学著作中的挫败及其带给许多读者的失望。

那么汤普森是否曾经有过替代选项呢？由前文可见，当波兰尼开始怀疑马克思是否能够提出一种足以替代托尼的神学观念的关于人的概念，以之为挑战功利主义正统的手段时，他改变了航向。波兰尼并没有为了足以支撑一时而着手于寻找另一种关于人的世俗观念（正如马克思的作品所表现的）以简单地替代原初的神学概念。相反，波兰尼集中关注的是政治经济学的历史，他将他所处的那一时期的社会问题重心加以校正，而那时，对什么是人的主张却成了那些希望在对社会问题的讨论中为非经济思考留下一席之地的人的倚仗。波兰尼并没有从正面挑战功利主义，而是想弄明白其权威能否被更精妙的手段所颠覆。他提议将亚当·斯密从那些传统上被视为斯密的知识后继者们所采用的日益经济化的手段中分离出来。他认为政治经济需要被彻底改造，只有这样，道德经济学这一概念所表达的规范和情操就不会被视为无中生有的强加，而是在商业社会中思考政治的必要条件。是否有证据表明汤普森在这方面追随过波兰尼呢？汤普森是否也曾探索过这一替代选项呢？这一战略不是通过倚仗于对人的强烈主张，而是通过从功利主义内部确定它不过是经济学思想的畸变这一点，来挑战功利主义。

汤普森当然未曾以同样的方式来再现波兰尼的政治经济学史。唐纳德·温奇（Donald Winch）批评汤普森不加区分地解读亚当·斯密及其在19世纪的后继者，并称他受到了F. R. 利维斯关于功利主义的广义概念的限制。[253]埃利·哈勒维对维多利亚时代的社会和政治思想的有力解读也在汤普森身上留下了痕迹。[254]当然，温奇的发现是正确的，汤普森在对19世纪的政治经济学的解读上的确表现得极不耐烦。但与此同时，《英国工人阶级的形成》中的一些文段又表明汤普森在这方面的解读，要比温奇所认为的要来得严肃得多。例如，我们可以思考一下汤普森对"工人阶级"或"群众"激进主义与"中等阶级"或"功利主义"激进主义的区分。在18世纪90年代（此为汤普森在《英国工人阶级的形成》中的解释），这两个立场之间并无芥蒂：伦敦通讯会的创始人，弗朗西斯·普莱斯足可以一身兼具。[255]但到了19世纪30年代，在汤普森的笔下，普莱斯却成了一个狂热的马尔萨斯主义者。[256]与此同时，威廉·科贝特和约翰·菲尔登成了"工人阶级"或"群众"激进主义鲜明的拥护者，这两种立场间新生的相互反感可被归结为"群众"激进主义针对功利主义的"激进主义"实施的改革方案而施加[257]的限制。劳动人民并没有把产权体系的规范化本身视为控告对象。可如果"现存的财产关系由于农业工人以其孩子的缘故违反了人类自我实现的根本要求，那么无论多么激进的补救措施都是可以讨论的"[258]。这一"检验标准"（无论"人类自我实现的根本要求"是否是不可侵犯的）作为"无法逾越的障碍"，将"群众"激进主义与"中等阶级功利主义意识形态"彻底划分开来。换言之，科贝特和菲尔登的追随者们拒绝追随马尔萨斯和李嘉图的信徒，拒绝用如汤森杜撰的山羊和狗的岛屿那样的自然主义情景来为人类事务建立模型：

> 如果说马尔萨斯的结论劝导人们去移民，去限制穷人的婚姻等等，那么科贝特的标准对这些结论是持批评态度的。如果"苏格兰哲学家"和布鲁厄姆只会摧毁穷人在旧济贫法下享有的权利，让织工挨饿并支持工厂使用童工劳动，那么这一标准就宣布他们是一伙狡猾的骗子。[259]

这样对"人类自我实现的要求"的优先考虑很少得到人们清晰明白的辩护。它"有时不成为诘难，而成了一种断言、一种诅咒、一种感情冲动"[260]。但至少在某一时期内，这就已经"够了"，它保全了工人阶级的激进主义，使其不因同时代的中等阶级的影响而改变，使"激进派和宪章派不成为功利主义者或反谷物法联盟的追随者"。[261]

汤普森从未将这一对人类的超越价值的不加反思的确认作为他自己反资本主义的思想基础。他仍试图在马克思早期哲学作品中阐明的更为强烈的主张（波兰尼将这一主张解释为每个人自身即写有关于"完美之物"的"理念"，即存在一个既因劳动分工而大大充实，却又不受迄今为止大多数人都深有体会的离异感折磨的社会）的基础上为其关于人类品格的超越性意义的观点正名。[262]但《英国工人阶级的形成》对一个稍显微弱的主张却不置可否。这一主张提出，甚至在人类品格未经任何限制性意义界定的情况下，人们也可以坚持在人类事务和自然世界间做出区分。做出这种区分能够使认为社会思想的展开应该以人与动物之间的一致性为基础的假设无效化。

在《大转型》中，波兰尼强调的不是人类品格为何无价，而是人类身上确实存在着有价值的、公然反抗自己被还原为19世纪政治经济学的自然主义术语的东西，从而限制了关于人具有超越价值的主张。在《英国工人阶级的形成》及其后的作品中，汤普森却继而提出了更强烈的反功利主义主张——不仅仅是个体的人可以公然反抗以功利主义计算的考量，而且提出了对何为一个人的特定理解，提出了一个来自威廉·莫里斯和马克思的著作的综合概念，即"关于'完全人类'的理念"。[263]但与此同时，汤普森对19世纪早期的激进社会和政治思想发展的论述，为退回到一种更受限制的主张敞开了道路。其后汤普森也并没有忽视这一可能性。总之，汤普森更为审慎地解读了政治经济学，尤其对波兰尼突出强调的人文主义与自然主义方法间的区分更加警觉。在《理论的贫困》中，在讨论马克思与查尔斯·达尔文间的对应关系时，他的关注点在于澄清以下这点："马克思并不认为，达尔文主义的类比可以在未经重构的情况下，从动物身上直接带入到人类世界之中。"马克思——汤普森小心地指出——曾明确地"指责一位通讯员，称他在马尔萨斯的帮助下，做的正是这类达尔文主义的设想"。[264]

汤普森也意识到了波兰尼所指出的变化。他警惕地注意到，在变化之前，对政治经济学来说不可或缺的对何者为人的稍显微弱的主张，在1800年之后是如何助力于工人和激进派，为他们的反资本主义事业辩护的。但他从来没有用力推开波兰尼半掩的门。汤普森将这一关于何者为人的更为温和的主张留置不用、不置可否。而这一温和主张足以代替可与托尼的神学主张或从卡尔·马克思的早期作品中提炼出来的历史人类学相比较的关于人类品格的强概念，其内容是：人类事务和自然世界是极不连续的，而任何认为动物规律存在于人类社会之中的企图都不过是误读。对此主张的运用即足以成为一种既能挫败功利主义计算，又不会冒犯20世纪晚期的反人道主义怀疑主义的方法。其坚持的要点在于，社会生活不仅仅是由理性自利和实用计算所驱动的。可它又避免了对何者为人的过度主张。然而，纵使是在汤普森已经总结出早期马克思为他对何者为人的强烈主张所提供的基础站不住脚后，甚至是在他业已意识到事实证明要为维持同样的主张而找另一个基础是非常困难的之后，他也没有转而着手起用这一更为温和的方法。

汤普森为什么没有转奉这一更为温和的主张（如我们所见，他在《英国工人阶级的形成》中对这一声称不置可否），尤其是失去了马克思关于"完全人类"的理念之后，在汤普森对资本主义的批判的核心打开了一个"去结构的真空"的情况下？有些读者也许会好奇这里是否有可以解释的东西。但是，就我的目的而言，最重要的是，这种主张的可能性至今仍原封不动、尚待揭开——虽然这一发展复兴了R. H. 托尼在20世纪20年代开创的对资本主义批判的方式，至少在某一历史接合点上遭受了大量的攻击和批评，但它仍有待我们去探寻。这一关于其可能性为何至今仍未得到探寻的问题只是次要的，尽管其原因部分源自汤普森在后马克思的局势下面临着困难。但在结束这一章之前，我将为汤普森在这方面保持的沉默提供一个解释，这可能有助于仍坚信汤普森的读者将之视为他不愿赞成的可能性，而非他无能力于探求的可能性。这条道路之所以对汤普森而言看起来没有前途，是有着一些特殊的背景因素的考量的。而我们现在也许能在不受这些特殊考量的影响下，更愿意从汤普森似乎首鼠两端之处重新开始、继续行进。如果我们明白，正是这些特殊的考量阻碍了汤普森的前进，也许就能更坦率地面对这一看似是戏剧性背离的事件。

为了认清我在此所说的阻碍了汤普森的道路的诸细节，我认为有必要对佩里·安德森攻击汤普森的思想时所使用的术语做个回顾。安德森指责汤普森的理念是地方狭隘的，这些理念对英国以外的人无话可说，而随着全球视角在社会和政治思想中占据了主导地位，它们就会越来越无关紧要、越来越面临淘汰。前文指出，汤普森部分通过指出宪政主义向印度和加纳的出口来回应安德森的指控，并以之为育成于英国的团结原则足能保持全球意义的明证。汤普森又及时地找到了另一种方式来迎接安德森的挑战。他提出，构成了道德经济学的诸规范和情操（他就同在其之前的托尼和波兰尼一样专注于影响乃至限制经济生活中的行为展开的"传统"、"习俗"和"惯例"这些要素）对于稀缺问题，尤其是饥荒及其有效补救的问题来说，是高度相关的。汤普森部分受到了历史学家和社会科学家将他的"道德经济学"概念应用于对稀缺性问题的讨论进程中的做法的引领，他通过援引19世纪40年代的爱尔兰、20世纪40年代的印度还有当代的第三世界，来表达他对18世纪英格兰的食物骚动的关切。[265]

在这一过程中，汤普森开始更加青睐"道德经济学"概念的狭义内涵。这一术语的出现标志着历史学家数十年的努力到达顶点，他们都曾致力于发扬由托尼所开创的批判传统，致力于"发现和描写所有那些正统的经济学曾视而不见的人类交换领域"。[266]汤普森对这一批判传统的参与有助于解释，他为何首先把食物骚动现象视为传统、习俗和惯例在资本主义理性化过程中持续发挥重要性的一个例示。[267]汤普森为了传达之前人们称之为传统、习俗和惯例的规范和情操的意义而创制出的术语，其鲜活和生动性，进一步"鼓励"了历史学家将所有被经济学所抛开的因素加以理论化的做法。但是，在安德森的批判性审察下，同时也出于对将其努力以非岛国狭隘性的术语来为之辩解的关切，汤普森于20世纪七八十年代开始限定"道德经济学"这一术语的使用范围，将之规定于某些特定的情境中。汤普森对这一术语的狭义运用，指涉的是18世纪食物骚动中的实践和富有生气的思想，既包括了"与缺粮时期市场上粮食买卖相联系的信念、习惯和表达方式"，也包括了"由缺粮激起的深刻的情绪，在这种危机中民众向当局提出的种种要求，及在生死存亡关头被他们牟取暴利的行为所挑起的义愤"，这是因为它们"都传递着一种特定的表示抗议的'道德'指控"。[268]汤普森因而通过缩小道德经济学概念的聚焦范围，引入了其关于稀缺和饥荒以及适当的政策和制度性反应的主张。通过这些方式，他回答了安德森对其岛国狭隘性的指责，且以此来维护其工作和讨论同解决发展中国家当前紧迫的社会和经济问题的相关性。缩小其"道德经济学"概念的意义范围，实际上却有助于扩大汤普森的号召力，使他听上去不像是某些地方性社会仪式的狂热分子，而像是个为如何遏止饥饿的全球讨论做出贡献的人。

汤普森后期作品中"道德经济学"内涵范围缩小了，这一点非常重要，因为这一事实有助于我们理解，汤普森为何仍把亚当·斯密视为他知识上的敌手。[269]对食物骚动的关注使我们更难辨认出道德经济学家对资本主义的批判与亚当·斯密有关商业社会中的政治观点之间的互补性。波兰尼的建议是，重读斯密可能会为道德经济学家对资本主义的批评提供一条从内部重构政治经济学的途径：恢复斯密赋予这一思想体系的"人文基础"，这将釜底抽薪地使托尼、波兰尼和汤普森一直严厉反对的政治经济学的特征——将人类还原为生产利润的动物——无效化。但是，加入斯密对稀缺时期的贸易问题的讨论观点，却会使人们更加难以看清这些"人文基础"。以此类推，帮助发展中国家避免饥荒的最佳方法是"向它们派出推动骚乱的专家"（这只在"部分程度上"是在开玩笑），这一建议也不太可能使汤普森获得当代功利主义者的赞同。[270]这种讨论趋向于"对两种立场都进行了讽刺"。道德经济学和政治经济学似乎是两极分化的。"一方成为发育不全的、传统的道德说教，另一方成为'清除了侵入经济的各种道德戒律'的科学。"[271]

迈克尔·伊格纳季耶夫（Michael Ignatieff）和伊斯特凡·霍恩特（Istvan Hont）认为，汤普森自己要为此负责。他们这样的做法是正确的，尽管他们在此处提出的申辩（汤普森正是因其有着书写与现代世界有关的骚动的需求，而就稀缺问题将自己画地为牢置于同斯密对抗的立场上）可能得而准许人们重新思考汤普森的罪责，但真正的问题是，我们是否必须要尊重汤普森关于斯密是其知识上的敌手这一信念——该信念封闭了波兰尼在20世纪40年代撬开的偷光小孔，而在两次世界大战间发展起来的对资本主义的道德批判本可能借这一撬开的小孔而得以克服20世纪晚期的反人道主义为其重生造成的障碍。答案肯定是，这并非是我们的必需。汤普森对详细审视他在自己的作品中思考过的可能性（即，将从托尼传下来的对资本主义的批判，围绕着关于在山羊和狗的变迁发生之前，以何者为人的观念为其不可或缺的一部分的政治经济学的最低限主张而加以重构的前景）所表达出来的不情愿或无能力是偶然性的影响，是一系列压迫着汤普森的要素造成的后果，可是如今这些偶然性和要素已与我们无关了。

在E. P. 汤普森的作品中，由托尼所开创并由波兰尼加以发挥的对资本主义的批判达到了其影响力的顶峰，但却仅在其道德主张的基础正化为乌有时昙花一现。波兰尼已经预料到了这一时刻的来临，同时也看到了得以使这一批判以新的范畴的形式再生的手段，看到了它通过运用各种不同的精妙于段（将为所有被经济学所抛开的社会和政治思想的主流加以复原）从而达成其目的的那一刻。有迹象表明，汤普森也思考过同样的可能性。但他从未追求这一目标仍是有理由的。在本书的结论部分，我们将转而再度将目光投向这条未被采用的道路，并讨论这条道路如今可能会带我们走向何方。

注释

1. George R. Boyer, "Living Standards, 1860-1939" in R. Floud and P. Johnson, eds., *Cambridge Economic History of Britain* (Cambridge: Cambridge University Press, 2004) vol. 1, 280-313, 284-290; Charles Feinstein, "Changes in Nominal Wages, the Cost of Living and Real Wages in the United Kingdom over the Two Centuries, 1780-1990," in P. Scholliers and V. Zamagni eds., *Labour's Reward: Real Wages and Economic Change in 19th- and 20th-century Europe* (Aldershot: Edward Elgar, 1995), 3-37.

2. N. F. R. Crafts, "Economic Growth during the Long Twentieth Century," in R. C. Floud, K. J. Humphries, and P. A. Johnson, *The Cambridge Economic History of Modern Britain II* (Cambridge: Cambridge University Press, 2014), 26-59.

3. Mary Mahony, "Employment, Education and Human Capital," in Floud and Johnson, *Economic History of Britain*, 112-133, 116; S. Pollard, *The Development of the British Economy*, 1914-1990 (London: Arnold, 1992), 229.

4. Charles Feinstein, "The Equalizing of Wealth in Britain since the Second World War," *Oxford Review of Economy Policy* 12 (1996): 96-105; Paul Johnson, "The Welfare State, Income, and Living Standards," in Floud and Johnson, *Economic History of Britain*, 213-237.

5. 约翰·肯尼斯·加尔布雷思：《丰裕社会》，徐世平译，上海人民出版社，1965年版。关于左派对"丰裕"的建构的概况，见Lawrence Black, *The Political Culture of the Left in Affluent Britain, 1951-1964: Old Labour, New Britain?* (Basingstoke: Palgrave Macmillan, 2003); Stuart Middleton,

" 'Affluence' and the Left in Britain," c. 1958-1974, *English Historical Review* 129 (2014): 107-138。

6. Keynes, "Economic Possibilities." Berthold Brecht的构想则更为精辟，见Berthold Brecht, *The Three-penny Opera*, trans. Ralph Manheim and John Willett (London: Eyre Methuen, 1979)。

7. 在1921年《丰裕社会》出版后，威廉·坦普尔曾写信给托尼，质疑贪得无厌性是否如托尼所称，是一个如此无可救药的性质：Goldman, *Tawney*, 121-122。

8. Peter Conradi, *A Very English Hero: The Making of Frank Thompson* (London: Bloomsbury, 2013), 74.

9. Peter Conradi, *A Very English Hero: The Making of Frank Thompson* (London: Bloomsbury, 2013), 33.

10. 同上，9。读起他们行将就木的父亲在引用E.P.汤普森从意大利寄来的信件中的两篇长文以总结家人对弗兰克的回忆前写下的评论则更令人心酸：他对弗兰克一生的反思"在同情他而且被认为和他最亲近的战友，即他的弟弟的文字中得到了最好的表达"：E. P. Thompson et al., *There Is a Spirit in Europe: A Memoir of Frank Thompson* (London: Victor Gollancz, 1947), 190-191。

11. Peter Conradi, *A Very English Hero: The Making of Frank Thompson* (London: Bloomsbury, 2013), 74.

12. 同上，70-71。

13. 同上，75，108："E.P.汤普森在许多方面几乎是个清教徒"，他们的父亲在1943年给弗兰克·汤普森的信中写道，"除了偶尔喝一点苹果酒，他几乎滴酒不沾，厌恶啤酒，远离烈酒。他抽烟的习惯不如说是一种寻求释放压力的标志。"

14. 同上，160。

15. 同上，122。

16. 同上，225。这句话取自1942年2月的一封信，收录于爱德华和他的母亲1947年为弗兰克出版的回忆录中，其所在的段落值得完整引用："我在牛津尝试咀嚼消化的'新思想'已然被我吐出，没有一点进入我的血液。我的血液中流淌着的仍然是温彻斯特、贺拉斯、布朗尼，以及一些里顿·斯特拉奇的思想。毕竟我也没有独自补救它的创造力，所以我必须坚持到大战的结束——以此，以我的双眼，以我更倾向于爱而不是分析的心灵"：E. P. Thompson, *Spirit in Europe*, 15。

17. Peter Conradi, *A Very English Hero: The Making of Frank Thompson* (London: Bloomsbury, 2013), 54.

18. 同上，11。

19. 同上，6。

20. Noreen Branson, *History of the Communist Party of Great Britain, 1941-1951* (London: Lawrence & Wishart, 1997), 1, 97.

21. Peter Conradi, *A Very English Hero: The Making of Frank Thompson* (London: Bloomsbury, 2013), 74.

22. 同上，225。

23. 同上。

24. 对两次大战期间英国马克思主义之所得和特性的最全面的阐述依然是MacIntyre, *A Proletarian Science*。对20世纪不断扩大的马克思主义思想的发展和变种的杰出阐述见Leslek Kolakowski, *Main Currents in Marxism: Its Rise, Growth and Dissolution II* (Oxford: Clarendon Press, 1978)。欲了解20世纪30年代的英国社会主义者是如何阐释斯大林主义－列宁主义信条的，见John Strachey, *The Coming Struggle for Power* (London: Victor Gol-

lancz, 1932)。欲了解英国共产党员在阐释的范围中所受的局限，见Shenk, *Maurice Dobb*, ch.4。对关于英国马克思主义在20世纪五六十年代的发展的一个颇有观点的阐述，见Perry Anderson, *Arguments within English Marxism* (London: Verso Editions, 1980)。

25. E. P. Thompson, "Christopher Caudwell," in E.P.Thompson, *Making History: Writings on History and Culture* (New York: New Press, 1994), 78-140, 133.

26. Boris Hessen, "The Social and Economic Roots of Newton's *Principia*," in N. Bukharin, ed., *Science at the Crossroads: Papers Presented to the International Congress on the History of Science* (London: Frank Cass, 1931). 关于对Hessen的论文所引发的"科学的社会关系"运动（"social relations of science" movement）的一个颇有赞许的阐述，见Werskey, *Visible College*。

27. P. M. S. Blackett, "The Craft of Experimental Physics," in Harold Wright, ed., *University Studies, Cambridge, 1933* (London: I. Nicholson & Watson, 1933), 67-96; Joseph Needham, *Background to Modern Science* (Cambridge: Cambridge University Press, 1938).

28. J. D. Bernal, *The Social Function of Science* (London: Routledge, 1939).

29. 并非所有人都如此重新审视科学事业。一个有影响力的抵抗者见Herbert Butterfield, *The Origins of Modern Science, 1300-1800* (London: G. Bell, 1949)；Bentley, *Butterfield*, ch.1。在20世纪30年代后期，一场由迈克尔·波兰尼打头阵的反对"科学的社会关系"运动的激烈论战正在酝酿：见Nye, *Michael Polanyi*, chs.5 and 6。

30. Anderson, "Components of the National Culture."

31. 关于对W.H.奥登的反法西斯热情的一个颇有赞许的阐述，见

Samuel Hynes, *The Auden Generation: Literature and Politics in England in the 1930s* (London: Bodley Head, 1976)。关于一种对奥登事业的称颂，见 Lucy McDiarmid, *Saving Civilisation: Yeats, Eliot and Auden Between the Wars* (Cambridge: Cambridge University Press, 1984)。汤普森本人则对奥登颇有微词，见E. P. Thompson, "Outside the Whale," in E. P. Thompson, ed., *Out of Apathy* (London: Stevens, 1960), 140-194。

32. Peter Stansky and William Abrahams, *Journey to the Frontier: Julian Bell & John Cornford: Their Lives in the 1930s* (London: Constable, 1966).

33. 对相关环境的一份详尽的研究，见Alexander Hutton, "'Culture and Society' and Conceptions of the Industrial Revolution in Britain, 1930-1965," PhD Dissertation, University of Cambridge, 2014, ch.5。

34. Conradi, *English Hero*, 2.

35. A. L. Morton, *A People's History of England* (London: Victor Gollancz, 1938).

36. Jack Lindsay and Edgell Rickword, eds., *A Handbook of Freedom: A Record of English Democracy through Twelve Centuries* (London: Lawrence and Wishart, 1939).

37. Thompson, "Caudwell," 103; Christopher Caudwell, *Illusion and Reality* (London: Macmillan, 1937); Christopher Caudwell, *Studies in a Dying Culture* (London: John Lane, 1938).

38. Rodney Hilton, "Dobb as Historian," *Labour Monthly*, January 1947, 29, cited in Shenk, *Dobb*, 122。关于一个对两次大战期间英国马克思的回顾性攻击的例子，见Maurice Cornforth, "Caudwell and Marxism," *Modern Quarterly* 6 (1950-51): 16-33。

39. Shenk, *Dobb*, 1.

40. 同上，ch.4。

41. McIntyre, *A Proletarian Science*, 234, cited in Shenk, *Dobb*, 64.

42. Shenk, *Dobb*, ch.2.

43. Maurice Dobb, *Capitalist Enterprise and Social Progress* (London: Routledge, 1925), v, cited in Shenk, *Dobb*, 38.

44. Maurice Dobb, *On Marxism Today* (London: Hogarth Press, 1932). 关于对这本小册子的反响的讨论，见Shenk, *Dobb*, ch.4。

45. Shenk, *Dobb*, 112.

46. 于1946年重启的刊物《现代季刊》（*Modern Quarterly*）曾是历史学家、文学批评家和科学家聚集一堂共同谴责理想主义倾向的论坛。而惊愕于苏联的李森科争议的进展，"贝尔纳主义者"很快便放弃了英国共产党，见John Callaghan, *Cold War, Crisis and Conflict: The History of the Communist Party of Great Britain 1951-1968* (London: Lawrence & Wishart, 2003), 94。

47. Shenk, *Dobb*, 113.

48. 同上。

49. 所谓的考德威尔论战是一个著名的案例，见Thompson, "Caudwell," 89。

50. 汤普森回忆起了马克思对梅因的注解：Thompson, "The Poverty of Theory," in E.P. Thompson, *The Poverty of Theory and Other Essays* (London: Mcrlin, 1978), 193-389, 364。值得一提的是，对那些注解有许多种不同的诠释。汤普森把这些注解当作马克思决意将人类学现象"塞回经济的参考系中去"的证据：Thompson, "Poverty of Theory," 364。Gareth Stedman Jones近期对马克思晚年转向的研究（马克思在对先于封建制度出现的原始公有形式的关注中转向了他早年青睐的人文主义观点）也涉及了这些注解，见Gareth Stedman Jones, *Karl Marx: Greatness and Illusion* (London: Allen Lane, 2016), 584-585。当然，如何解读马克思对梅因的注解并不影响此处对20世纪40年代中期英国马克思主义的描述。

51. 同上。

52. 关于考德威尔的异端性，见Thompson, "Caudwell," 79-80。

53. E. P. Thompson, "William Morris and the Moral Issues of Today," *Arena* 2 (1949): 25-30.

54. E. P. Thompson, "William Morris and the Moral Issues of Today," *Arena* 2 (1949): 25-30.

55. "The British Road to Socialism," Programme Adopted by the Executive Committee of the Communist Party of Great Britain, January 1951.

56. Rodney Hilton, "The Historians' Group and British Tradition," June 1951, Communist Party Archive, cited in Hutton, "Culture and Society", 200.

57. A. L. Morton, "Socialist Humanism," *Communist Review* (1953): 298-300, 299.

58. A. L. Morton, "Socialist Humanism," *Communist Review* (1953): 298.

59. 欲了解霍布斯鲍姆坚持对经济因素的首位化，见E. J. Hobsbawn, "The British Standard of Living, 1790-1850," *Economic History Review* 100 (1957): 119-134。

60. Shenk, *Dobb*, ch.6.

61. Christopher Hill, "The Norman Yoke," in John Saville, ed., *Democracy and the Labour Movement: Essays in Honour of Dona Torr* (London: Lawrence & Wishart, 1954), 11-66.

62. Hill, "The Norman Yoke," 66.

63. Hill, "The Norman Yoke," 65.

E. P. 汤普森

64. Bill Schwarz, "Historians and the People: The Communist Party Historians Group", in Richard Johnson, ed., *Making Histories: Studies in History-writing and Politics* (London: Hutchinson, 1982), 49-89, 77.

65. E. P. Thompson, *William Morris: Romantic to Revolutionary* (London: Merlin 1979; revised edition), 696.

66. Conradi, *English Hero*, 9.

67. Stefan Collini, "Enduring Passion: E. P. Thompson's Reputation," in Collini, *Common Readings*, 175-186, 177.

68. 关于英国共产党作家小组，见Callaghan, *Cold War*, 94-96。

69. 列夫·托洛茨基：《文学与革命》，刘文飞、王景生译，外国文学出版社，1992年版；Georg Lukacs, *The Historical Novel*，译者为Hannah和Stanley Mitchell (London: Merlin Press, 1962)。

70. Edmund Wilson, *To the Finland Station: A Study in the Writing and Acting of History* (London: Secker & Warburg, 1941).

71. Caudwell, *Illusion and Reality*; Caudwell, *Studies in a Dying Culture*. 关于考德威尔对汤普森的影响，见Thompson, "Caudwell"。

72. Christopher Hilliard, *English as a Vocation: The "Scrutiny" Movement* (Oxford: Oxford University Press, 2012), 3.

73. 同上，3。

74. 同上，254-255。另见Guy Ortolano, *The Two Cultures Controversy: Science, Literature and Cultural Politics in Postwar Britain* (Cambridge: Cambridge University Press, 2009), ch.2。这其中，作者认为利维斯"对现代社会的反抗"和"对个体的承诺"之间有一种独特的"激进自由主义"意识形态。

75. Francis Mulhern, *The Moment of "Scrutiny"* (London: NLB, 1979), 95.

76. Raymond Williams, *Politics and Letters: Interviews with "New Left Review"* (London: NLB, 1979), 65, cited in Winch, "Mr. Gradgrind and Jerusalem," 249.

77. 理查德·霍加特：《识字的用途：工人阶级生活面貌》，李冠杰译，上海人民出版社，2018年版。关于霍格特在英国文化研究的诞生中发挥的作用，见丹尼斯·德沃金：《文化马克思主义在战后英国——历史学、新左派和文化研究的起源》，李凤丹译，人民出版社，2008年版。

78. 关于霍尔和利维斯，见Alexander Hutton, "Literature, Criticism, and Politics in the Early New Left, 1956-62," *Twentieth-Century British History* 27 (2015): 51-75, 63-68。

79. 关于"左派利维斯主义"，见Hilliard, *English as a Vocation*, ch. 5。

80. Collini, "Cultural Critics and 'Modernity'"; Hilliard, *English as a Vocation*, ch. 2.

81. Hilliard, *English as a Vocation*, 55-56.

82. 同上，56-71。

83. F. R. Leavis, *Education and the University: A Sketch for an "English School"* (London: Chatto & Windus, 1943); L. C. Knights, "Bacon and the Seventeenth-Century Dissociation of Sensibility", *Scrutiny* 11 (1943): 268-285. 希里亚德注意到，利维斯和他的同辈们更多关注现代美国的发展以表明他们对"大众文明"（mass civilization）的关切，并指出了他们接触美国文化时对海伦·林德和罗伯特·林德的依赖。值得一提的是，林德夫妇写到美国文化时，部分采用了托尼对资本主义批判时所确立的术语：Robert 和Helen Lynd, *Middletown: A Study in Contemporary American Culture* (New York: Harcourt, Brace & Company, 1929), 87。

84. Hilliard, *English as a Vocation*, ch.5.

85. 同上，143。

86. 同上，145。

87. 同上，146。

88. Peter Mandler, "Good Reading for the Million: The 'Paperback Revolution' and the Diffusion of Academic Knowledge in Mid-20th Century Britain and America", 该论文于2015年5月20日被寄送至剑桥大学现代文化史研讨会。

89. Hilliard, *English as a Vocation*, 146.

90. 同上，142。

91. F. R. Leavis, "Under Which King, Bezonian? " (1932), in F. R. Leavis, ed., *A Selection from Scrutiny* (Cambridge: Cambridge University Press, 1968), I: 166-174. 见Williams, *Politics and Letters*, 66-67。后来利维斯明确地批判马克思主义：在20世纪30年代早期他曾提出将《细察》运动作为对马克思主义解决"感性脱节"问题方案的替代方案；后来他坚持认为《细察》提供了更好的替代方案，见Ortolano, *The"Two Cultures"Controversy*, 82-85。

92. F. R. Leavis and Denys Thompson, *Culture and Environment: The Training of Critical Awareness* (London: Chatto & Windus, 1933).

93. Stuart Middleton, "The Concept of 'Experience' and the Making of the English Working Class, 1924-1963," 13, *Modern Intellectual History* (2016): 179-208.

94. 利维斯和汤普森1933年合著的《文化与环境》（*Culture and Environment*）的副标题解释了这一点。

95. Hilliard, *English as a Vocation*, ch.5.

96. E.P.Thompson, "George Sturt," in Thompson, *Making History*, 254-260, 254.

97. Leavis and Thompson, *Culture and Environment*, 引于Hilliard, *English as a Vocation*, 56.

98. Thompson, "Morris and the Moral issues," 25.

99. Winch, "Mr. Gradgrind and Jerusalem," 251.

100. E.P. Thompson, "Elegies for the Dead in Cyrenaica," *Our Time*, 8 (1949): 156-157.

101. Thompson, *William Morris*, ch.1. 这种批判将在20世纪50年代晚期得到发展。其最有力的表现是Thompson, "Outside the Whale"。

102. Thompson, "Morris."

103. Hilliard, *English as a Vocation*, ch.5. 欲得对利维斯主义晚年的另一种记述，在50年代晚期以前的左派利维斯主义中寻找一致性，见Ortolano, *The "Two Cultures" Controversy*, 242-249。

104. 例如可见，汤普森：《英国工人阶级的形成》，钱乘旦等译，译林出版社，2001年版，正文第19页，注释10。

105. 见，汤普森：《英国工人阶级的形成》，第三章。

106. 关于赫鲁晓夫的报告文本在英国的传播的详细历史，见John Saville, "The Twentieth Congress and the British Communist Party," *Socialist Register* (1976): 1-23。

107. Saville, *Memoirs*, 104-105.

108. Conradi, *English Hero*, 2.

109. Thompson, "Through the Smoke of Budapest" (1956), in Winslow, ed., *Thompson*, 37-47, 46.

110. Thompson, "Smoke of Budapest"; Thompson, "Socialist Humanism."

111. Thompson, "Socialist Humanism," 81.

112. 同上。

113. Thompson, "Outside the Whale," 185, 152. 强调符号为汤普森所加。

114. Thompson, "Socialist Humanism," 64.

115. 同上，66。

116. Michael Merrill, "An Interview with E. P, Thompson," *Radical History Review* 12 (1976): 4-25, 24.

117. Thompson, "Socialist Humanism," 66.

118. 同上。

119. 同上，65。

120. 同上，64-65。

121. 同上，65。

122. 同上。

123. Thompson, "Smoke of Budapest," 42.

124. Thompson, "Smoke of Budapest."

125. 对第二次中东战争最好的概述见Keith Kyle, *Suez* (London: Weidenfeld & Nicholson, 1991)。

126. Cited in A. N. Wilson, *Our Times* (London: Hutchison, 2008), 65-66.

127. Thompson, "Where Are We Now?" (1962), in Winslow, *Thompson*, 215-246. 关于看待这种自由主义的人道主义观点的起源、输入英国及其在英国得到应用的多种视角（对这个话题的研究仍然相对不足），见Pederson, *Guardians*, ch.3; Peatling, *British Opinion and Irish Self-Government*, 91-98; Clarke, *Liberals and Social Democrats*, ch.3, 7; Bew, *Citizen Clem*, 95-158; Helen McCarthy, *The British People and the League of Nations: Democracy, Citizenship and Internationalism, c.* 1918-45 (Manchester: University of Manchester Press, 2011); Veldman, *Fantasy, the Bomb and the Greening of Britain;*

Frank Parkin, Middle Class Radicalism: The Social Bases of the British Campaign for Nuclear Disarmament (Manchester: University of Manchester Press, 1968)。

128. Driver, *Disarmers*, 101.

129. Jodi Burkett, "Direct Action and the Campaign for Nuclear Disarmament, 1958-62," in Nick Crowson, Matthew Hilton and James McKay, eds., *NGOs in Contemporary Britain: Non-state Actors in Society and Politics since 1945* (Basingstoke: Palgrave Macmillan, 2009), 21-37.

130. Veldman, *Fantasy; Driver, Disarmers*.

131. Thompson, "Commitment in Politics," 54.

132. Thompson, "Outside the Whale," 189, 190.

133. Thompson, "Poverty of Theory," 265.

134. Thompson, "Outside the Whale," 188-189.

135. Thompson, "The Long Revolution-I," *New Left Review 9* (1960): 24-33, 27。 "回想过去，我能看见我远离争论的时刻，我能回想起那些因这一时期的经历而心灰意冷的朋友们（工党中与他们相似的人也差不多心灰意冷）。退隐的方式有很多种——变得纯粹冷漠，广泛涉猎，藏在共产主义信条的防御性辞藻之后，去议会，去古玩店，或者去学术界追名逐利。"

136. Thompson, "Socialist Humanism," 67.

137. 同上，69。

138. Dworkin, *Cultural Marxism*, 53.

139. Thompson, "Socialist Humanism," 69.

140. Hill, "Norman Yoke," 65.

141. Lin Chun, *The British New Left* (Edinburgh: Edinburgh University

Press, 1993), 34.

142. E. P. Thompson, "Agency and Choice-I," *New Reasoner* 6 (1958): 89-106.

143. 克罗斯兰：《社会主义的未来》，轩传树、朱美荣、张寒译，上海人民出版社，2011年版，第339页。

144. Thompson, "Socialist Humanism," 86.

145. Thompson, "Revolution," 157.

146. 封建主义到资本主义的转变的性质是这一时期一场激烈而持久的跨大西洋辩论的主题，也是莫里斯·多布和共产党历史学家小组成员与美国马克思主义者保罗·斯威齐争论的焦点，见Paul Sweezy and Maurice Dobb, "The Transition from Feudalism to Capitalism," *Science & Society* 14 (1950): 134-167; Shenk, *Dobb*, 146-151。

147. Thompson, "Revolution," 156.

148. 同上，155。

149. 同上，147。

150. Thompson, "Outside the Whale," 188.

151. Thompson, "Revolution," 157.

152. Jackson, *Equality*, 170.

153. Tawney, "A History of Capitalism," 316.

154. Thompson, "The Long Revolution-II," *New Left Review* 10 (1961): 34-39, 38.

155. Thompson, "Poverty of Theory," 9-10.

156. Thompson, "Long Revolution-II," 39.

157. Raymond Williams, *Culture and Society* (London: Chatto & Windus, 1958); Raymond Williams, *The Long Revolution* (London: Chatto & Windus,

1960).

158. Raymond Williams, *Culture and Society*, 235-236.

159. Raymond Williams, *Long Revolution*, 122; Thompson, "Long Revolution-II," 39.

160. Thompson, "Long Revolution-I," 30.

161. 雷蒙德·威廉斯：《漫长的革命》，倪伟译，上海人民出版社，2013年版，第124页。

162. 同上。

163. Thompson, "Long Revolution-I," 30.

164. Thompson, "Remembering C. Wright Mills," in E.P.Thompson, *The Heavy Dancers* (London: Merlin Press, 1985), 261-274.

165. C.Wright Mills, "Letter to the New Left," *New Left Review* 1 (5) (September-October 1960): 18-23; Thompson to C.Wright Mills, April 21, 1959, C. Wright Mills Papers, Center for American History, University of Texas-Austin, Box 4B380. 欲了解米尔斯对曼海姆的感激之情，见C. Wright Mills, "Methodological Consequences of the Sociology of Knowledge," *American Journal of Sociology* 46 (1940): 316-330。

166. Karl Polanyi to Michael Polanyi, January 5, 1958, KPP, 57-58.

167. 坎特伯雷国王学校的校长R. J. Harris起初找的是现已故的Asa Briggs（他是汤普森的同辈），但Briggs向他引荐了萨维尔：Saville, *Memoirs*, 119-120。

168. 汤普森：《英国工人阶级的形成》，前言第7页。

169. 欲了解《英国工人阶级的形成》影响之深远，可参考下列在汤普森的公认影响之下完成的书：John Womack, Jr., *Zapata and the Mexican Revolution* (New York: Knopf, 1969); Richard Sandbrook and Robin Cohen,

eds., *The Development of an African Working Class: Studies in Class Formation and Action* (Toronto: Toronto University Press, 1976); 詹姆斯·C. 斯科特：《农民的道义经济学：东南亚的反叛与生存》，程立显、刘建等译，译林出版社，2001年版；Joan W. Scott, *The Glassworkers of Carmaux: French Craftsmen and Political Action in a Nineteenth-Century City* (Cambridge: Harvard University Press, 1980); Sean Wilentz, *Chants Democratic: New York City and the Rise of American Working Class* (New York: Oxford University Press, 1984); Christine Stansell, *City of Women: Sex and Class in New York, 1789-1860* (Urbana: University of Illinois Press, 1987); Rajnarayan Chandravarkar, *The Origins of Industrial Capitalism in India: Business Strategies and Working Classes in Bombay, 1900-1940* (Cambridge: Cambridge University Press, 1994); Emilia Viotta da Costa, *Crowns of Glory, Tears of Blood: The Demerara Slave Rebellion of 1823* (New York and Oxford: Oxford University Press, 1994)。关于对这本书对美国社会思想的广泛影响的评价，见Daniel Rodgers, *Age of Fracture* (Cambridge: Belknap Press, 2011), 94。欲了解汤普森的著作在战后的历史实践再概念化中的关键作用，见Lynn Hunt, *Writing History in the Global Era* (New York: W. W. Norton, 2014)，及William Sewell, *Logics of History: Social Theory and Social Transformation* (Chicago: University of Chicago Press, 2005)。其中亨特提及汤普森比提及其他独立历史学家更频繁，而Sewell也以类似的频率提及汤普森。

170. 例如，见Thompson, "Homage to Tom Maguire," in Thompson, *Making History*, 23-65。

171. Dorothy Thompson, *The Chartists: Popular Politics in the Industrial Revolution* (Aldershot: Wildwood House, 1986). "她的贡献并不体现在这样或者那样具体的细节上，"汤普森如此评价他的妻子在《英国工人阶级的

形成》中的贡献，"而是在于看待问题的总体视角。" "道德经济学"这个术语是多萝西创造的。汤普森，《道德经济学的再考察》，收录于E. P. 汤普森：《共有的习惯》，沈汉、王加丰译，上海人民出版社，2002年版，第278-381页，第377页，注释201。

172. Henry Collins, "The London Corresponding Society," in Saville, *Democracy and the Labour Movement*, 103-134, 109.

173. 汤普森：《英国工人阶级的形成》，正文第7页。

174. 同上。

175. 同上。

176. 同上，前言第6页。

177. 引自Cal Winslow, "E. P. Thompson and the Making of the English Left," in Winslow, ed., *E. P. Thompson*, 9-35, 20。

178. *A History of Nidderdale*, Pateley Bridge Local History Tutorial Class, Bernard Jennings, ed. (Huddersfield: Advertiser Press, 1967), cited in Hutton, "Culture and Society," 111.

179. Sheila Rowbotham, *Dreams and Dilemmas: Collected Writings* (London: Virago, 1983), 342, cited in Winslow, *Thompson*, 17.

180. 关于这一争论的概况，见E. J. Hobsbawm, "The Standard of Living During the Industrial Revolution: A Discussion," *Economic History Review* 16 (1963): 119-134.

181. E. J. Hobsbawm, "The British Standard of Living, 1790-1850," *Economic History Review* 100 (1957): 119-134.

182. 关于恩格斯在这一点上的重要性，见Gareth Stedman Jones, "Engels and the Invention of the Catastrophist Conception of the Industrial Revolution," in Douglas Moddach, ed., *The New Hegelians, Politics and Philosophy in*

the Hegelian School (Cambridge: Cambridge University Press, 2006), 200-219.

183. 汤普森：《英国工人阶级的形成》，正文第227－228页。

184. 同上，正文第221－222页。

185. 同上，正文第222页。

186. 同上。

187. 同上。

188. 汤普森：《英国工人阶级的形成》，正文第221－222页。

189. 同上，正义第222页。

190. 同上，止文第269贞。

191. 同上，正文第324页。

192. 同上，正文第222页。

193. R. H. 托尼：《宗教与资本主义的兴起》，第115页，此处部分采用该中译本的译法。

194. 在《英国工人阶级的形成》之后，汤普森还详细阐述了"自下而上"的历史视角以解释他的方法：Thompson, "History from Below," *Times Literary Supplement* (April 7, 1966), 279-280; Thompson, *Whigs and Hunters: The Origins of the Black Act* (London: Allen Lane, 1975), 16。

195. 同上，239。

196. 同上，261（236）。汤普森有关手艺人的讨论依赖于乔治·斯图尔特1923年的《车轮匠的作坊》，这本书被《细察》运动用作论据，以说明艾略特的"感性脱节"并非是在17世纪猝然发生的，而是一个长期时断时续的过程，一些习惯做法在资本主义理性化进程开始的几代后也未受干扰，见George Sturt, *The Wheelwright's Shop* (Cambridge: Cambridge University Press, 1993)，汤普森曾为此书题序。关于《细察》采用斯图尔特作为论据的例子，见Leavis and Thompson, *Culture and Environment*, 83-98。

197. 汤普森：《英国工人阶级的形成》，正文第276页。

198. 同上，正文第276—277页。

199. 同上，正文第336页。

200. 同上，正文第335页。

201. 同上，正文第262页，注释3。汤普森持续表现出的对斯图尔特的兴趣进一步暗示了他早年同利维斯的亲密关系带给他的残余影响，见注210。欲了解更多则见Ortolano, *Two Cultures*, 154-160。

202. Eric Hobsbawm, "The General Crisis of the European Economy in the 17th Century," *Past and Present* 5 (1954): 33-53; Eric Hobsbawm, "The Crisis of the 17th Century-II," *Past and Present* 6 (1954): 44-65。与解决了时序混乱问题的艾瑞克·霍布斯鲍姆的《革命的年代：1789—1848》（中信出版社，2014年版）相比，这本书中没有任何一部分依赖于波兰尼的《大转型》。关于时序混乱问题，见Taylor, "Beginnings of Modern British Social History?"

203. Robin Blackburn, "Edward Thompson and the New Left," *New Left Review* 201 (1993): 3-9, 7; Immerwahr, "Polanyi in the United States," 446；西达·斯考切波：《历史社会学的视野与方法》，封积文、董国礼译，上海人民出版社，2008年版；Mandler, "New Poor Law", 157; Collini, "Enduring Passion," 181。

204. 汤普森：《英国工人阶级的形成》，正文第61页。

205. 同上，正文第62页。

206. 斯品汉姆兰体系的起源被波兰尼重新解释为一个延续到19世纪早期的"道德经济"的后期问题，这一解释被反复重申而未引起争议。Eric Hobsbawm, *Industry and Empire* (Harmondsworth: Pelican, 1968), 105 (citing Polanyi); Lynn H. Lees, *The Solidarities of Strangers: The English Poor Laws*

and the People, 1700-1948 (Cambridge: Cambridge University Press, 1998), 74-75 (citing Thompson)。但关于斯品汉姆兰体系和旧济贫法的讨论更多集中在其经济效应上而非其社会意义上，而波兰尼之后鲜有历史学家在波兰尼和汤普森的研究之后继续质问斯品汉姆兰的治安官的动机：Blaug, "The Myth of the Old Poor Law and the Making of the New"; Deirdre McCloskey, "New Perspectives on the Old Poor Law," *Explorations in Economic History 10* (1973): 419-436。19世纪30年代的改革的社会基础和驱动力则备受争议：Mandler, "Making of the New Poor Law", 以及随之而来的论战：Anthony Brundage及David Eastwood, "The Making of the New Poor Law Redivivus," *Past and Present* 127 (1990): 183-194。这本关于斯品汉姆兰和旧济贫法的历史编纂学文献与战后福利政策辩论中对该制度的广泛争论形成了鲜明对比，其中结合了波兰尼对治安官动机的解释和正统史学对这一体系的经济效应的定位，以支撑对救济金的反常倾向的攻击并挫败那些意图缓解困境的人们：Block and Somers, "In the Shadow of Speenhamland"; Albert O. Hirschmann, *The Rhetoric of Reaction: Perversity, Futility, Jeopardy* (Cambridge: Harvard University Press, 1999), ch.2。

207. Hobsbawm, "General Crisis"; Hobsbawm, "The Crisis of the 17th Century." 资本主义兴起和工业革命之间的长期间隔是Peter Laslett支撑他对工业化对家庭的影响的研究，以及现代性的社会样式确立于18世纪末19世纪初而非早先的17世纪的观点的基础之一：Peter Laslett, *The World We Have Lost* (London: Methuen, 1973; 2nd ed.), ch.1。

208. 关于反常的集中出现，以作为知识革命的前兆的观点，见托马斯·库恩：《科学革命的结构》，金吾伦、胡新和译，北京大学出版社，2003年版，第48—49页。

209. 汤普森：《英国工人阶级的形成》，正文第60页。

210. 同上。

211. 同上，正文第61－62页。

212. 卡尔·波兰尼：《大转型：我们时代的政治与经济起源》，第96页。

213. Hont and Ignatieff, "Needs and Justice in *The Wealth of Nations*," 405-406. 霍恩特和伊格纳季耶夫对汤普森的批判将在下文进一步讨论。

214. E. P. 汤普森：《18世纪英国民众的道德经济学》，收录于E. P. 汤普森：《共有的习惯》，第196－277页，第251页。汤普森在同一文章的前一部分进一步引用了托尼的《宗教与资本主义的兴起》：见第262页，注释46。如果要进一步考察汤普森对托尼所欠之文债，见汤普森：《习惯、法律和共有的权利》，收录于E. P. 汤普森：《共有的习惯》，第100－195页，第123－125页（原文128－129）。

215. 对英国新左派最好的阐述是Dworkin, *Cultural Marxism*。另见Chun, *British New Left*, Gareth Stedman Jones, "Anglo-Marxism, Neo-Marxism and the Discursive Approach to History," in A. Ludtke, ed., *Was bleibt von marxistischen Persepktiven in der Geschichtsforschung* (Göttingen: Wallstein Verlag, 1997), 148-209。

216. Dworkin, *Cultural Marxism*, 109-116; Thompson, "Where Are We Now? ," in Winslow, ed., *Thompson*, 215-246.

217. 欲了解安德森和他的团队与其新左派前辈的差异，见Gareth Stedman Jones, "History and Theory: An English Story," *Historein* 3 (2001): 103-124。关于这些差异的历史编纂学分析，见Michael Kenny, *The First New Left: British Intellectuals After Stalin* (London: Lawrence & Wishart, 1995); Dworkin, *Cultural Marxism*, ch.2; Chun, *The British New Left*。

218. Thompson, "Where Are We Now? "; Anderson, *Arguments within*

English Marxism (London: Verso Editions, 1980).

219. 路易·阿尔都塞，艾蒂安·巴里巴尔：《读〈资本论〉》，李其庆、冯文光译，中央编译出版社，2008版。关于对阿尔都塞努力的失败的回顾性评价，见Stedman Jones, "Anglo-Marxism"。

220. Thompson，"Peculiarities," 342.

221. Thompson, "Socialist Humanism," 85.

222. 对针对汤普森的这些指责的最有影响力的复述是Tony Judt, "Goodbye to All That?," *New York Review of Books*, 2006。

223. Anderson, *Arguments*.

224. 弗朗茨·法农：《全世界受苦的人》，万冰译，译林出版社，2005年版，第235—236页，引自E.P.Thompson, "Where Are We Now?", 242。

225. Thompson, "Where Are We Now?," 214.

226. 同上，238。

227. 同上，227。

228. Thompson, "Letter to Kolakowski," 175.

229. Anderson, "Components of the National Culture."

230. Thompson, "The Peculiarities of the English," in Thompson, *Poverty of Theory*, 35-91, 59.

231. 关于这一观点见Stedman Jones, "History and Theory"。

232. Thompson, "Where Are We Now?," 238.

233. 同上。

234. Thompson, "Letter to Kolakowski."

235. 同上，174。

236. E. P. 汤普森：《道德经济学的再考察》，收录于E. P. 汤普森：

《共有的习惯》，第278－381页，第354页。

237. Thompson, *Whigs and Hunters*, 16.

238. 关于满怀期待的读者得到《辉格党与猎人》时感到失望的例子，见Morton Horwitz, "The Rule of Law: An Unqualified Human Good? ", *Yale Law Journal* 86 (1977): 561-566。

239. 例如，见Collini, "Enduring Passion," 180-184。

240. Leszek Kolakowski, "My Correct Views on Everything," *Socialist Register* 11 (1974): 1-20.

241. Thompson, "Letter to Kolakowski."

242. Leszek Kolakowski, "Historical Understanding and the Intelligibility of History," *Triquarterly* 22 (1971): 103-117.

243. Quoted in Thompson, "Letter to Kolakowski," 137.

244. 同上，141。

245. Stedman Jones, "Anglo-Marxism," 165.

246. Geroulanos, *Atheism*.

247. 米歇尔·福柯：《词与物——人文科学考古学》，莫伟民译，上海三联书店，2001年版，第506页。

248. Thompson, "Poverty of Theory," 254-255.

249. Isaiah Berlin, "Two Concepts of Liberty," in Isaiah Berlin, *The Proper Study of Mankind* (London: Pimlico, 1998), 191-242.

250. Judith Shklar, "Use of Utopia? ", 188.

251. 同上。欲了解史珂拉的最简主义（minimalism）是如何发展的，参照Judith Shklar, *After Utopia: The Decline of Political Faith* (Princeton: Princeton University Press, 1957)。

252. 加雷斯·斯特曼·琼斯近期称，马克思本人晚年转向了他先前的人文主义的一种翻版，放弃了他在中年时予以长篇大论的人类本质同动物本质的共性，见Stedman Jones, *Karl Marx*, 568-586。汤普森的困境进一步证实了恩格斯抹去了马克思晚期思想中的转变。

253. Winch, "Mr. Gradgrind and Jerusalem," 251-254.

254. 汤普森对哈勒维的依赖，见汤普森：《英国工人阶级的形成》，正文第23页。

255. 汤普森：《英国工人阶级的形成》，正文第6－12页。

256. 同上，正文第906－919页。

257. 同上，正文第877－899页。

258. 汤普森：《英国工人阶级的形成》，正文第897页。

259. 同上，正文第897页。

260. 同上。

261. 同上，正文第898页。在他晚年重新审视自己当年为提出"道德经济学"概念所做的批判著作中，汤普森运用了类似的构想来描绘他在18世纪骚动的领导者身上发现的团结形式。汤普森：《道德经济学的再考察》，第353－354页。

262. Thompson, "Socialist Humanism," 69.

263. Thompson, "Letter to Leszek Kolakowski," 141.

264. Thompson, "Poverty of Theory," 256.

265. 汤普森：《道德经济学的再考察》，第279－317页，尤其见第313－316页。汤普森此处投身的学术领域非常多产，其中值得一提的参与者包括Elizabeth Fox-Genovese, "The Many Faces of Moral Economy," *Past and Present* 58 (1973): 161-168; Joyce Appleby, *Economic Thought and Ideology in Seventeenth-century England* (Princeton: Princeton University Press, 1978); P. S. Atiyah, *The Rise and Fall of Freedom of Contract* (Oxford: Claren-

don Press, 1979); 阿马蒂亚·森：《贫困与饥荒》，王宇、王文玉译，商务印书馆，2004年版。

266. 汤普森：《道德经济学的再考察》，第349页。

267. 同上。

268. 同上，第343－344页。

269. 关于汤普森对斯密的反驳，见汤普森：《道德经济学的再考察》，第279－317页，尤其是第285－301页。

270. 汤普森：《道德经济学的再考察》，第315页。

271. Hont and Ignatieff, "Needs and Justice," 405-406. 关于汤普森自己对这一指控的回应，见汤普森：《道德经济学的再考察》，第291－292页。

结论

乔治·丹吉菲尔德称之为"自由英格兰之死"、发生在爱德华时代晚期的社会解体引发的忧虑激励了R. H. 托尼对资本主义的批判。到20世纪30年代后期，可靠的观察者自信地预言道，资本主义的临终危机即将到来。[1]而到了1950年，危机似乎得以化解。资本主义的"非社会化本性有轻度改变"。[2]工业中所有制样式和结构的变换、法人金融的改革，以及有助于巩固不列颠福利国家的对"社会化需求的许诺"，使人们觉得"巨兽"并不像过去大众揣测的那样不具有"可塑性"。[3]许多过去曾与托尼一样，对社会解体感到恐惧的人，如今也开始相信，曾经造成社会解体的原因——资本主义——现在正处于被改造的变迁之中。曾几何时最为紧迫的经济问题看上去已经被人们解决了。这使我们聚焦在那施加于C. A. R. 克罗斯兰称之为"社会心理层面"的剩余需求，而战后的社会学充满信心地认为这一需求是能够被满足的。[4]一直到1960年，乐观主义都得到了广泛传播：在对富足的未来的期望越来越高涨的前提之下，对社会解体的恐惧减弱了。但对生活的期望很快就超出了生活的容量，这也就埋藏下了新的不满。战后解决方式的特点很快就不得不接受人们的再次审议。社会问题在一段时间里被处置了，但却没有得到解决。到了70年代早期，人们又激发出了对不列颠社会秩序的稳定性的新的恐惧。[5]

70年代事情的发展在使得人们的乐观主义消失的同时，关于不列颠未来前景的恐惧也加深了。[6]曾经将爱德华时期的英格兰带入内战边缘的某种困难再次浮出水面。北爱尔兰反对反天主教歧视的抗议者促成了"麻烦"的产生，把英国军队、共和派以及保王党的准军事力量抛入了一场游击战。政府和工会间的社团主义协定被解除，催生了一段冗长的工业冲突时期，这一冲突在1978年到1979年的"不安之冬"时达到了极点。"第二波"女性主义继续了反对父权制的事业。同时，20世纪前70年一直持续的异常高涨、毫不减弱的期待——对于社会改革以及在物质生活标准上的改进的期待，对于个人幸福以及爱情、工作上的完满的期待，对维持英国作为经济强国和"善之力量"的国际地位的期待——制造出了新的社会裂痕。[7]"固定收入者集团"对用在福利上的花费感到愤恨，因通货膨胀而忧心忡忡，此时他们已经获得了新的政治权力。他们自从20世纪20年代起，就一直在"反对废物"的旗帜下，针对福利花费发起过多次间歇性的暴动。[8]但在60年代之后，他们起草了一份充满道德和社会苦难的材料，以为他们的经济抱怨润色，并通过找出令人信服的傀儡来支撑他们的主张。[9]

不列颠"道德关系的问题"再次回到日程上。[10]但本书标题所提到的"道德经济学家"（他们对资本主义的批判成形于20世纪不列颠另一场宏大的资本主义危机）并未能处理好这一局面。托尼和卡尔·波兰尼的继任者是E. P. 汤普森。但汤普森复兴这一托尼在50年前开拓的批判的才能，却遭到了一种新型的怀疑论的妨碍，这种怀疑论涉及关于何者为人的强烈规定性的主张。而关于何者为人这一点，正是托尼和汤普森的批判围绕的中心。马克思的"'完全的人'的概念"总体上带有强烈的"人类品格"的设想，但却与新一代后殖民主义、哲学以及战后自由主义对欧洲人道主义话语的反感相抵触。不列颠世俗化的过程又使得重申托尼早期对资本主义的同一道德批判的神学路径变得无法想象。

这一反人道主义的新怀疑论（它同世俗化过程有所互动，而世俗化进程则废弃了使托尼和汤普森得以做出其道德主张的基础）并不需要成为道德经济学家对资本主义批判的路线的终点。而现在要为何者为人找出规定性的论点已经更加困难了。但如果反功利主义坚持的关于人类品格有无限价值的主张的神学和世俗基础都遭到了侵蚀，我们在此重构的资本主义批判的再生途径也就不得不被人所雪藏了。托尼以关于何者为人的神学所激发的强规定性主张来反对功利主义对金钱动机的还原性聚焦，以此来弃置功利主义。汤晋森则通过追寻托尼神学主张的世俗化对等物的努力，以保全此主张，并以此来挑战人们对该主张的普遍质疑。但与此同时，卡尔·波兰尼却指出，通过重梳政治经济学的历史，以重新划定经济学家曾用以将人类世界同动物世界区别开来的明确的界线，可能同样能达到颠覆功利主义正统的目标。当代的经济学家弄错了，因为他们同功利主义者一样，把人类之间的互动设想为和胡安·费尔南德斯岛上山羊和灰狗之间一样的行为模式。这也就是说，我们现在最需要做的，就是承认这一错误，并且在政治经济学之中找寻其原因，将之追溯到被功利主义者边缘化了的"激情"和"动机"。道德经济学家们是研究关于所有被经济学所抛开的因素的理论家。但这一最初表现为试图脱离经济学的对经济学的批判，后来却在20世纪的行程中，发展成为从政治经济学内部对其进行重构的尝试。

是否有证据表明主流经济学乐于接受这类建议呢？在本书的第三章节，我们研究了那些企图将托尼的批判视角转化进当代经济学理论语言的尝试。我们认识到，从这方面看，在两次大战之间的英国发展起来的福利经济学不过是个失败之作：埃文·杜宾及其他人所做的将托尼的道德批判转变为评价政策的一种技巧的尝试最终流产，因为他们依赖于未经重构的功利主义，而这同托尼的思想是完全不兼容的。经济学家中，使经济学理论适应于干涉主义社会政策的时代的努力很快就因其有华无实而被搁置，而这本质上也是出于同样的原因——他们站在忠实于某一版本的功利主义的基础上，以至于过于疏漏，而不能涵盖新制度的复杂性。但两次大战间的福利经济学并非主流经济学理论同道德经济学家对资本主义的批判相交的最后一个结合点。

在这一总结性的章节中，我将审视这些后来的相交结合点中的两者。一者是E. F. 舒马赫的作品，我将简略地提及他。另一者，肯尼斯·阿罗的"不可能定理"，以及这一定理所带动的社会选择理论的复苏，则有必要引起我们更持久的注意。社会选择理论在两次大战间的福利经济学失败的废墟上发展起来，在它的理论支持下，经济学家萌生了对"扩充"作为模型中枢的个人的概念的兴趣：个人效用仍然作为分析的首要单位，但"应对"这些效用的新方式也得以成型。[11]通过运用这些技术，社会选择理论家们开始在政治经济学之中找寻早期19世纪的功利主义者排除在外的那些"激情"和"动机"。托尼书写的资本主义的历史正是经济学家援引来为其对经济人的重新概念化助力的思想来源。得益于社会选择理论，到20世纪末期，经济学在某种意义上已经比世纪初的时候更加注重道德经济学家们亲自发掘的团结形式和情操。这使得在当代关于资本主义的论辩中人们对于物质不平等的执迷更令人疑惑不解，但同时也更易于补救。社会选择理论向我们展现了将政治经济学朝着道德经济学家对资本主义批判的方向进行重构的活动实际上是如何运作的。

小的是美好的？

在于1973年出版的《小的是美好的》一书中，非正统经济学家E. F. 舒马赫将自己定位为R. H. 托尼的知识继承人。[12]舒马赫于1930年从德国移居英国，并于牛津大学新学院学习经济学，之后则在政府任职。在1943和1944年，他成为威廉·贝弗里奇成立的充分就业委员会的成员。[13]战后，舒马赫在国家煤炭局长期担任经济顾问一职。他回避了在学院经济学中的深奥的理论争论，而倾向于解决实际问题的实验，并积极倡议发展中国家拥抱"中间性的技术"，此外还对富有创新的协作治理的实例表示认同。在对当代社会问题形成观念的过程中，舒马赫追随着托尼及其继任者们累积下来的观点的谱系。舒马赫在其作品中回应着托尼的《宗教与资本主义的兴起》写道，尽管"确实所有人都是兄弟"，但同样确实的是，"在我们实际的人与人的关系中，却可能只把少数人当作兄弟看待，而且我们对待这少数人的兄弟之情超出了对待全人类的兄弟之情"。[14]失业无法通过现金上的好处加以补救，它更多的不是对收入的剥夺，而是对工作过程中产生的自我价值感的剥夺。对凯恩斯来说，极端首要的经济问题不仅没有得到解决（今天很多人都如此认为）而且同时也被人误解了：在贪得无厌带来丰饶的产出的同时，人们不能够拖延他们对伦理的悬置。那种认为资本主义能够得出应对"道德关系"的解决方法的设想错了。这一较广泛的思想短视是症候性的，因为它设想，"元经济学"和形而上学的假设都是能够得以根除的。经济学分析是"局部的"，"统计永远证明不了什么东西"，只有将社会问题作为"整体"来"看待"的人才能做出更好的决策。[15]在某种意义上，舒马赫重现了托尼开创的道德批判的神学基础。"脱离宗教而生活的现代实验"，舒马赫坚持道，已经"失败了"。[16]

　　舒马赫引用了《宗教与资本主义的兴起》的话作为其1973年出版的这本书的题词。但同时，他也认识到，他所试图解决的道德关系的问题，同托尼于20世纪20年代所强调的问题，在范畴的框架上不相符。舒马赫回到托尼在《贪得无厌的社会》中话语的文本，其中谈到了培育一种特殊环境的需要，在这种环境下，"自我主义"、"贪婪"以及"喜好争吵"都不会成为社会所"鼓励"的品质。舒马赫写道，托尼的话语，"未曾丧失其热度"。但他的话如今已经被新的方案所覆盖。

> 今天我们不仅仅是关心社会的病态，而且迫切关心的是生态系统或生物圈的病态，这种病态威胁着人类的基本生存。[17]

舒马赫的书获得了巨大的成功，这表明道德经济学家所提出的问题仍能持续引发人们普遍的共鸣。但我们并不清楚，舒马赫的主张是否比历史学家们的做法更能推动这些问题的解决。舒马赫关于"人类品格"的"尊严"的想法，似乎附议了波兰尼对人类事务和自然世界还未被彼此混同前政治经济学史的回溯。舒马赫最坚定的主张在于，人类因其对自然界保持着主宰态势和极端的超然态度，而为自己假定了特殊的尊严：我们因自然界的规律而受益，但我们并不止于自然的限制，我们自己的活动并不与自然界的规律一致——尽管社会科学家为发现人类活动的模式同物理法则的类似性而付出了巨大的努力。[18]类似于卡尔·波兰尼所发现的"人文基础"的东西，在政治经济学中，在从斯密出版《国富论》（1776）到马尔萨斯出版《人口论》（1798）的这段时间里遭到了损害，而舒马赫正是要向这类似于所谓"人文基础"的东西复归，因为他正需要"阐明"他的"人性观"。[19]但在同一部书中，舒马赫同样援引了一系列相互区别的关于人类的概念。他引用了现代的天主教社会思想，尤其是教宗的《四十年》通谕。[20]他也援用了托马斯·阿奎纳的作品。同时，他也凭借"技艺人"（homo faber）的形象以使自己关于人类的概念变得丰满。[21]他专门设想了一种佛教的功利主义批判，以此来解释他仅仅是想用一种现代信仰的形而上学来挑战"西方唯物论的元经济基础"：为了这个目的而选择佛教"纯粹是偶然"；基督宗教、犹太教或伊斯兰教的教义都可用来代替西方的唯物论。[22]

这些理论来源并非一定是互相不能兼容的。阿奎纳的作品为在定义上将人类同动物区别开来的做法提供了保证。天主教社会思想特别强调人工创作的高贵性。而同样的，当代缅甸文化也支持对人类的尊严和妥当地昭示人类对动物的主宰权的"位高任重"的估量。[23]但是这些思想基础如何才能同时发挥效力呢？卡尔·波兰尼把基督教神学弃置在一边，因为它已经变得无法适应劳动分工和商业社会的出现了。阿奎纳如今还能如此轻易地擦去其身上积攒起来的厚厚灰尘，同当代天主教社会思想、佛教以及缅甸人的宗教仪式并肩前行，以人类尊严的根本准则来矫饰全球资本主义吗？理智上的混乱付出了其应有的代价，舒马赫本人以此来警示我们。[24]小的是美好的，但资本主义极大地提升了（这正是劳动分工所能达到的结果）经济活动的档次，将无穷无尽的各种系列的匿名交易移植到过去的面对面经济上去。在如此特别的条件下，什么样的团结形式才是合情合理的？舒马赫的个人癖好是实用主义的，但他的想法却是乌托邦式的：其结果不是去解决托尼及其继任者们架构起来的社会问题，而是去回避它们。

个人价值与社会选择

舒马赫回避了战后经济学界的理论争议，而倾向于关注能治愈社会和生态病态的实际手段。快速回顾一下20世纪40至50年代以发轫于英国和美国的对福利经济学的继续讨论为中心的一打又一打卷宗，会有助于我们理解舒马赫为何有这一倾向。[25]这一时期的经济学越来越技术化。这也是战争带来的一个后果。美国对知识资源的动员尤其让人文学科变得功利化。[26]数学家则为诸如战略服务办公室以及后来的兰德公司效力，这使他们的思考方向转向了解决实际问题。计量经济学的进展使成为经济学家的资格证明有了新的可衡量的精确度。经济学家越来越多地使用数学记号以证实其论点，而这使得经济学科对外行来说更具排斥性。

　　肯尼斯·阿罗的作品正可以为这个潮流做例证。阿罗起初在纽约城市大学城市学院受训成为数学家。他在哥伦比亚大学学习数学的研究生课程，但却因战事而被打断，他被征召为美军测绘气象。还在为兰德公司担任顾问的时候，他就在构思《社会选择与个人价值》一书，当时公司同美国空军订下了一个契约，他的工作即从事与之相关的研究。他在于1950年发表的论文给出了他的证明（但这一证明在其1951年出版的《社会选择与个人价值》中发展得更彻底），阿罗解释道，他将使用一种为许多经济学家所不熟悉的符号样式。[27]他于1951年出版的书则受到了剑桥学派经济学家们的质疑——他们将之驳斥为"代数"和"伦理性废话"的笨拙杂糅品。[28]我们将搁置他的理论赖以为基础的代数学不论，其伦理观念却值得我们真正关注。阿罗著名的"不可能定理"（更准确地说，是他的"一般可能性定理"）涉及这样一个过程，在其中，一系列的个人偏好或价值达成同集体决策的协调。换句话说，它同样关注着那一将"个人主义"同"集体主义"区分开来的中间领域，而这一中间领域也是托尼及其继任者们关注的重心。[29]但我们首先需要明晰地知道那一使阿罗的作品得以产生的经济学方法争论的背景，才能理解阿罗定理及其应对中间领域的途径。

　　在英国，到了20世纪30年代末期，福利经济学陷入了死胡同。新一代的功利主义者坚持认为，应当对总效用施以再分配政策，使得穷人口袋里的一英镑，能比富人口袋里同样的一英镑产生更多的总效用。新自由主义者认为这类手段在认识论上是个谬种，我们不能比较同样一英镑在不同的人眼中的价值，因为我们明白不了其他人的想法。无论是支持还是反对这一主张的派别，他们都不愿意承认，福利经济学涉及了价值判断。福利经济学家聚焦于对总效用进行量化：社会政策是施加于总效用之上的，因而它应该通过立法得到颁行。但在罗宾斯对福利经济学做出有力 ·击之后，对个人效用进行加总（通过对一个穷人能够从一枚硬币中获得的效用以及富人能从同一枚硬币中获得的效用进行比较）在方法论上已成为不可接受的。大部分福利经济学家不再尝试对效用做加总，而是转向提出了另一种关于经济最优状态的定义。经济最优的概念引用自意大利经济学家维弗雷多·帕累托的作品，在该概念中，最优是这样一种状态：在不使其他人境况变坏的情况下，无法使至少一个人的境况变得更好。[30] 在先前的时候，纵使福利经济学的内容只不过是对事实性命题进行直接交换，它的事业也能进行下去，但向帕累托最优状态的复归，却使其事业更加困难了：显而易见，在决定如何定义社会政策应当达到的经济最优状态时，经济学家们做出的是价值判断。尽管在20世纪40至50年代，帕累托最优成了经济学家之间的常识，但人们往往将其仅认作一个规范性命题而非经验性命题。[31]

此外，人们很快就清楚了，被优先考虑的帕累托最优并非经济学家在理论化和衡量社会政策的时候所唯一采用的规范性判断。帕累托最优比起他们最初对总效用的关注来说，对行动有着更严格的限制。相应地，它倾向于为维持现状做辩白。但帕累托原则同时也是相对中立的。例如，当帕累托原则允许了政策行动，当总福利能够在不使任何一个人的境况变坏的情况下而被改进，我们仍需要为了准确地采取行动而做出深远的选择。在对其他税负进行适当的再分配的前提下，间接税的撤销可以改善每个人的境况。但许多可能的方案都能达成这一结果。我们实际上要采取其中的哪一者来加以实施呢？对帕累托最优的关注明确了一系列政策的可能性，但它并没有提供在其中做选择所需要的规程。[32] 而活跃于美国的福利经济学家早在40年代就已经相信，有必要去阐明一个框架，并在这个框架之中思考，如何使个人偏好或价值达成同集体的决策的协调。[33] 这样做需要经济学家在他们的社会政策模型中将其正在建构的条件都枚举进去。划定了经济的最优状态的帕累托原则正是这么一种条件。有别于帕累托原则的另一种原则是英国经济学家尼古拉斯·卡尔多提出的"补偿原则",他认为当人们面临着对两个经济状态 x 和 y 进行选择的时候,如果 x 状态支付的补偿更能让人的境况好起来,那么人们就应该选择 x 状态而不是 y 状态——不管补偿最终是否支付。[34]不论是帕累托原则还是卡尔多的补偿原则,都有助于做这样的规定,即在两种替代选择之间对个人偏好进行的特定的排序或组合都能够排除那种使一个人凌驾于其他人之上的集体决策。但甚至在其一种或两种选择都被接受,并被准许以满足某种特定的行动方向做决策的情况下,它于其自身却又是典型的优柔寡断的。其余连贯又理性的关于个人偏好的排列条件也固守着惯例,将自身置于使个人价值通向集体选择的过程之中。

如果要承认使个人偏好或价值达成同集体决策的协调的做法是复杂的,负载着价值负载(例如,并非所有的个人偏好的加总过程都是善的或者说正当的,而在评估什么是正当的和善的过程的问题上,理智的头脑又会产生分歧),又会带来新的困难。在经济活动被认为是由市场进行调节的情况下,假设个人价值是通过互动来同时产生集体决策的想法无疑是可行的。除了信仰自由放任所做的善举,人们不需要在如何决策的问题上做任何程序性决议——比方说,关于如何加总个人偏好以进行社会选择。然而,自由放任的终结和计划经济的出现使这一早先的朴素性被完全废除了。经济学家现在更少地基于市场的模型来思考如何做决策,而更多地依赖于票箱模型:通过投票进行的决策(直接取决于投票箱结果;或者间接地通过立法程序来决策)开始被人们视为内在于经济生活之中的现象。福利经济学家成了名副其实的监视器,监控着投票过程的一举一动,从而对个人偏好进行加总以得出其社会决策。

在对社会选择的过程进行衡量时,人们应该在其中应用哪种特定条件？帕累托最优，或者说卡尔多的原则，以及其他一些关于社会政策旨在实现的最优状态的概念？然后（我们明白这些原则没有一个是决定性的），除此之外还有些什么更多的条件呢？到1950年，人们不过例行性地援引了一系列条件——就如有关集体抉择的特殊协议的规划者为了争取完善其理想模型，而在挑选看上去合适的东西时会挑选以充其用的那些组件。将这些不同的条件之间的交互作用模型化而采用的那些手段也逐渐变得普遍、常见。这些数理模型将悖论性的现象单独处理。其中就有我们所谓的"投票悖论"——阿罗的书中将这一悖论说成是"非常著名的"，尽管不久之后，他就坦白说他对这一悖论所知甚少；惯例地，人们将这一悖论上溯至19世纪法国的数学家和政治家马奎斯·德·孔多塞还有J. C. 德·波达的深思熟虑。[35]投票悖论告诉人们，甚至一种看上去颇为简单明了、不易引起争论的从个人偏好得出社会选择的模式，在特定的情境下，都可能会倾向于产生不合理的结果。阿罗就此解释道：

> 我们以A、B和C为三位候选人，以1、2和3为三个个体。假设个体1赞成A甚于B、B甚于C（因此也就是赞成A甚于C），个体2赞成B甚于C、C甚于A（因此也就是赞成C甚于A），个体3赞成C甚于A、A甚于B（因此也就是赞成C甚于B）。因而，多数赞成A甚于B、B甚于C。因此我们也就可以说，这个团体赞成A甚于B、B甚于C。如果我们认为这个团体的行为是理性的，我们就不得不认为，A被视为优于C。但是，实际上，该团体的多数却是赞成C甚于A的。因而，这一描绘从个体喜好传递至集体品味的方法，并不能满足我们通常所见的理性状态。[36]

在设计一种集体选择的系统时，所谓多数的意见需要占据主导与过程应该是理性的条件，并不一定是适用于这一系统的兼容条件：这就是投票悖论的言下之意。20世纪中叶，投票悖论得以在美国被重新发掘的事实是一种新的质询的重要部分，而该质询直面了福利经济学家试图施加于其理想化的集体选择过程之上的种种条件。那么，投票悖论究竟仅仅是一种偏差呢，还是说它表明了一种更为系统性的问题？

阿罗对学术界的挑战在于，他将投票悖论中列出的"特殊难题"展现为对实际上是"一般性问题"的例证。[37]阿罗调研了福利经济学家在当代做的讨论，并且界定了四种被广泛视为任何集体选择系统都必不可少的组成部分的不同条件。[38]其后，他将这四种条件之间的互动进行了模型化。阿罗于1949年为此做了一份引人注目的证明，其中，他如此阐释，在"貌似合理的条件"（这些条件并没有被当作一系列足以支持在其之中的一种选择系统的条件被表述出来，而是被表述成任何一种理想系统都必须包含的必要条件）中所做的适度选择实际上是不可能同时得到满足的。

> 对于任何以加总方式满足某种自然状态的个人偏好模式作为社会选择源头的方法来说，我们都有可能发现，造成了某种社会选择模式的特定个人偏好模式，并非是按照线性方式排列的。[39]

强加于选择过程之上的特定的"自然状态"事实上使得从"个人价值"向"社会选择"的转变成为不可能。[40]

人们可能会将阿罗的"不可能"结果解释为虚无主义，因为根据他的主张，通过理性或者其他的可接受手段实现从个人价值向社会选择的转换是不可能的。建立理性的社会选择的志向以及在混合经济中所做的受到了控告的实验因而应当被弃置，并用自由放任方式将其代替。由投票做出的决策总是非理性的。只有经市场的作用，才能实现理性的、可达成一致的社会选择。战后美国政治科学对阿罗作品做的一些引用就倾向于以上述观念来做解释。但这并不是阿罗本人在其结论中想要说的东西。他成长于大萧条时期纽约城的普通家庭，自青年时代就接受了社会主义，而终其一生都偏向左翼。他提出"不可能定理"并非出于打击改革者或是将社会政策污名化的目的，即从本质上否认社会选择的可能性。实际上，我们可以将之视为对社会选择的促成。经济学家所坚持的条件，即在加总个人偏好时要求必须达到的可估量的过程，实际上过于苛刻。我们应该降低我们的要求，要更乐于容忍那些并不能满足这些条件的集体选择系统：这才是阿罗的不可能定理抛示给其同僚的主张。

阿罗的事业的意义既显示在其术语中，也显示在他在讨论中的态度，而一旦我们发觉，阿罗想要其经济学家同僚们进行重新思考的不过是作为残余的个人主义，我们也就能更明晰地领悟这层意义。阿罗将他认为在福利经济学家之中被普遍认为是最低限的必要约束的四个条件列了出来，而任何将个人偏好加总为集体选择的系统都必须包含这些约束，在这四个条件之中，有一者是对"集体主义"的约束（无独裁的条件，根据这一条件，没有任何一个人或团体的偏好能被容许凌驾于其他人的偏好之上），而另外三者则是对"个人主义"的保障。[41]福利经济学在理念上是试图将学科带出自由放任之外的努力。而阿罗的发现是，有关"个人行为"的假定并不会轻易消亡。[42]福利经济学家过多地思考了先前的功利主义原子论，在这个过程中，一种充满了做出真正的社会选择的可能性的新制度被内在理论化了。如果福利经济学家们所从事的任务在于将这一处于个人与集体之间的中间领域进行理论化，那么那些残余下来的对"个人行为"的假设只会让其任务更难完成。先前有关"个人行为"的假设得到永恒化使得人们更难想象出社会选择的新系统，而只能在自由放任个人主义和集体主义或威权主义之间打转。

阿罗并没有在呼吁其同僚在此总结他们对激进改革目标的同情或支持的失败。更不如说，他在斥责他们的无能，因为他们无法描述出世上正在真实发生的事情。他的论点并非经济学家应当把在人际中更具同理心的个人建构进其模型，以使现实世界中的个人能够彼此互相亲爱。他的主张更不如说是，如今，某些团结性的动力在经济生活中起着作用，而经济学家需要在他们描述性研究的作品中恰当地谈及这一点——他们之所以不能抓牢这点动力，是因为他们对古旧的"个人性"假设的忠诚感一直持续着，没有消退中断。

> 每一个人的价值系统中的一部分都必须归属于社会伦理规范，而要从本质上实现这些规范，是不可能通过个人主义的市场行为来达成的。[43]

与其说这是远大抱负的设想，倒不如说它是一种经验观察：如果经济学家真的想把切实发生于其周围的非独裁政治下的改革过程加以充分的理论化，他们也就必须要发现如何将"社会伦理规范的体系"等要素包含进其模型之中的方法。这一难题很大程度上也就被留给了阿罗的继任者来解决，也就是构想出一种相应的手段——使得经济学家模型中的个人比起19世纪早期的功利主义者引以为标准的原子化的利润追求者来得更加完整。在此，我们应把目光转向阿罗最为出色的继任者——阿马蒂亚·森。但同时有必要指出，在阿罗试图思考这一"社会伦理规范的体系"是如何发展并如何影响个人的，而这些过程又如何可能被经济理论所提及的时候，他似乎已经把他称为"传统"和"惯例"的东西作为相关系数进行了思考——他在使用的这些术语，正是托尼（及其后的）和波兰尼曾经用过的，他们用这些术语来描绘那一汤普森将之重新描述为"道德经济学"的东西。[44]此外，阿罗似乎还转向了托尼的资本主义史，以解释传统和习惯在古代的特点及其在现代被废弃的原因。[45]

阿马蒂亚·森

虚无主义是对阿罗的证明的一种可能的回应（如果人们误读的话就会出现这种结果），其含义是说，如果还要维持经济学家关于理性的个人行为和预期的假设的话，真正的社会选择就无从着手。美国的学术界无疑有不少人都持这种观点。[46]而更具建设性的看法则应该是，要认清这一现实，在商业社会中的政治与经济中发挥作用的，并不仅仅是赤裸裸的功利主义自利倾向和冷冰冰的理性，所以要着手使政治经济更敏于发掘这些情操和团结形式。在面对阿罗的挑衅而做出的建设性回应中，阿马蒂亚·森堪称典范。[47]

森出生于桑蒂尼盖登（Santiniketan）——他的祖父在拉宾德拉纳特·泰戈尔的学校教授梵文；其母亲亦为该校的学生——当他在加尔各答的院长学院（Presidency College）学习时，偶然发现了阿罗的作品，当时，朋友"大都为左翼思想所吸引"，同时却也"为政治威权主义而忧心忡忡"。[48]他在读完《社会选择与个人价值》后，并没有把它视为"支持虚无主义的理由"，而认为它"应该作为对澄清在集体选择系统中原则的积极贡献"[49]。森于1953年前往剑桥攻读第二个学士学位，并发现他的老师完全没有感触到阿罗作品的重要性。[50]但他并未因此而被吓倒。他将阿罗的不可能定理作为其起点，先后在印度、英国和美国的大学里供职，成为战后最具创新性的杰出经济学家之一。他在1997年获得诺贝尔经济学奖，并以"社会选择的可能性"为题发表其获奖演说。[51]

对森来说，问题并非是非独裁政治式的改革是否可能，而是如何可能。其挑战在于修订经济学家赖以完成其工作的正式的分析约束，在于将早先有关"个人行为"的假设推翻，而代之以更反映现实的关于个人的新概念。阿罗建议对福利经济学家正在起效的假设做些相对最小的修改，以此来克服他的证明所揭示出的"不可能性"。他聚焦于普遍性要求，坚持认为任何一个集体选择的系统要想行之有效，就必须无视时间和空间的特性，而涵盖所有的偶然性。如果我们把特定的偏好模式视为不可思议的，以将其排除出外，并将普遍性的要求悬置，这一"不可能性"就能够得到解决，并且其他的"自然条件"也能得到持续。"传统"或"习惯"是思考对给定的一群个人产生影响的"社会伦理规范的体系"如何发生作用的途径，是预先决定个人偏好以防止那种使价值难以理性地相互协调的特定组合产生的途径。而森则持有一种更为激进的视角。森在其1970年问世的《集体选择与社会福利》一书中如此解释道，"一旦认识了集体选择中通常遇到的原则的非基本性"，支持保留这些原则的主张就会大大收敛。[52]曾经作为所有集体选择的系统都必须遵循的"自然"法则现在却暴露出自己不过是能轻易通过讨价还价得出的适应当时文化的期望而已。通过操纵这些条件，森同样采用了无视某些相关的专业约束的路线。阿罗维护了罗宾斯对将效用在人与人之间进行比较的做法的警告，但是森却并非如此，例如，森坚持认为，存在着某些类型的人与人间的比较，而"我们有能力对这种选择进行系统的考虑"——这种选择本质上是"考虑某人A在社会状态 x 或某人B在社会状态 y 之间的选择"。[53]森对新自由主义反对人与人之间比较的警告完全无视，这使得社会选择理论能在他的手上向平等和公平的概念和考量开放，并给了他与约翰·罗尔斯进行一场批判性对话的机会——1968至1969年间，森、阿罗还有罗尔斯共同在哈佛大学开授了一个研讨班。[54]

　　森攻击了功利主义将人视为理性的计算者的还原论，他对"只追求个人本身利益而不考虑任何其他利益的狭隘经济人"观点的分析性使用不屑一顾[55]，这是对旧习的打破过程中最具总结性或代表性的方面（这也是我们此处的讨论之兴趣所在）。森坚持道，不论传统经济学是如何运用这一假设的，这一关于人类的概念"模型在理解社会问题中并不很有用。"[56]为人与人之间的比较正名，在某种程度上倾向于将同理心情感迂回地代入个人之中，不这样做的话就会分析性地缺乏这种考量。但森走得比这更远。富有想象力的同理心实践（这是对"定义在任一社会状态中的任一个体所处的位置"的偏好的表达，在形式上为"我宁愿在状态 x 作为A先生，而不是状态 y 的B先生"）也是一种迫使偏好顺序制定者将他人的生计考虑在内的手段。[57]但森也还坚持认为，还不也如此（通过仔细审视给出偏好的人做的转变，可以见到），同理心这类的情操渗透进了自利的领域。森坚称，要继续经济学家长久以来一直秉持的做法是一个错误，因为只有通过"偏好与对其他人的考虑是无关的"这一人为假定，非经济的情操才会成为人们讨论的对象。[58]古典政治经济学的思考认为属于外部的东西实际上却是内在于经济生活之中的：

> 一个人所生活的社会，所属的阶层，与社会以及社区经济结构的关系，都会影响到这个人的选择，不仅仅因为这些因素会影响他的个人利益的性质，而且还影响他的价值观，包括他对社会中其他成员"应有的"考虑的观念。[59]

森更为明晰地阐明了他如何见证了阿罗所谓的"社会伦理规范"对经济学家对"个人行为"的残余假设的证伪。他还通过对英国当代"历史研究"不断发展的作品做翔实的引用来达到此目的。他引用了一份1955年针对现代英国历史中的发展潮流所做的调查，以表明历史学家能够在某些问题上教导经济学家，尤其能通过反复灌输特定的社会团结或对他人"'应有的'考虑"的概念，来喻示社会以何种方式编织人格。[60]

道德经济学家通过强烈主张人类品格的"无价"和"无限"的重要性，从而挑战了功利主义正统——通过对人在除了赚取利润之外的其他更多意义做强烈的规定性主张，并加以详细阐明，以反驳"经济人"的还原论概念。如我们所见，在20世纪七八十年代，维持这类主张要来得更加困难了，而道德经济学家对资本主义的批判也就失去了动力。在本章的前半部分，我们讨论了E. F. 舒马赫试图用其别出心裁却不是很有说服力的成果来替代托尼关于人类品格的神学概念，并发现其成果不过是对明显不同的精神传统的多方面综合。那么，森是否也隐含了一种反对还原论的、桀骜的"经济人"正统的关于人类品格的强概念呢？森部分援引了马克思的人道主义思想。最近，在讨论当代欧洲对失业问题的冷漠态度时，森详述了《没有工作的人》的研究中有关失业导致的"心理"异化病态后果的论点，同时引用了卡尔·马克思早期和晚期的作品。[61]此外还值得一说的就是，考虑到森和汤普森都与拉宾德拉纳特·泰戈尔有着家族关系，可以将森与汤普森关于人的概念及其起源的构想进行比较。[62]

但大体上，森在处理关于人们在碰巧成为冷酷的计算者之外还有些什么更多的意义的问题时，遵循更多的不是托尼和汤普森的方式（通过神学和自然神学来证实其关于人类品格的强概念），而是波兰尼的方法（通过在人类本性与动物规则之间维持一种更为基本的区分，来揭示功利主义对此的误读，并坚持人类身上有着无须言明却具有显著区分性的特殊之物）。"说人皆生为人类，"森在拉德克利夫讲座讲授《关于经济不平等》时引用了哲学家伯纳德·威廉斯的文章，"其意涵在于，这一有用的同义反复正充当着某种备忘录，提醒我们那些在解剖结构上属于智人种族，会说语言，会使用工具，生活在社会之中，可以无视种族差异而混血繁殖的人，在某些其他更容易被人所遗忘的方面，也同样彼此相似"：

> 这些方面尤其是，感到痛苦的能力，人会因即时的物理原因而痛苦，也会因观念和思想表现出的不同情况而痛苦；以及眷爱别人的

能力，而这一能力的结果同眷爱之情产生的沮丧，以及对象的丧失等紧紧地牵连在一起。我断言，人类都相似地拥有这些特性，是因为它们是不容争辩的，甚至（可能）是必然真实的，而非什么琐碎平常的属性。正因为我们很确定，某些政治和社会的安排，系统性地忽视了某些人组成的团体中的这些特性，但却充分地意识到了另一些人的团体中的这些特性。这也就是说，他们视某些人为没有这些特性的人，同时忽视了因这些特性而产生的，并因这些特性而容许被产生的道德主张。[63]

这一主张认为某些共同的特征将人类同其他造物区分了开来，而这一主张比起托尼或汤普森或波兰尼尚在其处于马克思主义者的阶段时从人类品格的立场出发而做出的主张要来得更为温和。然而，它仅能用于质疑将人们还原为冷血、唯我的功利主义计算者的做法。在20世纪晚期的知识界生态的反人道主义氛围下，这一主张更不易获得信赖。此外，这一主张使得经济学发展出了一个激进的分支学科——它在此不是由热情的边缘人士推动的，而是出自该学科战后最杰出的理论家之手。

将来之史[*]

道德经济学家对资本主义的批判在根本上是乐观主义的：其出发点在于，特定的"团结形式"在资本主义之下朦朦胧胧而没有得到清晰阐明，他们设想了一种比个人主义允诺的社会团结更加紧密，也同时比集体主义造成的社会团结更加自由的社会生活。如果说该批判传统在20世纪晚期的失败消除了该乐观主义，那么社会选择理论的活力又帮助人们重拾了其乐

---

* 此处作者使用了历史一词的复数形式（histories）。——译者注

观。战后社会选择学者对非独裁政治式的改革所做的探索，同道德经济学家高扬在北英格兰及其他地方发掘的"不可名状的团结形式"的使命之间分离的岔口"在清晰表达的水平上"展现了一种意义深远的互补性。在社会选择理论的支撑下，道德经济学家对资本主义的批判所指向的对政治经济学的重新建构终于成为可能。但这并不意味着历史学家们对资本主义的道德批判只能被放在一旁，被简单视为21世纪的社会选择理论出现的序章。历史在其中还有自己的角色——事实上，现在历史可能已经变得无比重要。

社会选择理论在森的手中大放异彩、得到发展，这启示我们，并不存在着能够调和个人价值以得出社会选择的永恒系统等待着令人敬畏的经济学家来发现。森在他关于这个主题所做的主要专著的末尾写道："虽然纯洁对于橄榄油、海上的空气以及民间故事中的女英雄是明白无误的美德，但对于集体选择系统则不然。"[64]能够持存的团结形式并不是通过对某些普遍模型的近似实现就能够完成的。它是特定的人在特定的时间空间的实践性的即时创作。社会选择理论提供了一个思考为社会所包含，并且为社会所需要的各种各样的"不纯洁性"或者说非理性的框架，这是对已经作用于现实时代的集体选择系统的阐明和构建的应用。这类系统有的是相对适度的、自足的（比如剑桥大学任何一个学院制定的规则和条例，或者说支配了市政计划决策的行政程序），也有的是社会秩序的普遍原则，分野殊异。现代世界发达国度表现出的商业社会特征，在这一延伸出来的含义上，也是一种集体选择的系统。在这层意义上讲，过去和现在人们对资本主义的批判，也就是对"提出某些假想原理的形式"的一种实践，"而这些原理是现存机构不能满足的。"[65]

社会选择理论家乐意承认，他们事业的正式严密性需要以能做出"非正式的说明和可理解的审视"的能力来加以补充和调节。[66]这部分是因为，决定了组成一个集体选择系统的"不纯洁性"的具体混合物对这一给定领域来说是否正确，是它是否被视为正确的。如果"有限理性"规定了任一成功的集体选择系统（我们可能会把这些混合的"不纯洁性"称作"传统"的集合，或者——用更适合的话来说——"道德经济学"的集合），这一规定性遵循的原则就是，任何特定的集体选择系统都要属于特定的人，使他们的价值在其中得以包含，他们的决策通过系统做出，而这一系统的成败将会部分依赖于人们在多大程度上乐意认为系统对自己的关切反应敏捷。[67]社会选择理论并非可用于无中生有地为一个社会虚构一种集体选择的系统性手段。它只不过是改进真实的群体和社团做实际决策的方式的策略。如果处于一个群体或社团中的个人能更有意义地参与对关于其自身的集体选择系统如何才能更好地运转的讨论，这些系统也就更能回应其成员的关切，从而才能使它们更有效地运作。

本书重塑的对资本主义的道德批判，为人们提供了一个设想他们能对他们生活于其中的集体选择系统的条款进行重新商讨的机会。道德经济学家使离我们很遥远且倔强的感情变得易变且具有适应性，揭示了现在对商业社会中的人及其之间的互动看似自然的思考方式，实际上一度是新颖且饱受拷问的。他们开启了关于自由和团结的深层问题，而这是以物质福利的术语为名的讨论所完全无法领会的。如今，他们一度挑战过的功利主义正统已经大大改变了模样——这在某种程度上也是他们的功劳。而他们曾用来挑战强有力的关于人类的规定性强概念，如今也已失去了其锋芒。但我们仍有其他途径来彰显人类的独特之处，我们也仍然需要（在某种意义上，这一需要极为迫切，且空前绝后）这一救赎。道德经济学家对资本主义的批判曾朝着从内部重构政治经济学的方向进发。在产生于大战之后的社会选择理论之中，我们能更清楚地看到这一重构可能是如何实践的。

政治遍及商业社会的每一个角落，它对技术专家组成的官僚空想家们的挫败，就有如它给予19世纪提出山羊和灰狗模型的功利主义者的痛击。而问题在于，这是何种政治？在那极端的年代，道德经济学家在其自身中，发现了许许多多的要素：仁爱的、团结的、有节制的，并且是关于改革的非威权政治的，然后（通过以"对过去的记录"来阐明当代的"社会生活"）他们开始着手解释这些要素，着手增扩现在已有的东西，并给了其读者一个参与到这一过程中的机会。[68]道德经济学家赖以增扩的基础的、简易的团结形式，如今或已经消散，但这些要素却总是会在商业社会中一再得到消逝与再生——而这，不管怎么说，都是道德经济学家描绘的历史以及社会选择理论家所做的分析给我们带来的启示。问题并不是我们是否掌控了关于改革的非独裁政治的要素。问题在于我们该怎样运用这些要素。

注释

1. Hobson, "Economics for a People's Front."

2. Tawney, "History of Capitalism," 316.

3. 同上。关于20世纪30年代有关"计划"的讨论中有着中心重要性的对"社会化需求"的承诺，见Ritschel, *Politics of Planning*。

4. Crosland, "Transition," 62-63. 关于战后英国社会学的"时刻"，见 Savage, *Identities and Social Change*。而关于当代对此的批判视角，见Peter Winch, *The Idea of a Social Science and Its Relation to Philosophy* (London: Routledge, 1958)。

5. 这一时期也是英国人关于"衰退"的话语得以塑形的时期。关于在这一主题上大型文学的姿态，见J. Tomlinson, "Inventing 'Decline': The Falling Behind of the British Economy in the Post-war Years," *Economic History Review* 49 (1996): 731-757; Ortolano, *Two Cultures*, ch, 5。关于对"衰落论"富有影响力的批判视角，见David Edgerton, *England and the Aeroplane: Militarism, Modernity and the Machines* (London: Penguin Books, 2013); David Edgerton, "The Decline of Declinism," *Business History Review* 71 (1997): 201-207。关于20世纪文学对英国经济表现的描绘的起始点，见C. K. Harley, "The Legacy of the Early Start," in Floud, Humphries, and Johnson, eds., *Cambridge Economic History*, II: 1-25; M. J. Daunton, *Wealth and Welfare: An Economic and Social History of Britain* 1851-1951 (Oxford: Oxford University Press, 2007), 11-24。关于高涨的期望的特点，尤其是在50年代晚期刚刚迎来成年的这一世代的期望，见Barry Supple, "Fear of Failing: Economic History and the Decline of Britain," *Economic History Review* 47 (1994): 441-458;

Green, *Ideologies of Conservatism*, ch.7。Reinhart Koselleck描述了现代性与对未来的高涨期待之间的联系，见Koselleck, *Future Past: On the Semantics of Historical Time, trans. Keith Tribe* (New York: Columbia University Press, 2004), ch.1。对战后不列颠这些高涨的期待的重要性做的最敏锐的分析要属Enoch Powell，对其思想做的最佳阐释，见Camilla Schofield, *Enoch Powell and the Making of Post-colonial Britain* (Cambridge: Cambridge University Press, 2013)。

6. 20世纪70年代的危机如今已经成为正在进行的历史编纂学修订的主题，见Lawrence Black, Hugh Pemberton and Pat Thane, eds., *Reassessing 1970s Britain* (Manchester: Manchester University Press, 2013); Jackson and Saunders, eds., *Making Thatcher's Britain*; Ortolano, *Two Cultures Controversy*, ch.7。关于更早的解释——受限于缺乏证据，但却对这场危机的可能的重要性更为敏感，因为他对遭到损坏的居民点的脆弱性和重要性认识得更清楚——见Middlemas, *Politics in Industrial Society*, chs.14和15。

7. 除了上述引用的来源，Richard Vinen也阐述了这些动态；特别是，其中我们能看到Vinen对撒切尔会支持的"战后共识"与她会感到厌恶的"进步共识"的区分：Richard Vinen, *Thatcher's Britain: The Politics and Social Upheaval of the 1980s* (London: Simon & Schuster, 2009), 7。

8. 关于"反废物"情感的特性，见Ross McKibbin, *Classes and Cultures: England 1918-1951* (Oxford: Oxford University Press, 1998), 50-59; Maurice Cowling, *The Impact of Labour, 1920-1924* (Cambridge: Cambridge University Press, 1971), ch.2; Green, *Ideologies of Conservatism*, ch.7; Jim Tomlinson, "Thatcherism, Monetarism and the Politics of Inflation," in Jackson and Saunders, eds., *Making Thatcher's Britain*, 62-77。

9. 对Enoch Powell和（关于她的更多）玛格丽特·撒切尔的历史编纂

传记直到最近都很稀少，不过现在却在快速成熟发展。关于对Powell和撒切尔的挑发性切入点，分别可见Schofield, *Enoch Powell*; Florence Sutcliffe-Braithwaite, "Neoliberalism and Morality in the Making of Thatcherite Social Policy," *Historical Journal* (2012): 497-520。

10. 再一次，对这一问题的关注穿越了传统的政治界线。例如，我们想想Keith Joseph在1974年博取保守党领袖之位时做的评论，他认为作为战后政治特征的"经济第一途径"带来的后果是它"加重了不幸福和社会冲突"，引述自Matthew Grimley, "Thatcherism, Morality and Religion," in Jackson and Saunders, eds., *Making Thatcher's Britain*, 78-94, 82。

11. Amartya Sen, "The Possibility of Social Choice," *American Economic Review* 89 (1999): 349-378, 364.

12. E.F.舒马赫：《小的是美好的》，虞鸿钧、郑关林译，商务印书馆，1984年版。

13. Harris, *Beveridge*, 434.

14. E.F.舒马赫：《小的是美好的》，第39—40页。

15. 同上，第7，第209页。

16. Veldman, *Fantasy*, 286.

17. E.F.舒马赫：《小的是美好的》，第184页。

18. 同上，第六章。

19. 同上，第60页。

20. 同上，第19页，第16章。

21. 同上，第178页。

22. E.F.舒马赫：《小的是美好的》，第34页，第4章。

23. 同上，第83页。

24. 同上，第206页。

25. 见例如Abram Bergson, "A Reformulation of Certain Aspects of Welfare Economics," *Quarterly Journal of Economics* 52 (2) (1938): 310-334; Paul Samuelson, *Foundations of Economic Analysis* (Cambridge: Harvard University Press, 1947)。

26. 关于冷战时人文科学中膨胀性的文学的相关起始点，见Sonja Amadae, *Rationalising Capitalist Democracy: The Cold War Origins of Rational Choice Liberalism* (Chicago and London: University of Chicago Press, 2003); David Ciepley, *Liberalism in the Shadow of Totalitarianism* (Cambridge: Harvard University Press, 2006); Joel Isaac, *Working Knowledge: Making the Human Sciences from Parsons to Kuhn* (Cambridge: Harvard University Press, 2012)。

27. Kenneth Arrow, "A Difficulty in the Concept of Social Welfare," *Journal of Political Economy* 58 (1950): 328-346, 331.

28. Arjo Klamar, "A Conversation with Amartya Sen," 3 *Journal of Economic Perspectives* (1989): 135-150, 139.

29. 颇为重要的是，阿罗与托尼的文章在总部位于芝加哥的《政治经济学杂志》上位于同一个版面，1950年《社会选择与个人价值》的第一章初次问世的版面，就在曾经于1922年逐字逐句刊行了托尼的斯科特·荷兰德纪念讲座（而这讲座后来就成了《宗教与资本主义的兴起》）的同一地方。Tawney, "Religious Thought"；Arrow, "A Difficulty"。该报刊出版了这两位作者的作品，这也就表明他们在干涉主义时期在各自的先验之见和对经济学科的改变方面有着类同性。

30. 见例如, Bergson, "A Reformulation"。

31. 同上；Arrow, "A Difficulty"。

32. Arrow, "A Difficulty."

33. Bergson, "A Reformulation"; Samuelson, *Foundations*; Abram Bergson, "Socialist Economics," in H. S. Ellis, ed., *A Survey of Contemporary Economics* (Philadelphia: Blakiston, 1948) I: 412-448.

34. Nicholas Kaldor, "Welfare Propositions in Economics and Interpersonal Comparisons of Utility," *Economic Journal* 49 (1939): 549-552.

35. Kenneth Arrow, "Kenneth Arrow on Social Choice Theory," in Kenneth Arrow, Amartya Sen and Kotaro Suzumura, eds., *Handbook of Social Choice and Welfare* (Amsterdam: Elsevier, 2011) 2: 3-27。同样可见Amartya Sen, "The Possibility of Social Choice," *American Economic Review* 89 (1999): 349-378, 350-351. 他在此提示道，"社会选择理论作为一种系统的理论的初次出现是在法国革命前后……其先驱是18世纪末期的法国数学家，比如J.C.德·波达和马奎斯·德·孔多塞，"而之后"在20世纪阿罗复兴了这一理论"。关于对孔多塞和阿罗所处环境之间的联系的更晚近和更具启发性的阐述，见Rothschild, *Economic Sentiments*, ch.5。

36. Arrow, "A Difficulty," 329.

37. 同上，330。

38. 阿罗给出的条件是：（ⅰ）同一段的程序可以运用于所有可能的偏好序列；（ⅱ）帕累托最优应被理解为弱帕累托最优，例如，如果每个人都偏好 x 而非 y，则 x 必须占优；（ⅲ）在两个互为替代的选项中，外来的或无关的偏好不该有分量（因而，在候选人A和候选人B之中进行选择的投票中，投票人心中对亚伯拉罕·林肯与弗拉基米尔·列宁做的顺位比较就都一样）；还有（ⅳ）没有任何一个个人能够享有独裁权力，在这种情况下，他/她自己对 x 高于 y 的偏好就支配并决定了社会对 x 甚于 y 的偏好，而每一个其他人的偏好则不会被考量在内。肯尼思·阿罗：《社会选择与个人价值》，陈志武、崔之元译，四川人民出版社，1987年版，第一章。

39. Arrow, "A Difficulty," 331.

40. 同上，336。

41. 同上，343-344。

42. 同上，343。

43. 同上。

44. 同上，328；肯尼思·阿罗：《社会选择与个人价值》，第3页。

45. 肯尼思·阿罗：《社会选择与个人价值》，第11页注释1，引用了托尼的《宗教与资本主义的兴起》。

46. 关于对阿罗作品的这类解释的效果，见Rodgers, *Age of Fracture*, 86, citing (among others) William H. Riker, *Liberalism against Populism: A Confrontation Between the Theory of Democracy and the Theory of Social Choice* (San Francisco: W. H. Freeman, 1982); James M. Buchanan, "Politics Without Romance: A Sketch of Positive Public Choice Theory and Its Normative Implications" (1979), reprinted in Philip Pettit, ed., *Contemporary Political Theory* (New York: Macmillan, 1991)。

47. 关于森对社会选择理论的应用的导论，见Amartya Sen, *The Idea of Justice* (London: Penguin, 2009), ch.4.

48. Amartya Sen, "Biographical", in Tore Frängsmyr, *The Nobel Prizes 1998* (Stockholm: Nobel Foundation, 1999).

49. 阿马蒂亚·森：《集体选择与社会福利》，胡的的、胡毓达译，上海科学技术出版社，2004年版，第211页。

50. Klamar, "A Conversation with Amartya Sen."

51. Amartya Sen, "The Possibility of Social Choice."

52. 同上。

53. 阿马蒂亚·森：《集体选择与社会福利》，第6页。

54. 关于对这次研讨班的参照以及森对约翰·罗尔斯的批评，见Sen, *The Idea of Justice*。

55. 阿马蒂亚·森：《集体选择与社会福利》，第6页。

56. 同上。

57. 同上，第200页。

58. 同上，第6页。

59. 同上。

60. 同上，第6页，注释5，引用自Eric Hobsbawm, "Where Are British Historians Going," *Marxist Quarterly* 2 (1) (1955): 14-26。

61. Amartya Sen, "Inequality, Unemployment and Contemporary Europe," *International Labour Review* 136 (1997): 155-171, 161-162.

62. Amartya Sen, "Tagore and His India," in Amartya Sen, *The Argumentative Indian* (London: Penguin, 2006) ch.5; E.P.汤普森为拉宾德拉纳特·泰戈尔的*Nationalism* (London: Macmillan, 1991)写的"导言"。

63. Amartya Sen, *On Economic Inequality*, 81-82, citing Bernard Williams, "The Idea of Equality," in Williams, *In the Beginning was the Deed*, 97-114, 99. 要更深入地了解威廉斯和森，见Williams and Sen, "Introduction", in Williams and Sen, *Utilitarianism and Beyond*。

64. 阿马蒂亚·森：《集体选择与社会福利》，第212页。

65. 同上，第203页。

66. Amartya Sen, "The Possibility of Social Choice," 353.

67. 森从经济学家Herbert Simon处借用了"有限理性"的观念，以解释社会选择理论的意义，见Sen, *The Idea of Justice*, 108。

68. Tawney, "Study of Economic History," 9.

鸣谢

这本书难以偿还我在写作时积累下的文债。Carolyn Evans、已故的
Peter Steele S. J. 以及Peter Krogh为我开阔了视野，帮我找到了继续探索
所需的资金。Maya Jasanoff、John Murray、Colin Fenwick、Jim Secord、
Howard Brick、Miles Taylor、Sam Moyn和Duncan Kelly在许多关键时刻为
我指引了方向。Freddy Foks、Alexandre Campsie、Florence Sutcliffe-Braith-
waite、Stuart Middleton、Roise Germain、David Shiels、Josh Gibson、Tom
Arnold-Forster、Merve Fejzula、Laura Carter、Tom Stammers、Coel Kirkby
还有Michael Englard热情大方地与我分享了他们的观点和见解。Alexan-
der Hutton自始至终都是对本书的批评建议的重要来源。Gareth Stedman
Jones、Chris Clark、Chris Bayly（已故）、John Thompson、Hans Van de
Ven、Matthew Champion和David Neaum帮我打磨、雕琢我的论点。Martin
Otero Knott用他的博学助我一臂之力，不出一二日，便扫清了手稿中的大
量混乱。他以友好而幽默的做法照亮了我的前路。牛津大学政治思想与思
想史研讨会（Political Thought and Intellectual History Seminar）、伦敦历史
研究所（Institute for Historical Research）的院长研讨会（Directors' Semi-
nar）、剑桥大学现代文化史研讨会（Modern Cultural History Seminar）、
剑桥大学政治思想与思想史研讨会（Political Thought and Intellectual His-
tory Seminar），以及剑桥大学的沃尔森学院人文社会研讨会（Wolfson

354

College Humanities Society Seminar）的成员们，给我提供了活跃的讨论平台，以检验我的一些观点。在Joel Isaac和Chris Hilliard共同检验了我的博士论文后，Guy Ortolano和Ben Jackson向普林斯顿大学出版社提交了极其严格而富有洞见的报告。Stefan Collini在两个关键时刻为我提供了批判思维和建议，他的学识也对我大有裨益。已故的Michael O'Brien曾给予我信心，让我相信自己有能力进行有关思想史的写作。Peter Mandler带着非凡的耐心和洞察力监督我的努力：没有学徒能指望从一位大师身上得到更多了。蒙特利尔的卡尔·波兰尼政治经济研究中心（Karl Polanyi Center for Political Economy）、芝加哥大学特殊藏品中心（Special Collections Center）、哥伦比亚大学古籍善本图书馆（Rare Book and Manuscript Library）、纽约公共图书馆、德克萨斯大学奥斯汀分校的布里斯科美国史研究中心（Briscoe Center for American History）、华威大学现代档案中心（Modern Records Centre）、伦敦经济学院的档案与特殊藏品馆（Archives and Special Collections）、查塔姆研究所、牛津大学博德利图书馆，以及剑桥大学图书馆的档案管理员们以熟练的业务能力为我的访问和研究提供了便利。我要感谢普林斯顿大学出版社的Ben Tate，他在接手这个项目时得心应手、游刃有余。我还要感谢Karen Verde和Sheila Bodell，尤其要感谢Debbie Tegarden，他们在这本书的出版过程中小心谨慎、细致周到。至于那些仍存在于书中的谬误和不当措辞，无疑全都是我一人的过失。

剑桥大学英联邦留学基金（Cambridge Commonwealth Trust）和伦敦历史研究所资助了本书的调查研究。剑桥大学彼得学院的院长和研究员们，以及剑桥大学历史系为我寻访档案之旅做了各种准备。剑桥大学圣凯瑟琳学院的院长和研究员们选我为研究员和讲师，授予我以写作这本书的资格。我要感谢每一个机构的每一位同僚，他们给予了我很多支持。那些在学科之外、学术之外的朋友们的质疑也足以使我受益。我的"电梯游说"总是不够精辟，这让我更加感激那些不需要精辟语言就能接受我的观点的朋友们。在墨尔本的酒吧中，在剑桥的晚餐桌边，在国王十字咖啡厅的柜台旁，那些充满节奏的对话让这本书得以按期完成。感谢你们对我的耐心。尤其要感谢Simon Harari帮我选择着装方式，还不时带着他的小故事来给我打气。也感谢Ariela Dubler和Jesse Furman，他们是如此热情好客：要是他们知道，我是2008年9月份才在他们家客厅的书柜上初次邂逅《英国工人阶级的形成》一书，他们理当颇感欣慰。

我的家人会主动帮助我——阅读手稿，听取感想，免我做家务之苦，顺应我为一心专注于此而不得不遥赴万里之外的工作。他们也许并没有感觉到自己给了我多少帮助，至少不会比我察觉到的多。虽然他们的贡献是无法估量的，但我且列举我所察觉到的一些方面。Monika Schweizer和Werner Schweizer，还有Barbara、Regula和Michèle怀着伟大的心灵和想象力，接纳了野蛮的Rogan一家进入他们的生活。在我做这项工作时，我不能陪他们的孙子和外甥们，而他们填补了这一空缺。Brigitte Rogan大概比任何人都清楚墨尔本和剑桥之间的距离，但她从未因此远离这个项目，而从万里之外跟上作为良师和领导的她的脚步，有助于我牢记某本书在更广阔的事件体系中的位置。Susan Rogan和Peter Rogan不仅是我最早也是最好的老师，而且我很高兴地认识到（2016年的多事之夏，在剑桥的餐桌边一起讨论政治时，我有了新的、更明晰的认识），本书的文字在将他们独特的思考世界的方式结合起来后，思想的延续性会走多远。Nick和Raphael毫无疑问会觉得"作品"一词神秘、傲慢，但我希望有一天他们俩会认为这部作品至少还是有价值的。虽然其母（我最好的读者）连这本书的一页都没有读过，一直默默扮演着母亲的角色，但我在书中写下的每一个字，都如得她助。

译后记

本书虽为一部思想史作品，却也深深地埋设了作者本人的关切。在新自由主义大行其道的当下，寻找出非个人主义和非功利主义的替代选项自然是社会选择可能的思考途径。但作者并没有像皮凯蒂那样宣称自己是"新资本论家"的僭妄，也没有在形而上的方向寻找一种可能的"希望的空间"，而是选择了从思想史入手，构建一个"经济学"的另类思考传统。通过拾起E. P. 汤普森的"道德经济学"这一概念，作者将托尼、波兰尼和汤普森这三位思想家串联在一起，建构出了"道德经济学家"这一范畴，并提出只有当发轫于亚当·斯密的政治经济学被再度伦理化时，我们才能对当前风行的个人主义新自由主义的经济思考和存在模式发起真正的挑战。

确实，对经济学的伦理道德向度的强调乃至对经济学的重构，要求恢复经济领域的道德性，认为这样才能尊重不可被物质计算所贬低的人类品格，重新把被新自由主义所轻蔑打发掉了的人的本真向度搬上舞台。对于经济史的重构，已有来自人类学的众多不懈努力（如果我们注意到波兰尼本身也援引了人类学成果），特别是大卫·格雷伯试图用颠覆性的经济视角来重构人类几千年的文明叙事。但是这种被重构的经济学在事实上对经济学家、对经济学本身或者说对于大众意识形态中的经济形象造成了什么影响呢？难道《经济学人》哀悼新自由主义并提出要有一种更新的自由主义，是对于经济学的伦理重构的正确反应吗？难道极右翼在欧美各国的纷纷上台不正是群众不愿意再容忍技术官僚的新自由主义，却要求一种反道德的伦理经济学的选择吗？换言之，我们仍然在僵局之中，在《小丑》的结局之内，我们仍未战胜想象力的贫乏。也就是说，为了达成作者所提出的理论任务而做的努力是不够的，甚至作者所提出的理论任务本身，也是不够的。我们需要如何选择，也是作者留给我们的问题。

再说说关于此书的翻译。或许是因为作者本人是剑桥大学的精英，其文风既在词汇上力求精准和华丽，也在句式表达上颇为繁复，在译书过程中，囿于学术水平，我不能将这些精妙的用法尽数信雅达地转达出来。而在许多句意的推敲上，我虽然思索再三，也不能不产生困惑。或许通过此书的翻译，我已对德里达所说的"翻译之不可能性"有所体会。

在翻译的过程中，本书得到了浙江大学"双一流引导项目"的支持，同时，本书也是浙江大学中央高校基本科研业务费专项资金资助项目"法国启蒙运动和大革命研究青年创新团队"的阶段性成果。我也获得了来自良师益友的无私帮助，尤其感谢浙江大学历史学系张弛老师，他的鼓励使我受益无穷。在此，我要对他们表示由衷的感谢。

成广元

2019年12月12日